스타일의 전략

**THE SUBSTANCE OF STYLE**
Copyright ⓒ Virginia Postrel 2003
All rights reserved
Korean translation copyright ⓒ 2004 by Eulyoo Publishing Co., Ltd.
Korean translation rights arranged with The Wylie Agency (UK) LTD
through Eric Yang Agency, Seoul.
이 책의 한국어 판 저작권은 에릭양 에이전시를 통한 The Wylie Agency (UK) LTD사와의
독점계약으로 '을유문화사' 가 소유합니다.
저작권법에 의하여 한국 내에서 보호를 받는 저작물이므로 무단전재와 복제를 금합니다.

# 스타일의 전략

버지니아 포스트렐 지음
신길수 옮김

을유문화사

스타일의 전략

초판 제1쇄 발행 2004년 10월 15일
초판 제3쇄 발행 2005년 2월 25일

지은이 버지니아 포스트렐
옮긴이 신길수
펴낸이 정진숙
펴낸곳 (주)을유문화사

창립 1945. 12. 1 | 등록번호 1-292 | 등록날짜 1950. 11. 1
주소 서울시 종로구 수송동 46-1 | 전화 734-3515, 733-8152~3 | 팩스 732-9154
이메일 eulyoo@chollian.net | 인터넷홈페이지 www.eulyoo.co.kr
ISBN 89-324-6126-0 03320 | 값 13,000원

※ 옮긴이와의 협의하에 인지를 붙이지 않습니다.

일부 저작권 허가를 받지 못한 작품들에 대해서는 저작권자가 확인되는 대로
절차에 따라 계약을 맺고, 그에 따른 저작권료를 지불하겠습니다.

| 역자의 말

"새로운 시대는 좋든 싫든 미학적 선택을 해야만 하며, 따라서 개인의 생활이든 기업의 제품이든 간에 '스타일'에 초점을 맞출 수밖에 없다."는 지은이 포스트렐의 주장은, 단순히 '디자인의 시대'라는 용어만으로는 설명하기에 부족하다는 느낌이 들던 지금 현재와 미래의 생산 및 소비 행태에 대한 명확한 지침으로 생각되었다. 재화와 용역의 가격하락과 소득의 증가로 인해 우리는 이제 그다지 어렵지 않게 자기만의 스타일을 마음껏 발휘할 수 있게 되었다는 것이다.

포스트렐의 이런 주장을 다른 각도에서 말하면, 지금 이 시대는 제품의 기능과 외양의 관계에서 기능의 발달이 나름대로의 정점에 이르러서 이제 당분간은 외양에 초점을 맞추어야 하고, 사회문화적으로 개성이 존중되는 상황에서 결국 '스타일'이 우리가 생산과 소비에서 고려해야 할 가장 중요한 덕목이 되었다는 뜻이 된다. 한마디로 말해서 생산과 소비에서 패러다임적 전환이 이루어졌다는 것, 즉 기능 중심에서 외양 중심으로 완전히 바뀌게 되었다는 것이다.

## 1. '디자인의 시대'는 지나가고,

'디자인의 시대'라는 말은 우리 사회에서도 이미 10여 년 전부터 당연한 듯이 사용되어 왔다. 그쯤부터 스타일이나 디자인이 개인의 외모, 기업의 제품이나 건축물의 실내외 환경에서 중요한 요소로 고려되기 시작했으며, 거의 모든 분야의 기업들이 각종 디자이너들을 본격적으로 채용하기 시작했고, 현실을 반영하듯 미술대학 입학 점수에서 '순수'와 '응용' 간의 역전도 일어났다.

물론 '디자인의 시대'가 되었다고 말할 때의 '디자인'의 뜻이, '미술의 아버지'인 이탈리아 사람 바자리(Vasari)가 1550년에 처음으로 미술(Arti dell Disegno)이라는 말을 만들어 냈을 때 의미했던 '생각의 시각화'와 같지는 않다. 당시에 좋은 디자인이란 오로지 기능에 충실한 것이었는데, 그때는 아직 기술과 사회적 수요 모두가 부족해서 '외양'이 '기능'에 종속될 수밖에 없었던 시절이었기 때문이다.

그 후 16세기의 르네상스적 디자인은 18세기 후반에 낭만주의적 미학을 만나게 된다. 전자는 후자의 세례, 그러니까 감성적인 인식도 어느 정도는 믿을 수 있다는 인정을 받았고, 이후 100년간의 산업화로 인해 생산성이 향상되고 경제적 부가 축적됨으로써 19세기 말부터 지금 우리가 생각하고 있는 뜻으로의 디자인으로 거듭나게 된다. 내용 못지않게 표면도 중요하게 인정받을 여건이 형성된 것이다. 그리고 20세기 초에는 다소 이른 느낌이 들지만 이 책에 나오듯이 컬킨스는 "아름다움은 새로운 사업 수단"이라고 과감하게 주장하기도 한다. 이제 '기능'은 '외양'과 공존을 모색해야만 했다.

## 2. '스타일의 시대'가 시작되었다.

19세기 중반 키에르케고르가 '개인'이라는 개념을 언급한 이후 인간은 나만의 것을 내 스스로 결정하고 수행해야 했다. 그리고 신이 보살피는 온실에서 쫓겨난 여린 화초처럼 온갖 어려움을 겪어 내면서 그렇게 살아왔다. 외롭고 힘들고 두렵지만, 미칠 만큼 자유롭게, 조PD가 노래하듯이 자기 스타일(《My Style》)대로.

그리고 마침내 20세기가 끝나갈 무렵, 과학 기술의 놀라운 발전으로 인한 생산성과 소득의 엄청난 증가는 생활과 소비에서 개성의 표현과 주체적 결정을 가능하게 만들어 주었다. 이제야말로 나의 정체성을 마음껏 표현할 수 있고, 느낌을 자유롭게 의사소통할 수 있는 물리적 조건이 완벽하게 이루어진 것이다. 쉽게 말하면, 진정한 자아를 드러내고 전달받는 데 기술적, 물질적 제약이 없어진 시대가 되었다는 말이다.

물론 지금 우리나라의 상황이 그렇다는 것은 아니다. 단지 우리보다 먼저 출발했기에 앞서가고 있는 나라들의 경우가 그렇다는 말이며, 사실을 말하면 그 나라들도 이제 시작에 불과할 뿐이라고 이 책을 쓴 포스트렐은 말한다.

드디어 '기능'은 '외양'과 '느낌'에 종속되어야 하는 시대가 되었다. 이제 개인의 외모든, 기업의 제품이든, 아니면 주변의 환경이든 모든 것이 '외양과 느낌'을 통해 소통하고 선택되는 시대가 된 것이다. 조금 심하게 말하면 '외양과 느낌'을 통하지 않고는, 개인적인 활동이나 경제적인 행위를 포함하는 사회적으로 의미 있는 활동을 전혀 할 수 없는 시대가 되었다는 말이다.

〈스타일의 전략〉의 '스타일적'인 장점은, 현재 미국에서 진행되고 있는 수많은 스타일적인 사례들과 그 이면에 흐르는 미학적인 흐름을 저널리스트적인 시사적 포착력과 경영학적인 통찰력을 가지고 적절하게 엮어 놓았다는 점이다. 그리고 책 전체에 등장하는 다양한 사례들을 중심으로 설명이 이루어지고 있기 때문에 매우 흥미롭고 재미있게 읽힌다는 것도 큰 장점으로 들 수 있겠다. 세상의 흐름을 읽고자 하는 마케터, 디자이너, 경영인이라면 일독할 가치가 충분한 책이 아닌가 싶다.

2004년 9월
역자 씀

## 저자 서문

　　탈레반 정권이 무너지자마자 아프가니스탄의 남성들은 턱수염을 밀기 위해 이발소로 몰려들었고, 여성들은 이에 질세라 금지되었던 매니큐어를 손톱에 바르기 시작했다. 전에는 은밀히 영업하던 미용실들이 눈에 띄는 장소로 옮겨 가기 시작했고, 남자들은 멋진 인도 영화 스타들의 사진들을 사고 팔았으며, 수많은 사람들이 수입품 TV, VCR, 비디오 테이프를 사기 위해 몰려들었다. 심지어는 탈레반 정권의 악명 높은 도덕 경찰이 지정한 회색빛이 감도는 흰색과 청색의 부르카(Burka, 이슬람 여교도의 긴 옷)를 갈색, 복숭아색 그리고 녹색의 다양한 색상으로 만들어 파는 상인들도 생겨났다. 그리고 도시의 시장에 마음대로 갈 수 있게 된 시골 여성들은 더 좋은 천, 더 세련된 자수품 그리고 매우 다양한 전통 의상들을 원했다.

　　원래는 구난 사업에 참여하는 전문가들, 그러니까 의사, 간호사, 치과의사 그리고 사회사업가들을 위해 방문단에 포함되어 카불을 방문했던 미시간 주 출신의 한 미용사는, 도착 즉시 자신의 기술이 건강과 복지 같은 중대한 업무만큼이나 인기가 있다는 것을 깨달았다. "미용사가 왔다는 소문이 나자마자 폭발적인 반응이 있었어요. 하루 종일 15분마다 한 명씩 머리손질을 해야 했으니까요."라고 그녀는 말했던 것이다.

해방은 대개 선거나, 교육, 또는 자유 언론 같은 진지하고 엄숙한 문제들과 관련되어 있을 거라고 생각한다. 그러나 아프가니스탄 사람들은 표면적인 일들도 그에 못지않게 중요한 것처럼 행동했다. 그래서 어떤 정치 평론가는, "면도할 권리라는 것이 국제 조약이나 계약의 내용이 될 수는 없겠지만, 아프가니스탄에서는 중요한 자유 중의 하나다."라고 말하기도 했다.

그런 반응은 미적 가치의 본성에 관해 폭넓게 주장된 많은 이론들에 대한 도전이었다. 그것들은 탈레반 정권이 무너뜨린 거대한 바미안 석불 같은 예술작품들에 대해서는 소중히 여기지만, 세속적인 미적 즐거움의 표현인 하찮은 소비 충동에 대해서는 그 가치를 전혀 인정하지 않는다. 예컨대, 애나 퀸들른(Anna Quindlen)은 미국인들의 "통제할 수 없는 소비자 중심주의"를 비판하기 위해 2001년 크리스마스 때 쓴 칼럼에서, "아프가니스탄의 시민들이 가전제품을 사는 것으로 폭정의 종말을 축하하는 모습을 보는 것은 얼마나 우울한 일인가?"라고 말하고 있다.

우리가 다양성, 장식 및 새로운 감각적 즐거움에 대해 끊임없이 관심을 갖는 이유가 광고 때문이라고 주장하는 존경할 만한 의견에 의하면, "소비자들은 상품에 대한 욕구가 전혀 없다."는 결론이 내려진다. 그러나 이 말은 결국 ─ 퀸들른의 말을 빌리면— "나는 알파카 스윙 코트, 전기석 브로치, 갈고리가 있는 반죽 기계, 샤워중에도 작동하는 CD 플레이어, 부츠컷 스타일의 검은색 바지 한 벌, 라벤더 향의 목욕 소금, 바닐라 향의 초 또는 케이트·스페이드·구치·프라다 여행 가방이 필요 없다."라고 선언하는 것과 다르지 않다.

뉴욕 사람들에게 해당되는 것은 아프가니스탄 사람들에게도 똑같이 적용된다. 이미 푸른색 부르카가 두 벌이나 있는 가난한 시골 여인이 녹색 부르카를 새로 사는 이유는 무엇인가? 거리에서 구걸하는 과부의 손톱에 빨간 매니큐어가 칠해져 있는 것은 무슨 이유에서일까? 이런 탐닉이 상업적인 목적으로 조작된 거짓 욕구이고 비합리적인 낭비라고 생각될 수도 있겠지만, 그러나 실제로는 해방된 카불 시내 어디서도 광고가 이루어지지 않았으며, 정교한 마케팅 캠페인도 물론 없었다. 그렇다면 실용적이지 않은 장식과 무의미해 보이는 패션에 대한 욕구의 근원으로 매디슨 가 같은 변화가를 드는 것은 잘못된 일일 수도 있고, 어쩌면 미적 가치와 인간의 관계는 상업적인 마인드 컨트롤로는 설명할 수 없을 정도로 근본적인 것일지도 모른다.

인간은 감각기관을 통해서 세계를, 그리고 서로를 안다. 인간은 아주 어릴 때부터 주변의 것들을 보고 느낌으로써 자신이 누구이고 어디에 있는지를 안다. 그러나 우리는 자라면서 겉모습은 속기 쉽고, 하찮으며 중요하지 않은 것이라고 배우게 된다. 즉, 진정한 미적 가치란 평범한 것을 초월한 고급 예술에만 있는 드문 경우라는 것을 배우게 된다. 그래서 우리는 실체(substance)와 표면(surface)을 대조적인 것으로, 즉 진정한 자아와 진정한 세계는 감각의 피상성을 넘어서 존재한다고 생각하게 되는 것이다.

물론 감각적 경험의 단순성을 의심해야 할 확실한 이유들이 없는 것은 아니다. 태양은 지구의 주위를 돌지 않으며, 같은 길이의 선분이 양 끝에 화살표를 어떻게 그리는가에 따라 더 길거나 짧게도 보인다. 예쁜 사람이 반드시 착한 것도 아니며, 그 반대도 마찬가지다. 인간은 합리적인 의심을 제기할 만큼 현명하기 때문이다.

그러나 인간의 감각적 본성을 거부하는 것도 문제가 없는 것은 아니다. 단순한 표면은 합당한 가치를 전혀 가질 수 없다고 선언하는 것은, 인간의 경험을 부정하는 것이고, 인간의 행동을 부인하는 꼴이며, 우리 스스로를 바보로 만드는 짓이고, 자신이 약간 돌았다고 인정하는 것과 다르지 않다. 그리하여 우리는 미학의 중요성에 대한 지나치게 높은 평가와 낮은 평가 사이에서 어리석게 방황하다, 결국 단순한 감각성에 반하는 합리성을 지지하지도 못한 채 스스로 모순 속에 빠져 버리고 만다.

이 책은 미적 가치와 그것이 개인적, 경제적 및 사회적 생활과 맺는 관계의 본성을 새롭게 검토함으로써 그런 혼란에서 벗어나려는 시도다. 그리고 이 일이 지금 중요한 이유는 바로 감각적 호소력이 그 어느 시기보다 우리 문화에서 점점 더 강력해지고 있는 중이기 때문이다. 따라서 실체와 표면 사이의 건전한 균형을 유지하기 위해서는 더 이상 표면은 중요하지 않다는 식의 단순한 주장을 하지 말아야 한다. 그런 식의 간편하지만 낡은 구호들이나 이론들이 옳지 않다는 것은 경험을 통해 알 수 있었기 때문이다.

전통적인 이론을 난처하게 만드는 일, 즉 미적 가치의 근원에 대해 의문을 제기하게 만드는 행동들이 아프가니스탄에서만 생기는 것은 아니다. 미적 권위자들이 가장 중요한 가치 척도로 여기는 '진정성(Authenticity)'에 대해 생각해 보자. 여기서도 경험은 우리에게 진정성의 기준이 관련 이론들이 제시하는 것보다 더 복잡하고 주관적일 수도 있다는 암시를 준다.

  L.A.의 도심과 샌프란시스코 계곡을 갈라 주는 언덕들 중의 한 곳에 건설된 유니버설 시티워크(Universal CityWalk)는 의도적인 가짜다. 그곳을 건축한 사람은 그 노천 쇼핑몰을 "이상적인 L.A.의 위대한 모조품"이라고 부른다. "이것은 우리가 알고 있던 L.A.가 아니라, 가질 수도 있는 L.A., 그러니까 본질적이고 이상적인 L.A.다."

  시티워크의 대부분의 건물들은 L.A.의 다른 지역들처럼 치장벽토를 바른 네모반듯한 상자 모양이다. 그것들의 미적 에너지는 밝은 간판, 다채로운 타일, 비디오 스크린, 벽화 그리고 거대한 킹콩 같은 유쾌한 조형물로 장식된 정면에서 나온다. 그러나 시티워크는 전형적인 쇼핑센터와는 달리 점포 세입자들에게 상상력을 발휘해서 자유롭게 장식하도록 권유했다. 따라서 작은 인공

독특한 조형물로 장식된
유니버설 시티워크의 건물

해변도 있고, 야자수들도 있으며, 분수가 인도를 따라 물을 뿜어내기도 한다. 가짜 라디오 방송국에서는 햄버거를 팔고, 진짜 박물관은 케케묵은 네온사인을 전시한다. 그리고 '거리'의 세 블록은 차가 출입하지 못하도록 만들기도 했다.

1993년 시티워크가 문을 열었을 당시에는 실제 도시 생활에 대한 진정하지 않은 모사라는 이유로 호된 비판을 받았었다. 지식인들은 그곳을 단순히 하나의 요새, 그러니까 당시의 폭동으로 상처 입은 도시의 다양성과 갈등을 회피하는 거짓 도피처라고 생각했다. 어떤 보수적인 저널리스트는 그곳에 대해 "떼거리로 몰려다니는 중산층의 최근의 새로운 유행병인 은신처로 숨기에 A급인 지역"이라고 비난했는데, "시티워크와 L.A.의 관계는 동물원과 자연의 관계와 같다."고 말한 자유주의적인 사회비평가가 있었던 것도 물론이다.

그러나 대중의 반응은 달랐다. 시티워크는 은신처가 아니라 순식간에 거대한 복합 구역이 되었다. 스토어들이 문을 연 직후 "시티워크에 갑자기 사람들이 들이닥쳤는데, 그들은 매우 즐거워했다."고 유럽식 카페에 대한 경험이 많은 어떤 사람이 말했다. 그는 이 도시의 거리들이 곧 사랑받는 집결지, 그러니까 결코 떠나고 싶지 않은 장소가 될 것이라고 예측했는데, 그의 판단은 옳았다. 개장 십 년 후에 한 잡지는 시티워크가 "로스앤젤레스에서 가장 활기 넘치는 공공 장소"라는 기사를 실었다.

토요일 밤이면 L.A. 전역에서 온 사람들이 이곳에 모여 나눌 수 없는 거대한 덩어리가 되는데, L.A.에서는 거의 볼 수 없었던 일이다. 아장아장 걷는 아기들은 시티워크 인도의 분수를 가로지르며 물방울에 젖고 있었고, 엘살바도르 사람들, 미국 사람들, 한국 사람들, 흑인들 그리고 백인들은 숨겨져 있던 물 분사기가 물을 내뿜자 즐거운 비명을 질러 댔다. 시티워크를 집결지로 정한 수백 명의 청소년들은 끼리끼리 모여서 얼린 모카커피를 핥아먹고 있다. 엔치노부터 L.A. 동부지역까지의 넓은 지역에서 온 가족들은 큰소리로 웃고 떠들었으며, 눈부신 조명탑을 물끄러미 바라보고 있었다.

교묘한 책략과 상호작용이 모순적이라는 것, 그러니까 '위조품'이 만들어 낼 수 있는 유일한 경험이 비진정성이라는 것은 단순한 가정에 불과할 뿐이다. 미적 즐거움을 공유할 수 있는 장소를 제공함으로써 시티워크는 고립된 영토가 아니라 매우 다양한 배경을 가진 사람들이 함께 즐길 수 있는 공간이 되었던 것이다.

어떤 세계의 절반 이상이, 그곳의 거리만이 아니라 하늘 자체도 가짜인 인공적인 환경이라면, 사회적인 결과는 비슷하다. 이탈리아 투스카니의 한 마을을 복제한 도박장인 요하네스버그의 몬테카지노에 대해 남아프리카 출신의 한 흑인은 "그것은 매우 특별한 건물로 아주 색다르고 정말로 아름답다."고 말한다. 그곳에는 수입한 조약돌이 깔려 있고, 가상의 도로가에는 주차권들을 쌓아 놓은 낡은 피아트 자동차가 있다. 요하네스버그의 다른 지역들과 달리 몬테카지노에는 인종의 구별 없이 많은 사람들이 모여들었는데, 그 중에는 인조 나무 아래에서 잡담을 하기도 하고 도박사들을 구경하기도 하는 고용인이 아닌 흑인들도 포함되었다. 그 카지노도 시티워크처럼 모든 방문객에게 미적 즐거움을 제공하는데, 인종적 특징을 없앤 디자인이 인기의 비결이다.

"몬테카지노는 누구에게도 부담을 주지 않는다. 그곳은 완벽하고 풍부한 모조품이다."라고 토고(Togo, 서아프리카의 공화국) 출신의 한 비평가는 말했다. "그리고 라스베이거스처럼 그곳의 평등주의적 인기를 보장하는 것은 바로 이런 모조성이다. 이 가짜 투스카니는 흑인들과 백인들에게 똑같이 집에 있는 듯한 편안한 느낌을 준다. 민주주의의 가치는 비진정성에 있는 것 같다." 또는 특정한 시기나 종족성에 순응하지 않는 사람들의 즐거움을 부정하는 미적 기준에 뭔가 잘못된 것이 있을 수도 있다. 어쩌면 진정성의 의미와 가치를 잘못 이해하고 있는 것인지도 모르겠다.

아니면 예술에 대한 우리의 애호가 미적 호소력의 본성을 오해하도록 만드는 것인지도 모르겠다. '예술'이 의미 있는 범주인 것은 분명하지만, 감각적 가치를 삶의 나머지와 구별된 초월적인 강제 주거 구역으로 몰아넣는 기만적인 것일 수도 있다. 여하튼 최근에 경험한 다음 이야기는 생각할 점이 있다.

대부분의 박물관처럼 뉴욕의 쿠퍼-휴잇 국립디자인박물관이 소장하고 있는 작품들은 전시 공간보다 훨씬 많다. 따라서 진열된 작품들은 완성된 형태로 유리 진열장에 전시되는 반면, 전시되지 않는 것들은 상자들 속에 담겨 있는데, 거기에는 전시될 예술작품이 아니라 디자이너들이 연구해야 할 드로잉 상자들도 포함된다. 2002년 4월에 스코틀랜드 국립갤러리의 책임자인 티모시 클리포드(Timothy Clifford)는, 순수 예술과 응용 예술 간의 관계를 다룬 책을 쓰려고 드로잉 작품 8,000점을 연구했는데,

거기서 "조명 비품 II"라는 표찰이 붙은 D366번 상자에서 특별한 것을 발견했다.

그것은 철필로 약간의 밑그림이 그려졌고, 흑색 분필로 크게 그린 후 옅은 갈색 붓질로 강조한 촛대다……. 이 드로잉을 보면 오브제의 높이만이 아니라, 무엇을 만들려고 했는지도 짐작할 수 있다. 대리석으로 만들 계획이었던 것으로, 높이는 대략 4미터 60센티미터 정도로 보이고, 메디치의 교황 레오 10세의 무덤에 쓰려고 주문받았지만 사용되지는 않은 거대한 가지 달린 촛대의 일부인 것으로 생각된다.

클리포드는 이 드로잉이 미켈란젤로의 것임을 확인했고, 다른 전문가들도 동의했다. 어떤 드로잉이 미켈란젤로가 그린 것으로 판단되면 예술작품이라고 간주되지만, 그 촛대 드로잉은 단지 청사진, 그러니까 표현된 작품이 아니라 설계도에 불과하고, 아울러 미켈란젤로가 그 설계도에 입각해서 가지들이 달린 거대한 촛대를 만들었는지도 확실하지 않다. 건축이 그렇듯이 설계자가 공예품을 직접 만들어야 하는 것은 아니다. 현대의 비평가들은 미술관들이 모터사이클, 기타 또는 아르마니의 의상을 전시한 것에 대해 "우둔한 짓"이라고 비난하지만, 예술작품과 공예품 간의 구분이 그렇게 분명한 것도 아니다. 예컨대, "최고 수준의 르네상스 미술가들도 램프, 소금 그릇 및 태피스트리 같은 장식물들의 디자인을 주문받았었다."고 쿠퍼-휴잇 박물관의 한 장식미술 전문가는 말한다. 그리고 현대의 제조업에서도 초기 디자인의 중요성을 여전히 강조한다.

미적 풍요를 즐기기 위해 속옷도 맞추어 입은 옛 메디치 가의 귀족들처럼 되어야 하는 것은 아니다. 기념품 수준의 것들만이 아니라 매우 단순한 일상의 물건들도 점차 세련된 디자인을 갖추어 가고 있다. 이 책은 전통적인 의미에서의 예술에 대한 것이 아니라, 일상생활 속의 스타일의 풍부함 즉 새로운 미학의 시대의 생활과 작품, 즐거움과 의미에 관한 책이다.

이 책은 다음 몇 가지 주제로 구성된다. 미적 가치는 주관적이며 경험을 통해서만 발견될 수 있는 것이지 미리 연역될 수 있는 것이 아니라는 것, 감각적 즐거움과 의미는 근본적인 것으로 인간의 생물학적 욕구에 기초하지만 그것들의 개별적인 표현은 다양하다는 것, 사람들은 선택 가능한 대안들에 입각해서 물건들 중에서 다양한 흥정을 한다는 것, 그리고 마지막으로 미학은 삶의 나머지 부분과 구별되는 가치가 아니라는 것이다. 한마디로 장식과 치장은 '실' 생활보다 더 높거나 낮다기보다는 그것의 일부라는 말이다.

contents

역자의 말 • 5
저자 서문 • 9

1 미학적 명령 ·········································21
2 외양과 느낌의 부상 ·····························71
3 표면과 실체 ·······································119
4 의미 있는 외모 ··································155
5 디자인의 한계 ···································199
6 똑똑하면서도 멋진 ····························243

The Substance of Style

# 미학적
# 명령

Aesthetic order

미래가 궁금한 사람들 대부분은 맨해튼, L.A., 샌프란시스코 그리고 시애틀까지는 가보지만, 뉴욕 주의 셀컥(Selkirk)으로 가지는 않는다.

반경 24킬로미터 내에 100만 명이나 살고 있지만 눈 덮인 들판을 자동차로 지나다 보면 전혀 그렇게 느껴지지 않을 거라고 나를 초청한 사람이 말했다. 텅 비어 보이는 셀컥, 이곳은 알바니 외곽에서 몇 킬로미터밖에 떨어져 있지 않으며, 서부 매사추세츠는 30분 거리도 안되고, 버몬트도 그 정도 거리일 뿐인데, 풍경은 마치 뉴잉글랜드의 시골처럼 보인다.

그러나 그 지역은 그림 같은 시골 풍경보다 훨씬 더 큰 영향력을 가진다. 셀컥은 제너럴 일렉트릭 사(General Electric) 부지의 정중앙에 있는데, 세넥터디에 있는 실험실 및 동력시스템본부와 매사추세츠 주 피츠필드에 있는 GE 플라스틱스 사(GE Plastics)를 양 날개처럼 거느리고 있다. 이런 위치 역시 셀컥이 단순히 그저 그런 시골이 아니라는 것을 의미한다. 매년 가장 존경받는 기업으로 선정될 정도로 뛰어난 기술력과 지속적인 성장, 그리고 과감한 경영으로 주목받는 GE가 단순히 그저 그런 평범한 대기업이 아니기 때문이다.

좁은 도로를 돌아 올라가 작은 빌딩 앞에 주차한다. 그 건물은 주름진 외장으로 마감된 조립식 구조물로, 안에는 작은 건설 회사나 보험 사무실 따위가 있을 듯했다. 그러나 이 아담한 장소가 바로 미래를 위해 수억 달러를 투자한 미국의 심장부다. GE 플라스틱스는 외양과 느낌(look and feel)이 제품의 성패를 결정짓는 시대에 접어들고 있다고 믿는다. 그러니까 감각적인, 심지어는 잠재의식까지도 자극하는 효과들이 필수적인 경쟁 도구가 된다는 말이다. GE는 바로 그런 도구를 만들려는 것이고, 그럼으로 해서 소비자들이 그것들을 더 효율적으로 사용하도록 하겠다는 것이다.

"전세계적 차원에서 미학(aesthetics) 또는 스타일링(styling)이 판매를 위한 유일한 핵심 요소로 받아들여지게 되었다."고 그 부서의 세계 미학 프로그램 책임자가 설명한다. 물론, 기능성(functionality)도 여전히 중요하다. 그러나 경쟁으로 인해 품질은 높아지고 가격은 떨어졌기 때문에 많은 생산업체들은 더 이상 가격과 완성도라는 전통적인 항목만으로는 차별화가 불가능하게 된 것이다. 품질과 가격이 중요한 것은 사실이지만, 거의 모든 제조업체들이 아직도 소비자들의 다양한 취향을 만족시켜 줄 감각적인 제품을 만들어 내지 못하고 있기 때문이다.

셀컥에 있는 그 아담한 건물에는 소비자들이 방문해서 의견을 교환하고 재료로부터 영감을 받아 신제품을 개발하기도 하는 디자인 센터가 있다. GE 플라스틱스의 담당자들은, 방문하는 기술자들과 구매담당자들에게 단순히 원료를 얼마나 싸게 살 수 있는지를 설명하는 대신, 산업 디자이너들과 마케팅 담당자들이 말하는 '그들의 꿈'에 대해 귀를 기울인다.

회색의 평범한 문으로 들어가, 플라스틱 모형들이 안료와 섞여 압출 성형되는 곳을 지나, 밝은 청색의 문을 연다. 이곳은 저렴한 기능성이 아니라 창의력과 안락함을 위해 디자인된 완전히 다른 환경의 공간이다. 그 건물의 끝에 있는 이곳은 플라스틱 제품들만이 아니라 장소에 대한 미학의 중요성도 주장하고 있다. 회색으로 된 실용적인 작은 칸막이 방들과 바닥에 깔린 카펫들은 사라지고, 청색과 흰색이 대조를 이루는 벽과 밝은 색의 마루, 디자인 관련 책들이 꽂힌 선반들, 그리고 대화를 나눌 수 있는 안락한 소파들이 있다. 미술관 같은 조명이 설치된 공간에는 아이오메가 사(Iomega)의 반투명 검푸른색 플라스틱 집 드라이브나 흐린 색조의 핸드스프링 바이저(the Handspring Visor, 2001년에 출시된 핸드스프링 사의 PDA 제품)처럼 소비자에게 인기를 크게 얻은 제품들이 진열되었다.

그곳의 가장 인상적인 장소는 전혀 '장식이 되어' 있지 않았는데, 바로 GE 플라스틱스에서 생산한 제품들이 층층이 진열되어 있는 곳이었다. 컴퓨터 디스켓보다 약간 작은 4,000개쯤 되는 샘플 칩들이 무지개 색조를 이루며, 뚜렷한 질감을 주면서 인상적으로 배열되었다. 1995년 이래 GE 플라스틱스는 20가지 종류의 새로운 시각적 효과를 도입했다. 그 회사에서 개발한 공업용 열가소성물질은 금속이나, 돌, 대리석, 자개와도 경쟁할 수 있을 정도로 내구성이 강하며, 빛도 낼 수 있고, 보는 방향에 따라 색깔이 달라지게 할 수도 있으며, 반짝이는 유리 조각들을 박아 넣을 수도 있다. 이처럼 특수 효과가 가능한 플라스틱들은 일반 제품인 렉산이나 사이콜락보다 15퍼센트에서 100퍼센트 이상 가격을 더 받을 수 있었다. 이에 고무된 연구원들은 2001년과 2002년에 개발된 것들에 박차를 가해 새로운 효과들을 발표하려고 바쁘게 일하고 있다. "우리에게 한계는 없습니다."라고 홍보담당자가 말한다.

GE 플라스틱스 사는 당신이 상상할 수 있는 모든 색깔을 만들어 낼 수 있다는 것과 명료하지 않은 희망사항들을 단단한 플라스틱으로 바꾸어 놓은 데 대한 자부심을 가지고 있다. "당신은 폭풍우 직후의 하늘이 어떻게 보이는지 알고 있나요? 늦은 오후의 하늘은? 수평선 위쪽이 아니라 바로 수평선에서는? 태양이 막 얼굴을 내밀었을 때는? 이게 바로 그 색깔입니다." 이것은 GE 플라스틱스 사의 광고에 나온 구절인데, 실제로 많은 디자이너들이 수천 달러를 지불하면서 색깔을 가지고 놀기 위해 셀컥으로 온다.

방문이 끝날 무렵 GE 관리자들이 자신들의 미학적 야망에 대해 약간 언급한다. 무게감이 제품의 질을 드러낼 때를 대비해서 연구원들은 이미 플라스틱이 무겁게 느껴지도록 하는 방법을 발견했다고 한다. GE가 개발한 효과들을 GE가 만들지 않은 재료로 표현할 수 있도록 해주는 협력 기업들도 곧 생겨날 것이다. 감성적인 '부드러운 감촉'의 플라스틱들이 반드시 고무 같아 보일 필요는 없으며, 부드러운 손잡이들이 다이아몬드 효과가 나는 GE의 플라스틱과 조화를 이루어 반투명으로 반짝거릴 수도 있을 것이다. 그리고 미학적인 미래의 어느 시점에서는 향기 나는 플라스틱도 등장할 것이다. "나는 선탠 로션의 향기를 좋아해요."라고 한 매니저가 웃으면서 자신의 취향을 말한다. "그게 바로 나인 걸요." 그는 눈 내리는 뉴잉글랜드의 자기 사무실에서 여름 바다내음을 살포시 풍기는 컴퓨터 앞에 앉아 있는 상상을 한다.

　GE는 그런 비약적인 상상력을 위해 상당한 돈을 투자하고 있다. 다이아몬드처럼 반짝이고, 여름 향기가 나고, 눈을 기쁘게 해주는 모든 색깔 그리고 손길을 즐겁게 해주는 모든 직물을 제공할 수 있는 그런 감각적인 풍요의 미래가 바로 GE가 믿고 있는 미학의 시대다.

　이곳은 세련된 샌프란시스코의 스타일 숍과는 다르다. 이곳의 중역들은 패션 잡지에 사진이 실리지도 않고, 명사들이 모이는 파티에 가지도 않는다. 그들은 검은색 옷을 입지도 않고, 눈썹에 피어싱도 하지 않으며, 유럽 스타일의 좁은 안경을 쓰지도 않는다. 이곳이 바로 제너럴 일렉트릭이다. 잭 웰치(Jack Welch)의 회사이고, 토머스 에디슨(Thomas Edison)의 회사다. 과학과 공학, 그리고 냉정한 금융가의 기대에 부응한, 강인한 기업으로, 늠름하기까지 하다. GE는 단지 멋져 보인다는 이유만으로 아이디어에 투자하지는 않는다. 그러나 어떤 트렌드가 셀컥에서 생겨나면, 스쳐가는 유행 이상의 것이 된다.

21세기는 옛날 영화들이 상상한 그런 세계가 아니다. 미래의 시민인 우리는 같은 모양의 우주복을 입고 있지도 않고, 실용적인 고층 건물에 살지도 않으며, 음식으로 알약을 먹지도 않는다. 오히려 우리는 매력적이고, 자극적이며, 다양하면서도 아름다운 세상을 요구하고 있다. 우리는 화려하게 빛나는 진공청소기와 이동전화를 원하고, 욕실 수도꼭지와 책상의 장식품으로 나만의 개성을 표현하고 싶어한다. 또한 브랜드 커피숍들, 다양한 요리를 제공하는 전문적인 식당들, 직접 그래픽 작업도 할 수 있는 카피 숍들 그리고 요구하는 대로 매니큐어를 발라 주는 네일 살롱들을 모든 쇼핑몰과 시내의 길거리에서 이용할 수 있기를 원한다. 주차장에는 나무가 많았으면 좋겠고, 슈퍼마켓이 뾰족한 지붕에 화려하게 장식되길 원하며, 자동차 대리점 건물도 그곳에서 파는 자동차들만큼이나 날렵하고 맵시 있었으면 한다.

미학은 너무 중요해서 학문적인 영역에만 있을 수 없게 되었다. 콧대 높은 엔지니어들과 부동산 개발업자들, 그리고 MBA 출신들도 성공을 위해서는 진지하게 미학적인 의사소통을 하고, 미학적인 즐거움을 얻어야 한다. 그들의 고객인 우리가 요구하기 때문이다.

"우리는 본능적으로, 그러니까 생물학적인 본성상, 시각적이고 촉각적"이라고 캘리포니아 주 파사데나에 있는 디자인아트센터칼리지(the Art Center College of Design)의 학장을 지냈으며, 오랫동안 디자인을 연구해 온 데이비드 브라운(David Brown)은 말한다. 이 말은 인간의 생물학적 본성과 미학의 힘을 동시에 확인해 주는 세기 전환기의 핵심적인 발언으로, 인간의 감각적인 면은 언어 능력이나 이성만큼 본성의 정당한 일부이며, 그 둘의 핵심이라는 뜻이다. 따라서 인공물들이 우리의 시각적이고, 촉각적이며, 정서적인 본성을 만족시켜 주는 데 그 어떤 정당화도 필요하지 않다. 그래서 브라운은 디자인이 추상적이고 이념적인 것("이게 좋은 디자인이야.")에서 개인적이고 정서적인 것("난 그게 좋아.")으로 이동하는 중이라고 말한다. 이처럼 새로운 미학의 시대이기에 우리는 한 디자인 박물관 큐레이터가 우리의 "변덕스러운 내면"이라고 부르는 것을 인정하고, 받아들이며, 심지어 찬양하고 있다.

이런 트렌드라고 해서 어떤 특정한 스타일이 대성공을 거두었다거나, 우리가 전대미문의 새로운 창조성의 시기에 살고 있다는 뜻은 아니다. 다시 말해서, 모든 사람이나 모든 것이 이제 아름다워졌다거나, 사람들이 어떤 절대적인 취향의 기준에 동의하고 있다는 의미가 아니다. 핵심은 '어떤' 스타일이 아니라 '그' 스타일이 의식적이고 신중하게, 심지어는 기능만 중요시되던 영역에서까지도 적용되게 되었다는 점이다. 미학은 예전보다 훨씬 더 폭넓게 퍼지고 깊이 스며들어서 사회적, 경제적, 예술적인 특권 계층으로 제한되거나, 혹은 무대 장치나 일부 산업에만 국한되거나, 오로지 힘이나 권력, 부를 전달하기 위해서만 계획되지 않게 되었다. 이제 감각적인 매력들은 모든 곳에 존재해서 점점 개인화되고, 강화되어 가고 있다.

미학이 확산되고 있다는 말이 외양과 느낌이 다른 모든 것을 눌렀다는 뜻이 아님은 물론이다. 다른 가치들이 사라져 버린 게 아니라는 말이다. 반짝이는 이동전화를 원할 수도 있지만, 우선은 그것이 제대로 작동되어야 할 것이다. 상점 건물이 멋진 모습이길 원하지만, 동시에 좋은 서비스와 선택의 다양성도 기대하며, 가격과 안락함, 편리함도 여전히 중요한 요소다. 그러나 결정적인 순간에는 미학이 가장 중요하다. 그래서 시간이나 돈, 또는 창조적인 노력을 여러 분야에 나누어서 사용해야 할 경우, 미학의 우선순위는 시간이 갈수록 점점 더 높아질 것으로 보인다.

이런 맥락에서 말하는 '미학(Aesthetics)'이 예술철학(Philosophy of Art)이 아닌 것은 분명하다. 여기서 말하는 미학은 우리가 감관을 통해 의사소통하는 방식, 그러니까 사람들, 장소들 및 사물들에 대한 반응을 언어가 아니라 외양과 느낌을 통해서 표현하는 기술이다. 따라서 미학은 이야기나 재치 있는 대화나, 복잡하고 지적인 암시와 인지적으로 관련되어야 하는 종류의 엔터테인먼트와는 다르다. 시를 읽을 때의 소리는 분명히 미학적이지만 그 의미는 그렇지 않다. 눈부신 특수 효과와 아름다운 영화배우들이 외국 시장에서 성공적인 흥행을 거두는 이유는 보편적인 미적 즐거움을 제공하기 때문이다. 이에 반해 지적이거나 자국 문화에 근거한 재치 있는 대사는 그렇게 큰 호응을 얻지 못하는데, 그것은 미학이 스토리 전개를 보완해 줄 수는 있지만 스토리 자체는 아니기 때문일 것이다.

미학은 말을 하기보다는 보여 주며, 가르치기보다는 즐겁게 해준다. 그 효과는 즉각적이고, 감각적이며, 정서적인 것으로, 사실에 입각해서 분석할 수는 있지만 지적인 것은 아니다. 20세기 중엽에 어느 산업디자이너가 말했듯이, 미학은 "근본적으로, 보는 이의 정서적 반응을 일으키기 위해 선과 형태, 색조, 색상, 그리고 질감을 이용하는 기술이다."

미학(aesthetics)은 가끔 미(beauty)와 동일한 것으로 간주되곤 하지만, 그 정의는 매우 제한적이다. 창작자가 원하는 반응이 무엇이냐에 따라 충격적일 만큼 추하거나, 혼란스럽거나, 심지어

필립 스탁이 디자인한 파리채

는 두려운 것이 효과적인 표현 내용일 수도 있다. 영화 '세븐(Seven)'의 타이틀 장면들이 떠오른다. 그 거친 역광 조명, 계속 끊어지는 느낌의 필름, 그리고 불안정한 어두운 갈색 톤의 이미지들이 공포 영화의 새로운 스타일을 수립한 것이다. 또 적극적인 반응을 끌어내기 위해서 미학은 아름다움보다는 오히려 진기함이나 환상, 혹은 익살을 채택하는 경우도 있다. 예컨대, 필립 스탁(Philippe Starck)이 디자인한 얼굴이 있는 파리채는 영원한 미가 아니라 일시적인 즐거움을 표현할 뿐이다.

미학적 효과들은 보편적인 반응에서 시작하지만, 사실은 항상 개인적이고 문화적인 배경 속에서 작용한다. 소박해 보이기에 세월에 바랜 색을 좋아하고, 섹시한 느낌을 준다는 이유로 검은색 가죽을, 젊음을 떠올리기에 가벼운 대중음악을 좋아할지도 모른다. 이상적인 미와는 무관하게 신기한 것은 흥미롭고, 친근한 것은 편안하다. 이전의 중구난방이었던 보석의 색조들에 이은 1990년대 후반의 차분하고 세련된 느낌의 검정색, 회색 및 베이지색 같은 중간색들은 2000년에 여성 패션계를 강타한 원색의 물결로 교체되었다. 심리학자들에 의하면, 인간은 의식적 수준에서 느끼는 것보다 훨씬 더 많은 감각적인 정보, 즉 움직임, 새로운 시각적 요소, 더 요란하거나 보다 감미로운 소리들, 신기한 향기들의 변화를 감지한다고 한다. 논리 이전의 단계에서 작용하기 때문에 미학이 불안하게 느껴질 수도 있다. 전체적으로는 애증의 관계에 있다고 할 수 있다. 우리는, 소비자로서는 감각적인 매력을 즐기면서도 속임수를 두려워하지만, 생산자로서는 미학적인 경쟁에 발맞추려고 그렇게 열심히 노력하지 않기 때문이다. 플라톤과 청교도의 상속자이기에 우리는 감각적인 인상들이 본질적으로 사람을 현혹시키는 헛된 것이라고 의심한다. 어떤 비평가는 미학을 "도발적인 표면의 힘"이라고 말하는데, 그것은 "눈의 마음(the eye's mind)에 말을 걸어 속성이나 실체의 문제를 덮어 버리기" 때문이라고 한다.

그럼에도 눈의 마음은 진정으로 가치 있는 어떤 것을 확인해 주고 있다. 미학적인 즐거움이 그 자체의 속성과 실체를 가지기 때문이다. 사물의 외양과 느낌은 인간의 심원한 본능들을 일깨운다. 브라운이 말했듯이, 우리는 "시각적이며, 촉각적인 존재다." 우리는 주변의 감각적인 것들의 수준을 높이는 일을 즐거워하는데, 그 즐거움은 진실한 것으로, 비결은 미적 즐거움을 다른 가치들과 혼동하지 않고 음미하면 된다.

이론가인 엘렌 디사나약(Ellen Dissanayake)은 예술을 "특별하게 만들기(making special), 즉 감각적으로나 정서적으로 만족스러우며 꼭 필요한 것 이상의 것"이 되도록 계획된 행위라고 정의한다. 그리고 그녀는 '특별하게 만들기'에 대한 본능이 보편적이고 타고난 것이며, 인간의 진화된 생물학적 본성의 일부라고 주장한다. 그녀의 주장이 예술에 대한 적절한 정의일 수도 있고 아닐 수도 있지만, 여하튼 미학의 시대에 유용한 하나의 통찰력을 제공하는 것은 사실이다. 한 세기 이상을 주로 다른 목표들, 그러니까 제품화의 문제 해결, 원가 절감, 상품과 용역의 확산, 편의성의 증가 및 에너지 절감 등에 전력했기 때문에, 이제 우리는 점점 더 세상을 특별하게 만드는 데 몰두하고 있다. 점점 더 많은 사람들이 생활의 보다 많은 측면에서, 사람들과 장소들 및 사물들을 보고 느끼는 방식에서 기쁨과 의미를 끌어내고 있다. 기회가 주어질 때마다 일상적인 기능들에다가 감각적이고 정서적인 매력을 덧붙이고 있는 것이다.

최신 아이맥 컴퓨터를 산 한 구매자는 "미학은, 인정하든 않든 당신이 무언가를 구입하는 이유"라고 말한다. 그 컴퓨터의 납작한 스크린은 반구형 받침대 위에 마치 탁상램프처럼 올려져 있다. 그는 그 컴퓨터의 특징들을 좋아하는데, 특히 그 모양을 좋아한다고 한다. 컴퓨터가 반드시 무미건조한 상자 모양일 필요는 없으며, 그것으로 자신만의 취향과 개성을 표현할 수 있어야 하기 때문이라고 한다.

어느 필자는 여성 지향적인 아이빌리지(iVillage)라는 웹사이트에서 "단지 회색보다는 검은색을 더 좋아하기 때문에 컴팩 컴퓨터 대신 IBM 컴퓨터를 사기로 결정했다면, 그리고 두 제품이 당신의 다른 중요한 기준들을 다 만족시키고 있다면, 그것은 절대적으로 옳은 일"이라고 컴퓨터 구매자들에게 조언한다. "색상이 중요한 선택 기준이 될 수 없다거나, 그래서는 안 된다는 말은 틀렸다. 실제로, 시장은 충분히 튼튼하고 값이 적당한 기계들로 가득 차 있어서 당신은 이제 예전에는 신발 같은 것에서만 누릴 수 있었던 선택의 자유를 가지게 되었다."는 것이다. 컴퓨터도 다른 제품들 못지않은 예쁜 모양을 가지게 되었다. 이제 그것들도 특별해질 수 있게 되었다.

스타벅스 커피숍 역시 사람을 반기는 향기와 독특한 분위기를 동시에 제공하기에 사람들에게 좋은 반응을 얻고 있다. "훨씬 더 온화하고 기분 좋은 경험이죠. 특별하고 반가운 변화예요." 일상에서 이제 스타벅스라는 커피숍은 뭔가 특별한 것을 제공하게 되었다.

스타일에 대한 의도적인 무지로 유명한 도시인 워싱턴 D.C.에 사는 한 정치 관련 저술가는 자신이 10년 내지 15년 전보다 옷에 더 많은 신경을 쓰고 있고, 아울러 그것을 즐기고 있다고 말한다. "내가 하고 있는 단 한 가지는 유행에 딱 맞춘 양복과 셔츠와 넥타이를 입지 않는 건데, 매일 매일이 특별하다고 말하는 또 하나의 방법입니다." 한때는 불필요한 사치로, 심지어는 의심스러운 탐닉으로까지 여겨졌던 '특별하게 만들기'가 이제

스타벅스 커피숍 체인점과
그 로고

는 개인적으로, 사회적으로 그리고 사업상의 절대적인 명령이 되었다.

우리를 둘러싼 세상을 특별하게 만드는 방법은 매우 다양하다. 그리고 이 새로운 미학 시대의 한 가지 특색은 많은 다양한 스타일들의 공존인데, 이는 한 가지 창의적인 디자인이 두드러졌던 이전 시대들과 다른 점이다. "좋은 디자인이란 더 이상 완벽한 것이 아니라, 취향이 다른 많은 사람들이 자신의 개인적인 정체성을 확립하도록 돕는 것과 관련되어 있다."라고 어느 유명한 산업디자이너는 말한다. 현대의 디자인은 한때 가치를 전달하는 기호, 즉 이데올로기의 표현이었던 적이 있었지만, 이제 그것은 단지 하나의 스타일, 즉 개인의 미학적 표현의 많은 가능한 형태들 중의 하나에 불과하게 되었다. "형태는 감정을 따른다."라는 말이 "형태는 기능을 따른다."라는 말을 밀어냈다. 감정은 당신이 어떤 형태를 기능적이라고 여기는지를 말해 주는 것으로, 예컨대 의자의 목적은 '의자다움'이라는 모더니즘의 이상을 표현하는 것이 아니라 그 소유자를 기쁘게 해주는 것이다. 어떤 벤처투자가는 그래픽 디자인 학회에서, "디자인의 역할은 삶을 즐길 만하게 만드는 것"이라는, 디자이너들이 대체로 동의하는 말을 하기도 했다.

모더니즘 디자인의 이념이 효율성(efficiency)과 합리성(rationality), 그리고 진실(truth)에 대한 약속이라면, 오늘날의 다양성 미학은 그것과는 다른 세 가지, 즉 자유(freedom)와 미(beauty), 그리고 즐거움(pleasure)을 제공한다. (우연히도 이것은 빠른 속도로 성장하고 있는 세 포라(Sephora)라는 화장품 체인점의 브랜드 약속이기도 하다.) '유일한 최선의 방법'이, 보다 더 개인적이고 훨씬 더 가변적인 규범인 '오늘을 위한 나의 방식'으로 대체된 것이다. 개인들은 저마다 다르며, 같은 사람이라고 하더라도 언제나 똑같은 외양과 느낌을 원하는 것은 아니다. 일부의 주장과는 달리, 우리는 모든 것이 부드러워야 하는 세상에서 모든 것이 거칠어야 하는 세상으로 이동한 것이 아니며, 직선의 모서리만 있는 시대에서 곡선만 있는 시대로 옮겨간 것도 아니며, 산업주의에서 원시주의로 바뀐 것도 아니다. 정확히 말하면, 이 모든 스타일들이 동등한 사회적 지위를 누리며 공존하는 세상이 된 것이다.

그러나 미학은 즐거움을 제공하고, 의미도 나타내며, 개인적인 표현과 사회적인 의사소통을 가능하게는 하지만 합의나 일관성, 진실을 제공하지는 않는다. 실제로, 많은 경우 미학의 중요성이 점점 커지면서 갈등이 유발되기도 한다. 어떤 사람에게는 이상적인 주택이 다른 이의 눈에는 거슬릴 수 있고, 이웃집의 자연스럽게 펼쳐진 정원이 다른 이에게는 잡초 밭처럼 보일 수도 있기 때문이다. 한 고용주가 고객을 위해 좋은 분위기를 조성하는 데 필요하다고 생각한 옷과 헤어스타일이 직원들의 개인적 정체성이나 현실적인 기능성을 해칠 수도 있다. 따라서 오늘날의 미학적 명령은 미에 대한 단일한 기준으로의 회귀가 아니라 즐거움과 자기 표현에 대한 요구들의 증가를 의미하는 것으로 해석해야 한다. 다양한 형태의 미는 이제 더 이상 그것이 주는 즐거움과 의미 이외의 합리화가 필요하지 않게 되었다. 감각을 즐겁게 하는 것만으로도 충분하다는 뜻이다. "이게 좋은 디자인이야."

보다는 "난 그게 좋아."면 충분하기 때문이다.

 이윤 추구라는 기업들의 현실적인 차원에서, 미적 다원성의 증가는 점점 더 많은 다양성을 제공하도록 경쟁시키는 자극이 된다. "소비자는 카멜레온이다. 어느 날은 세련되고, 어느 날은 평범하다." 이 두 가지 특징을 다 만족시키기로 결심한 어느 모발 보호 제품회사의 중역의 말이다. "딱 한 가지 모습이 아니라, 사람들이 자신들의 개성을 뽐내는 것을 보는 건 흥분되는 일이다." 상품 디자이너들이 추구하는 이상은 대량개인맞춤(mass customization)이다. "형태는 감정을 따른다."라는 말을 처음 사용한 권위 있는 산업디자이너인 하트무트 에슬링거(Hartmut Esslinger)는, 많은 개인적인 스타일을 표현하기 위해 "10만 종의 변형이 가능하도록" 재결합될 수 있는 모듈(module, 규격화된 구성 단위)로 디자인된 제품을 생각하고 있다고 말한다. 또 다른 디자인 연구자는, "대량 생산(mass production)은 모든 사람들에게 수백만 개의 한 제품을 제공했고, 대량개인맞춤은 한 명에게 수백만 개의 다른 모델을 제공한다."고 말하기도 한다.

 오늘날에는 사회적 합의나 별다른 갈등 없이 군인 같은 헤어스타일과 말총머리 스타일이 공존한다. 활자체 디자이너들은 르네상스 시대 피렌체 스타일의 필사본이나 손으로 쓴 라틴아메리카 사람의 가게 간판과 같은 다양한 스타일과 소재를 기반으로 한 활자체를 개발해서 상을 받는다. 집을 소유한 사람들은 미니멀리즘(minimalism, 1960년대 중반 미국에서 태동한 미술 양식으로 단순하고 기하학적인 오브제들을 총칭한다.)의 현대풍 가구들과 고대 페르시아 깔개를 섞어 놓는다. 심지어 특정한 취향을 고집하는 사람들까지도 미학적인 풍부함을 인식하고 기꺼이 받아들인다.

이제 그들은 고리타분한 완고함을 낯설게 여기며 약간 당황하기도 한다. "우리가 미국판 〈엘르(Elle)〉를 처음 시작했을 때는, 치마 길이가 무릎 위 1인치거나 그 아래로 1인치여야 한다고 암묵적으로 규정된 시절이었다."고 2000년 9월에 발행된 15주년 기념판에서 편집장이 말했다. "그리고 만약 그런 규범을 어겼을 경우 그 여성은 매장되었고, 게임은 끝났던 것이다. 지금 전개되고 있는 흐름의 아름다움은 당신이 보헤미안이 될 수도 있고, 미니멀하거나 섹시하거나 복고풍일 수도 있다는 것이다. 매우 많은 선택 사항들이 있고, 무엇이든 다 가능해졌다."

이제는 한때 완고했던 미학적인 위계질서가 무너졌다. 개인들은 그저 단순하게 사회적으로 더 잘사는 이들을 모방하거나 자신보다 낮은 계층과의 차별화를 추구하는 게 아니다. 중요한 것은 개인적인 취향이지, 엘리트 면허증이 아니기 때문이다. 한 가구회사의 중역은 소비자들이 "자기 확신"을 가지고 만드는 환경에 관해 말하는데, 그들은 스타일뿐만 아니라 소재까지도 기꺼이 섞는다고 한다. "그들은 큰 소파나 의자 주변에 고가의 장식품에서부터 벼룩시장에서 사온 것까지의 다양한 것들로 주변을 꾸민다."는 것이다. 개인적인 표현, 개인적인 상상, 개인적인 주도권…… 형태는 본능을 따른다.

프랑스의 인테리어 잡지인 〈메종 프랑세즈(Maison Française)〉는 "스타일과 취향의 균질화에 대한 반동, 즉 우주를 개인화하려는 욕구"로서의 개인맞춤을 권한다. 우리는 청바지에 수를 놓거나, 벽에 그림을 그리고, 커튼을 염색하거나…… 아니면 다른 사람들에게 그 일을 시킨다. 권위 있는 〈라루스백과사전〉은 〈메종 프랑세즈〉에 주목하고, **맞춤**이라는 단어의 어원을 미국인들이 자신의 자동차를 개성적으로 만드는 것에서 찾는다. 그러나 프랑스 디자이너들은 그 개념에 더 고전적이고 보다 애국적인 어원을 부여했는데, 그들은 18세기의 위대한 화학자인 라부아지에(Antonie Lavoisier)의 명제를 다시 받아들였다. "아무것도 사라지지 않고, 아무것도 창조되지 않는다. 모든 것은 변형될 뿐이다."

실제로 재결합을 통한 일종의 화학적인 변형에서 오늘날의 미적 풍부함의 상당 부분이 나온다. 끓고 있는 용액 속에서 좌충우돌하는 원자들처럼 미적인 요소들은 서로 충돌하면서 새로운 스타일의 합성물을 만들어 내고 있다. 우리는 다른 민족의 전통적인 문화나 동시대의 하위문화에서의 차용과 그것들의 재결합을 통해 숙성시킨 새로운 미학적인 재료에 끊임없이 노출되고 있다. 대중 매체와 이민으로 인한 문화적 다원주의의 확산 덕분에 한때는 이국적이었던 것들이 이제는 익숙하게 된 것이다.

이런 하위문화 스타일 중의 일부는 민족적인 기반을 깔고 시작하는데, 예컨대 인도인들의 멘디(mehndi, 일시적인 적갈색 문신), 아프리카계 미국인들의 힙합스타일, 뉴잉글랜드 WASP 신입생 복장, 중국인들의 풍수, 멕시코와 카리브 해 사람들의 원색, 폭넓게 영향을 끼치는 일본 예술의 라인들과 인테리어들이 그것이다. 또 어떤 것들은 가치가 관련된 자발적인 연합, 즉 인류학자인 맥크래켄(Grant McCracken)이 말한 "심오한 차이"를 나타내기도 한다. 고스족(Goths, 1970년대 펑크족에 대한 반발로 생성된 아웃사이더로 18세기 빅토리아 시대로의 회귀를 꿈꾸는 사람들), 펑크족 그리고 스케이트족 같은 하위문화들에 대해 그는, "패션 즉 옷차림의 차이, 즉 표면의 차이가 내면의 차이, 그러니까 가치와 시각의 차이들을 가리키는 것으로 드러났다."고 말한다.

하위문화들은 스타일적으로 독특하게 구분되지만, 그것들의 미학적 요소들은 단순히 특정한 겉모습을 좋아하는 사람들에 의해 개별적으로 채택될 수도 있고, 그렇게 채택된 요소들을 모순되게 보이도록 결합시킬 수도 있다. 이런 방식으로 미학을 적용하는 이들 중의 일부는 영향력 있는 디자이너들이거나 유행을 선도하는 유명인사들이고, 다른 일부는 아름답거나, 흥미롭거나, 혹은 새로운 것에 대한 자신만의 감각을 표현하고 싶어하는 미지의 개인들이다. 결과적으로 민족적인 스타일은 글자 그대로나 은유적인 의미에서의 게토(ghettos, 특정 사회집단의 거주지)에 머물러 있지 않으며, 원래의 전통적인 것도 아니다. 펑크족이나 고스족처럼 가치가 실린 미학들은, 외부 사람들이 순전히 미학적인 요소들만을 극단적이지 않은 형태로 채택함에 따라 주류문화 속으로 퍼지고 있다. 그게 바로 샤넬의 뱀프(Vamp)라는 브랜드의 붉은빛이 도는 검은색 손톱 광택제가 1990년대 중반에 세련된 여성들의 손을 휘감았던 이유이며, 더 이상 귀를 뚫은 방식으로 남성의 성적 성향을 단정할 수 없는 이유이다. 그리고 유럽 스타일의 좁은 안경테 역시 10년 전에 비해 착용자에 관해 말해 주는 바가 훨씬 적어졌다.

우리 시대는 스타일들이 그것을 선택하는 개인들을 기쁘게 해주기 위해 공존하는 다원주의적 시대다. "아름다움으로의 회귀"를 주장하는 고전주의자들은 오늘날의 미학적 다원주의를 혼란스러워 하는데, 그것이 모더니즘적 미학을 배척함으로써 모더니즘적 이념을 무너뜨리기 때문이다. 그러나 모더니즘은 사라지지 않았다. 모더니즘은 번성하고 있으며, 엄청난 관심의 증가를 즐기고 있다. 모더니즘 가구들은, 아르 데코(Art Deco, 1920~

1930년대의 장식적인 디자인으로 1960년대에 부활됨)에서부터 세기중반 스타일(midcentury style, 1952~1963. 제2차 세계대전 후 소비와 생활이 풍요로웠고, 청년 문화가 탄생한 시기)에 이르기까지 인기 있는 골동품이 되었고, 모더니즘 건물들은 보존주의자들의 가장 최근의 이슈가 되었다. 현대의 디자이너들은 계속해서 모더니즘적인 주제들을 사용하며, 많은 다른 영향들과 함께 새로운 대상과 환경들을 만들어 낸다. 일부의 모더니즘적 실험들이 미학적인 실패였던 것은 분명하지만, 모더니스트들이 아름다운 것들을 많이 창조했던 것도 사실이다. 그들의 외형상의 약진은 지속적으로 기쁨을 불어넣고 있다.

여전히 독창성의 씨앗을 담고 있음에도 모더니즘적 이념이 붕괴한 것은, 미학적인 즐거움을 더 이상 포스트모던한 역설과 과장된 표현 뒤에 숨길 필요가 없다는 것을 의미한다. 옹호자들마저 모더니즘의 협소한 구속을 포기했다. "하나의 스타일을 발견해서 그 교리에 집착하는 대신, 모던 디자인은 당신에게 살고 싶은 방식에 관한 자신의 생각을 가지도록 고민하게 만든다."라고 2000년에 처음 발간된 건축과 인테리어 전문 잡지인 〈드웰(Dwell)〉의 발행인이 말한다.

〈드웰〉의 수석 편집자는 그녀의 선배들에게는 생소하게 들릴 다원주의를 설파한다. "우리는 스스로를 모더니스트라고 여기는데, 우리는 멋진 모더니스트들입니다. 모더니즘, 즉 멋진 모더니즘에 관해 우리가 가장 좋아하는 것 중의 하나는 그 유연함입니다." 그녀는 또 한 사람의 까다로운 모더니스트인 아돌프 로스(Adolf Loos)의 청교도적인 교리들을 꼬집는다. 그는 1908년에 발표한 영향력 있는 논문인 "장식과 죄악(Ornament and Crime)"에서,

장식이 변질되어 어린이와 미개한 이들의 부도덕한 방종으로 흐른다고 선언했던 것이다. 그러나 현대의 독자에게는 로스가 인종차별주의자, 즐거움을 싫어하는 전체주의자처럼 느껴질 것이다. 21세기에 치장은 범죄가 아니라, 인간이 스스로를 표현하는 핵심적인 형식이기 때문이다.

게다가 우리 시대는 참으로 표현적이다. 주변에 신호들이 널려 있는데, 그 중 몇 가지는 이미 문화적으로 진부해져 버렸다. 예컨대, 애플 사의 아이맥 컴퓨터는 개인용 컴퓨터를 실용주의적 관점에서 벗어나, 시멘트 색상의 상자 모양을 반투명의 곡선으로 휘어진 블루베리색, 딸기색, 귤색, 포도색의

애플 사의 개인용 컴퓨터인 아이맥 컴퓨터

멋진 물건으로 바꾸어 놓았다. 반투명의 보석 색조는 스테이플러와 전압 안정장치, 전자레인지와 컴퓨터 마우스로까지 퍼져 나갔다. 애플은 만져 보고 싶은 진줏빛 흰색으로 새로운 디자인을 창조해 냈던 것이다.

타깃 사(Target)는 건축디자이너 마이클 그레이브스(Michael Graves)가 개발한 일련의 가정용품들을 선보인다. 타깃 제품들을 쓰는 사람들 중에 그레이브스를 아는 사람이 거의 없지만, 그의 재미있는 토스터는 단기간에 체인점들의 가장 인기 있고 최고로 비싼 모델이 된다. 일 년 후, 타깃은 그레이브스가 공급하는 물량을 두 배로 늘려 500만 개 이상을 판매하게 되었고, 시간이 흐를수록 그 양은 더 많아진다.

폴크스바겐(Volkswagen)은 비틀(the Beetle)을 재창조했고, 카림 라쉬드(Karim Rashid)는 쓰레기통에 새 생명을 부여했다. 옥소 사(Oxo)는 감자 깎는 칼을 새롭게 제작했는데, 사람들은 외양과 느낌이 좋은 이 작은 부엌용품 하나에 5달러 더 쓸 것이다. 멋지거나 예쁜 것을 보여 주면 사람들은 평소에는 별 관심도 없던 쓰레기통까지도 바꾸게 된다.

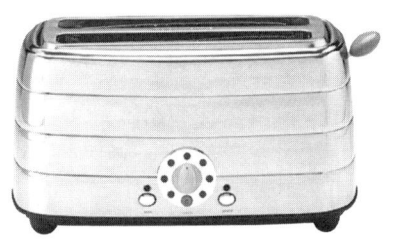

마이클 그레이브스가 디자인한 토스터

폴크스바겐의 대표적인 모델인 비틀을 현대적으로 재해석한 뉴비틀

이런 상황을 증명해 주는 유명한 사례가 많이 있는데, 신용카드가 그 한 가지다. 노드스트롬 사(Nordstrom)는 자사 브랜드의 느낌을 살리기 위해 반짝거리는 입체영상 신용카드를 발급했다. 여성 공보담당자는 "카드의 외양이 그것을 더욱 특별하게 만들었다."고 설명한다. 온라인 결제서비스인 페이팔(PayPal)은 다섯 가지 색깔의 투명 비자카드로 고객들을 유혹한다. 내가 아메리칸 익스프레스 블루카드를 호텔에서 내밀면, 공통된 반응이 나온다. "와우! 어디서 그걸 구하셨어요?" 멋진 카드에 자부심을 느끼는 그 회사는 그런 반응에 대해 "접수계 직원 놀라게 하기"라고 부른다.

튀는 상품들에 대한 수요를 반영이나 하듯 미국에서 활동하는 산업디자이너의 수는 5년 새에 32퍼센트나 늘었다. 디자인 학교들은 학생들로 넘쳐 나서 과정을 이끌어 갈 교직원을 제때 충원하기가 어려울 지경이다. "우리는 디자인이 모든 것에 스며들고 있는 것을 보고 있습니다, **모든 것에**."라고 미국산업디자이너협회의 회장이었던 사람이 말한다. 1990년대 후반의 불경기는 장기간의 흐름 속에서의 단순한 '속도 조절'일 뿐이다.

그는 "K마트는 내리막길이고, 모든 사람의 관심은 마사 스튜어트(Martha Stewart)에 쏠려 있다."고 말한다. "그레이브스로는 충분치 않다. 타깃은 세계에서 가장 유명한 디자이너인 필립 스탁을 초빙해야 한다." 그리고 그에 의하면 〈비즈니스 위크〉가 1990년대를 디자인의 시대라고 명한 것은 분명한 실수라고 한다. "1990년대는 분명히 분배의 시대였으며, 전면에 월마트가 있었다." 그래서 그는 아이맥과 뉴비틀 같은 최신의 고급 스타일의 제품들이 1990년대가 끝나기 직전까지도 출현하지 않았다는 이유로 "2000년에서 2010년까지의 10년을 디자인의 시대라고 본다."

샌프란시스코 현대미술관에서는 스니커즈 신발에 관한 전시회를 연다. 보스턴에서는 기타가 예술이고, 모터사이클은 뉴욕에서 그렇다. 마이애미와 라 졸라의 박물관들에서는 의자에서부터 샐러드 그릇까지의 다양한 가정용품들을 전시한다.

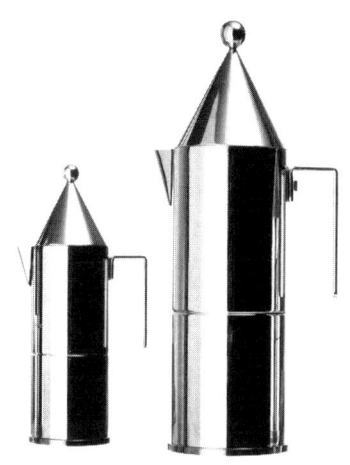

필립 스탁이 디자인한 주방용품

비평가들은 황당했겠지만, 아르마니 사의 한 디자이너의 전시회가 뉴욕 구겐하임미술관에서 수많은 관람객을 끌어들인다. '예술'의 정의가 변하기도 했지만, 스니커즈 신발과 샐러드 그릇의 개념도 변했다. 우리는 가장 일상적인 제품들이 기능만이 아니라 미적인 즐거움과 의미도 제공하기를 기대한다. "디자인은 우리 시대의 대중예술이 되었다."고 한 큐레이터이자 디자이너가 말한다.

〈타임〉은 한 특집기사에서 "디자인의 재탄생"을 환영하며, "미국이 스타일에 의해 뒤집어졌다."고 선언한다. 미국만이 아니다. 새로운 미학의 시대는 범세계적인 현상으로 모든 선진국들에서, 그리고 단순하고 실용주의적이기만 했던 영어권 국가들에서도 발견된다. "스타일 전쟁"은 시드니〈선 헤럴드〉의 일요일판 표제다. "옛날에 소파는 단순히 앉기 위한 것이었고 주전자는 물을 끓이는 것이었다. 그러나 이제는 그 모든 개념이

미학적 명령 | 45

변했다." 오스트레일리아에서는 2000년에 처음으로 가정과 라이프스타일 관련 잡지가 5개 발간되었는데, 지금은 무려 20개 이상으로 늘어났다.

〈뉴욕 타임스 매거진〉의 영향력 있는 스타일 편집자인 에이미 스핀들러는 일본의 전통적인 스타일은 오랫동안 미학적인 영감의 원천이었는데, 그곳은 현재 빠른 속도로 "유행의 진정한 국제수도"가 되어가고 있다고 쓰고 있다. 그녀에 의하면 그곳은 미학적인 변화 자체가 대중문화를 주도하는 곳으로, "런던의 펑크족이나 모드족(mods, 1960년대 영국의 보헤미안적인 옷차림을 즐기던 청소년들), 도쿄의 길거리 옷차림에 많은 영감을 주는 뉴욕의 래퍼들과는 달리, 도쿄의 패션 트렌드에는 정치적인 배경이 전혀 없다. 펑크의 물결이 왔을 때 그것은 단지 패션에 관한 것이었고, 힙합의 물결 역시 반항과는 전혀 무관했다……. 힙합 패션이 의미하는 것은 단지 그것을 입는 사람이 패션을 사랑한다는 것뿐이다." 뉴욕 편집자들의 눈길을 끄는 의복 스타일과 함께, 일본은 애니메이션과 산업디자인을 통해서도 새로운 미적 개념들을 수출한다.

1970대까지만 해도 일본에는 디자인 학교가 없었다. 마찬가지로 디자인 학교가 없던 한국과 싱가포르는 이미 디자인의 중심지가 되었다. 오늘날 일본에는 적어도 9개의 디자인 학교가 있으며, 한국에는 최소한 10개 그리고 싱가포르에도 최소 4개가 있다. 산업디자인 역량을 국가적인 차원으로 끌어올리기 위해 한국 정부는 더 많은 전문적인 디자인 학교를 설립하고 있으며, 기존의 대학에는 디자인학과를 만들고 있다. 여러 면에서 디자인 초강국인 이탈리아조차도, 건축과는 대조적으로 1983년에 도

무스 아카데미가 문을 열기 전까지는 수준 있는 디자인을 제공하지 못했다. 오늘날에는 최소한 23개의 학교가 디자인 학위를 수여한다. 1995년 이래 (그래픽 디자인 출판물을 제외한) 40개 이상의 디자인 및 건축 잡지들이 전세계를 상대로 출판을 시작했다.

그래픽 디자인은 제품 디자인 및 환경 디자인과 함께 성장했다. 1970년대 초 그래픽 디자이너들을 위한 전문 기관인 미국그래픽아츠협회(the American Institute of Graphic Arts)의 회원은 1,700명이었다. "그리고 그 중 1,350명이 맨해튼의 14번가와 15번가 사이에서 살거나 일했다."고 한 회원은 회상한다. 지금은 1995년의 두 배가 된 1만 5,000여 명의 회원이 전세계 열두 곳의 지부에 소속되어 있다. 이런 성장의 이유는 부분적으로는 조직 자체의 활력 때문이기도 하지만, 본질적으로는 이 업종이 실제로 번성하고 있기 때문이다. AIGA의 전무이사는 미국에는 대략 15만 명의 그래픽 디자이너가 있다고 추정한다. 한 세대 전이라면 그와 비슷한 위치에 있는 사람이 기자에게 낙관적으로 3만 명쯤 된다고 말했을 것이고, 그러면 그 기자는 "1만 5,000명 정도라고 믿었을 것이다." 현재 전세계에서 약 50종의 그래픽 디자인 잡지들이 정기적으로 발행되고 있는데, 1970년에는 단 세 개만 있었기 때문이다.

전문적인 그래픽 디자인에 대한 수요는 DIY의 확산과 함께 증가했다. 워드프로세서와 파워포인트로 인해 모든 사람이 활자체와 서체, 글머리 기호(bullet point)를 배우고 있다. 디지털 카메라와 저렴해진 스캐너, 그리고 잉크젯 프린터 덕분에 4원색의 삽화가 들어간 서류를 값싸고 쉽게 만들 수 있게 되었다. 1999년에, 킨코 사(Kinko)는 소비자들에게 일상적인 의사소통에 세련된 그래픽들이 필요하다는 사실을 확신시키느라고 다음의 구절이 포함된 4,000만 달러짜리 광고를 했다. "때로는 단지 당신이 말하는 내용보다, 그것을 말하는 방식이 더 중요한 경우가 있다." 파출부 일을 구하는 사람들이 매력적인 레이아웃과, 오려 붙이기 기술, 한때는 직업적인 디자이너들만 썼던 서체들로 만들어진 전단지를 돌린다. 스테이드법률회사는, 한 번도 회사 로고를 담으려고 생각하지 않았던 것들을 포함해서 문구류에서 웹사이트에 이르기까지의 모든 것에 독특하면서도 지속적인 외양과 느낌을 만들어 내려고 그래픽 디자이너들을 고용한다. 수수한 모양의 이력서나 회사 뉴스레터는 복사용 묵지만큼이나 진부하다. "더 이상 디자인되지 않는 그래픽 대상은 없다, 늘 그랬다."고 AIGA의 회장을 지낸 바 있는 그래픽 디자이너 마이클 비럿(Michael Bierut)은 말한다.

〈타임〉처럼 이런 흐름을 단순히 '디자인'이라고 부르는 것은 잘못이다. 디자이너들은 형태에 관해서만큼이나 기능에 대해서도 고민하기 때문에 단순한 '스타일리스트'로 취급받는 것을 매우 싫어한다. 따라서 GE 플라스틱스의 한 중역이 "미학 혹은 스타일링이 판매에서의 유일한 강조점으로 받아들여지게 되었다."고 말할 때, 칫솔모의 배열이 주는 세척력이나 책상의자의 인체공학적 측면에서의 최근의 눈부신 발전에 관해 말하고 있는 것이 아니다. 그리고 디자이너들이 자기 직업에 권위를 부여하려고 애쓰는 성명서의 이념적인 의미를 말하고 있는 것도 물론 아니다. 본질적으로 표면이 중요하다고 말하고 있는 것이다.

호텔 인테리어에 대해 이따금씩 고개를 끄덕이는 것을 제외하면, '디자인'에 관한 얘기들에서 언제나 제품 자체가 관심의 초점이고, 대개의 경우 그래픽 디자인도 관심을 받지 못한다. 〈타임〉의 특집기사는 가정용품과 전자제품 따위의 사진들로 꾸며진다. 그 잡지에 나오는 모든 사람은, 호텔 의류 매장 관리인인 이안 슈레이저(Ian Schrager)를 제외하고는 **제품들**을 디자인하거나 전시하거나 판매하는 업무를 담당한다. 제품들, 즉 자동차, 컴퓨터, 칫솔, 가정용품, 의류, 가구가 바로 대부분의 사람들이 생각하는 '디자인'인 것이다.

그러나 제품 디자인의 성행은 삶의 모든 면에서 감각적인 부분의 중요성이 증가하고 있다는 신호들 중 한 가지에 불과하다. 부동산 중개업자들은 매물을 장식하는 '전문가'들을 고용하고, 새집 주인들은 자기 집 내부를 시각적으로 멋있게 배열하기 위해 '이사 코디네이터'에게 부탁한다. 미학적 열망이 큰 교외거주자들은 크리스마스에 자신의 집을 장식할 전문가를 고용한다. 일이 바쁜 전문직 커플은 요리사들을 집으로 불러 만찬을 준비하는데, 그들은 훌륭한 음식뿐만 아니라 가정 요리의 질감과 향도 제공한다. 회사 중역들은 옷을 주문할 할리우드 스타일리스트들의 목록을 살펴본다. 사람과 장소와 물건을 멋있게 보이도록 만드는 일은 성장하고 있는 사업이다.

컴퓨터 주변장치를 만드는, 특히 마우스가 유명한 회사인 로지텍(Logitech)의 창업자인 자파코스타(Pierluigi Zappacosta)가 관찰한 변화를 생각해 보자. 자파코스타는 로지텍의 제품과 패키지 디자인을 에슬링거의 디자인 회사에 의뢰했는데, 이로 인해 밋밋한 컴퓨터 주변장치의 세상에 즐겁고 눈에 띄는 스타일을 도입하게 되었고, 이 일은 디자인 역사에 한 획을 긋는 대단한 일이 되었다. 그러나 미학에 관한 자파코스타의 가장 생생한 이야기는 컴퓨터와는 무관한 음식에 관한 것들이다.

1976년에 이탈리아에서 팰러 앨토로 옮겨 왔을 때, 자파코스타는 미국 음식 때문에 고생을 많이 했다. 질 좋은 빵도, 괜찮은 치즈도, 맛있는 커피도 없었기 때문이다. "근본적으로 뭔가 잘못되어 있는 것 같은 생각이 들었다."고 말한다. 음식이 형편없었을 뿐만 아니라, 식당의 분위기도 엉망이었다고 한다. "아마 어둠 속에서가 아니라면 먹을 수 없었을 겁니다."라며, 눈부신 태양 속에서 어두컴컴한 비즈니스 식당 속으로 들어가던 일을 회상한다. "나는 어둡다는 것이 음식과 얼마나 많은 관계가 있는지 그리고 실내장식의 개념과 얼마나 관계가 있는지는 모릅니다. 그러나 그곳이 멋진 식당이었다고 하더라도 당신은 자기가 먹고 있는 것을 볼 수 없었을 겁니다."

그 모든 것이 변했다. 마이크로소프트와의 경쟁으로 로지텍이 마우스를 멋지게 만들 수 있었듯이, 식료품점과 식당 주인들도 식품과 식당 디자인에 대한 기준을 경쟁적으로 끌어올렸다. 일부는 고국의 훌륭한 맛을 살려 낸 이민자들이었고, 다른 이들은 미국 태생의 혁신가들로 '캘리포니아 롤' 스시와 바비큐-치킨 피자와 같은 진기한 것들을 만들어 냈다. 오늘날에는 실리콘밸리에서도 맛있는 빵을 구할 수 있을 뿐만 아니라, 지방의 식품점에는 9미터 길이의 진열대가 전세계의 치즈들로 꽉 채워져 있다. 자파코스타가 알면 놀라겠지만, 이탈리아 시장에서 발견할 수 있는 것보다 훨씬 더 많은 종류의 것들이다. 어두침침한 식당은 고급이기는커녕 유행에 뒤떨어진 것이다.

우리의 일반적인 표준은 피자헛(Pizza Hut)에서 캘리포니아 피자 키친(California Pizza Kitchen)으로, 1970년대에 유행을 선도하던 도시의 얼리 어댑터들의 TGI 프라이데이스에서 교외에 위치한 평범한 식당으로서의 TGI 프라이데이스로 서서히 올라갔다. "블랙–아이드 피(Black-Eyed Pea)는 한때 수준 높은 디자인으로 유명한 식당이었다."고 식당 디자인 전문 건축가가 말한다. 가정식 남부 음식을 제공하는 그 체인점은 그런 분위기를 만들기 위해 전문가들을 고용한 최초의 식당들 중의 하나였는데, "독특하고 유행의 첨단을 달리는 듯한 분위기였습니다. 그래서 사람들은 이렇게 말하곤 했죠, '블랙–아이드 피에 가봤어? 완전히 새로워졌더군.'" 한때 유행의 첨단을 달리던 디자인이 이제는 소비자들이 당연하게 받아들이는 최소한의 기준이 되었다.

예상과는 달리 미학의 시대를 더 잘 드러내 주는 것은 제품 디자인에 관한 이야기들이나 선반 위에 당당히 진열된 상품들이 아니라, 상품들과 우리를 둘러싼 **환경**의 진화다. 산업디자인이 새로운 황금기를 만끽하고 있다는 점에는 의문의 여지가 없지만, 앞서 가는 일부 상품들의 경우에는 적어도 1920년대 후반부터 외양과 느낌을 중요시해 왔다. 하지만 폭넓게 확산된 현상으로서의 환경에 대한 세심한 관심은 최근에 나타났다. 데이비드 브라운은, "디자인은 어디에나 있으며 지금은 모든 곳이 디자인된다."라고 약간 과장해서 말한다.

 색상과 질감, 향기와 음악을 아주 정교하게 조화시킴으로써 스타벅스는 아이맥보다 우리 시대를 더 잘 표현하고 있다. 스타벅스와 미학(aesthetics)의 시대와의 관계는, 맥도날드와 편의성

(convenience)의 시대, 혹은 포드와 대량생산(mass production)의 시대와의 관계와 마찬가지로, 상징적인 성공 이야기, 즉 미학적 명령과 관련된 좋고 나쁜 모든 것의 전형이다. 호텔과 쇼핑몰, 도서관, 심지어는 교회까지도 스타벅스를 흉내 내려고 애쓴다. 구두쇠들은 비싼 커피 값에 대해 불평할 수도 있겠지만, 스타벅스가 단지 음료만을 팔고 있다고 생각해서는 안 된다. 그곳은 미학적으로 다중감각적인 경험을 주고 있기에 고객들은 단순히 기능적인 내열 플라스틱과 바닥재로 치장된 커피 스토어(이를테면, 세븐일레븐이나 던킨도너츠보다 훨씬 더 싼 곳)의 커피 값보다 기꺼이 몇 배 더 지불한다. 스타벅스는 수십 명의 디자이너들을 고용해서 스토어의 '디자인 언어', 즉 독특한 색채, 실내장식용 직물의 질감, 밝은 소품, 안내 책자 및 회화적인 주제를 신선하고 독특하게 유지하고 있다.

"모든 스타벅스 스토어들은 고객들이 보거나, 만지고, 냄새 맡고, 맛보는 모든 것의 품질을 끌어올리기 위해 주의 깊게 디자인된다."고 최고경영자인 하워드 슐츠(Howard Schultz)는 말한다. "감각적인 신호들은 모두 다 똑같이 높은 기준이어야 한다. 그곳의 미술작품, 음악, 향기, 겉모양 등 모든 것이 커피의 풍미와 같은 종류의 잠재적인 메시지, '여기 있는 모든 것은 최고'라는 메시지를 전달해야 한다."는 것이다.

요즘의 무역 전시장을 보자. 테마파크나 세계박람회를 본떠서 단순히 상품을 전시하기보다는 '참가자들이 몰입될 수 있는 분위기'를 만들어 내려고 애쓴다. 조명, 음향, 질감은 정보만이 아니라 적절한 분위기를 만들어 내는데, 목표는 "완벽한 환경, 그러니까 참가자들의 마음속에 적절한 감정이 생기도록 하는 것"

이라고 한 전시회 디자이너가 말한다. 형태가 뒤따르고, 정서가 이끌어 간다는 말이다.

주택 개량 쇼 또한 TV의 인기 프로그램이 되면서 DIY족들에게 단순한 조언만이 아니라, 디자이너들의 미학적인 전문 지식까지 전달하고 있다. 7,000만 가구의 미국 가정이 "이 분야의 CNN"이라 불리는 '홈 앤 가든' 프로그램을 보는데, 캐나다와 일본, 오스트레일리아, 대만 그리고 필리핀에서도 방송되고 있다. 학습 채널의 '트레이딩 스페이시스'라는 공간개조 쇼는, 영국의 성공작 '체인징 룸스'를 모방한 것으로, 매주 300만에서 500만 명의 시청자로 시청률 기록을 경신하면서 케이블 방송의 탑 텐 쇼의 하나가 되었다. 제작진에서의 요청이 없었음에도 참여를 원하는 집주인들로부터 매일 300에서 500장의 신청서를 받는다고 한다. 이런 종류의 쇼들은 계속해서 늘어나고 있다.

"특이한 프로그램이던 집안 개조 TV 방송은 이제 주류가 되었다."고 한 고참 진행자가 말한다. "우리 사회가 콘도미니엄이건 수상가옥이건 집에 대해 시간과 돈을 기꺼이 쓰려는 경향이 훨씬 더 커졌다."는 것이다. 미국인테리어디자이너협회의 회원은 1992년 이래 두 배 이상, 즉 9,000명에서 2만 명으로 늘어났다.

고급 벽장식이라는 새로운 미술 시장도 생겨났다. 미술가들과 수집가들은 누군가가 소파에 어울릴 미술작품을 구입할 수도 있다는 생각, 진정한 예술에는 모욕일 수도 있는 그런 생각은 전혀 하지 못했다. 아마도 바로 그런 이유로 벽장식 산업은 평범하고 진부하기까지 한 날염 무늬들로 가득 차게 되었던 것으로 보인다. 그러나 시각적으로 세련된 수준의 소비자들 모두가, 미술작품으로 친구들에게 깊은 인상을 주거나, 갤러리의 군중과 친하게 지내거나, 또는 투자를 통해 돈을 벌고 싶어하는 것은 아니다. 단지 좀더 매력적인 거실을 원하는 부류도 있을 수 있는데, 바로 그런 사람들을 위해 중산층이 이용하는 알뜰 시장은 멋있는 가구와 어울릴 만한 판화들과 사진들을 제공하고 있다.

주로 인기를 끄는 것들은 유명한 모더니즘 작가들이나 현대 작가들의 작품들이다. 전문화된 웹사이트로 시작해서 스토어들을 늘려 나간 아이스톰 사(Eyestorm)는 다미엔 허스트의 한정판 판화들을 3,000달러에, 데니스 하퍼가 찍은 앤디 워홀(Andy Warhol)의 작품 사진을 500달러에 판매한다. 또한 크레이트 앤 바렐에서는 액자에 넣은 마크 로드코의 회화작품의 복제품을 499달러에 파는데, 이런 상품들의 판매액은 매년 두 자릿수의 퍼센티지로 늘어나고 있다. 소비자들은 "미술품을 구입하고 있는 것이지, 수집하고 있는 것이 아닙니다."라고 아이스톰의 한 중역이 말한다. 예술을 투자나 사회적 지위의 상징으로서가 아니라, 단순히 아름다운 집안환경을 만드는 방법의 하나로 여기고 있다는 뜻이다.

개인 주택들의 미학적인 기준이 상승함에 따라, 공공장소들도 외양과 느낌의 질을 끌어올려야 하는 압력을 느끼게 되었다. 스타우드 호텔 앤 리조트 사(Starwood Hotel & Resorts)는 부티크 호텔(boutique hotel, 독특한 개성을 살린 작고 고급스러운 호텔)의 기법을 정교하게 발전시킨 '디자인으로 승리'라는 전략을 채택했다. 수입이 많은 더블유 체인(W chain)이 가장 큰 주목을 받고 있지만, 오히려 뉴스거리는 중간 규모의 시장에 있다. 스타우드 사는 쉐라톤 호텔(Sheraton)과 웨스틴 호텔(Westin)의 객실에 있는 싸구려 꽃무늬 침대보와 인공적인 합판 가구, 그리고 시대에 뒤떨어진 얼음 그릇을 제거하고, 더 나은 미술품들을 사들이고 있다. 이는 "고객의 집 수준에 맞추어야 한다."는 생각으로, 결국 호텔 경영자의 디자인 선택에 가정에서 상승하는 기준이 반영된다는 뜻이다. 욕실의 거울에는 테두리가 쳐지고, 세면대의 상판은 화강암으로 바뀌었다. 쉐라톤 호텔의 객실은 썰매 모양 침대와 멋지게 장식된 벽이 특징인데, 하루 평균 세 명 정도의 고객이 어떻게 하면 웨스틴 호텔에 있는 순백색의 지극히 편안한 "천국 같은 침대"를 구할 수 있느냐고 질문한다고 한다.

공항 터미널들도 천장에 낸 채광창, 파노라마식 경치, 아트 갤러리, 맞춤 카펫이나 테라초 바닥(terrazzo floor, 대리석 부스러기를 박은 다음 닦아서 윤을 낸 시멘트 바닥) 그리고 최신식 스토어들로 리모델링을 하고 있다. 흔해 빠진 핫도그와 평범한 커피가 볼프강 퍽 카페(Wolfgang Puck Cafes, 인테리어에 각별히 신경을 쓴 전국적인 피자 카페 체인점)와 스타벅스로 대체되었다. 공항에 새롭게 만들어진 사우나에서는 손님들이 시간을 보내도록 매니큐어와 마사지 서비스를 제공한다. 라 구아르디아(La Guardia)의 더 피그스(the Figs) 식당들은 이탈리아 파니니 샌드위치와 무화과와 이탈리아 햄이 들어간 얇은 빵 피자와 같은 미식가를 위한 요리들을 제공한다. 시카고의 오헤어 공항에서는 중앙 홀을 지나가는 승객들이 네온 빛을 내는 744개의

장식적인 기능을 강조한 조명등

발 모양 조각품 아래로 걸어가는데, 불빛의 색이 음악에 맞추어 바뀐다. 미술 작품들로 채워진 알바니 공항은 1998년에 리모델링 되었는데, 보안 검색대에 있는 카페 스타일의 의자들의 경우, 은은한 광택이 나는 스테인리스 스틸의 장식적인 격자와 구릿빛 등판을 가진 블론드색과 체리색 목재가 조화를 이룬다. 실용적인 컨베이어 벨트만이 스타벅스와 어울리지 않아 보인다. "미국인들이 앞으로 공항에서 더 많은 시간을 보낼 텐데, 그렇다면 그곳을 매력적인 장소로 만드는 것은 우리의 의무입니다."라고 필라델피아 시의 시장을 지냈던 사람이 말한다. 그는 그 공항의 품격을 높이는 것을 주된 사업으로 삼았었는데, 그때는 증가된 보안 경계가 공항 대기시간을 늘리기도 전이었다.

처음에는 오로지 기능성과 편의성에만 관심이 있었고, 분위기는 거의 신경쓰지 않은 채 디자인되었던 쇼핑몰들이 미학에 눈을 돌림으로써, 그렇지 않았다면 드라이브-업(drive-up, 승차한 채로 서비스를 받을 수 있는) '라이프스타일 센터(lifestyle centers, 일상적인 여러 일들을 한곳에서 해결할 수 있는 복합적인 장소)'를 더 선호했을 고객들을 붙들고 있다. 새로 개장하는 쇼핑몰들은 '웅장한 출입구'와 매력적인 바깥 경치, 부드러운 좌석과 장식적인 조명이 있는 벽 장식품으로 치장되어 있으며, 오래된 쇼핑몰들도 그렇게 리모델링되고 있다. 한 쇼핑몰 개발회사의 수석 디자이너는 "초기의 쇼핑센터들은 튼튼하기만 하면 됐고, 반드시 오래 머물러 있고 싶은 장소일 필요는 없었다."고 말한다. "1980년대의 쇼핑몰들은 편의성과 효율성을 목표로 합리적이고 기능적으로 디자인되었는데, 어떤 의미에서는 거의 '기계적인 쇼핑을 위한 곳'이라고 부를 수도 있을 것"이라고 그는 설명한다.

새로운 미학 시대의 가장 극적인 지표들은, 제품디자인이나 환경이 아니라, 개개인의 표정과 사회적인 기대 및 보편적인 미학적 기준들이 교차하는 사람들의 외모와 관련되어 있다. 영국의 한 상담 및 리서치센터가 2001년에 발표한 〈멋진 외모, 당당한 권리: 최근 경제에서의 스타일 카운슬링〉이라는 제목의 보고서에 의하면, 직원들의 외모는 단순히 개인적인 장점일 뿐 아니라, "고용주에게도 매우 가치 있는 자산"이라고 한다. '미학적인 기량(aesthetic skills)'의 중요성은, 미학적인 환경이 고객들을 끌어들이고 잘생긴 직원들이 '인적 자원'으로서 업체의 이미지를 높이고 있는 라이프스타일 지향적인 서비스업과 함께 커져 왔다.

예컨대, 영국의 한 부티크 호텔 체인은 (좋은 품성을 가진) 잘생긴 직원들만 채용해서, 신입사원들에게 열흘간 화장법과 면도법에 대한 강의를 포함한 몸치장과 품행에 관련된 연수를 한다고 한다. 결론적으로 그 보고서는, 이제 실직자를 위한 취업훈련 프로그램에서조차 다른 내용들만큼이나 미학을 강조할 필요가 있다고 주장한다. 즉, "중산층과 전문가들과 정치가들만 이미지 메이킹을 이용해야 할 이유가 없다."는 것이다. 실제로 뉴욕에서 주로 활동하는 스타일웍스(StyleWorks)라는 시민단체는, 복지연금을 받다가 새로 일터로 나가는 여성들에게 "새로운 출발을 위한 산뜻한 외모"를 제공하기 위해 자원봉사자들로 이루어진 헤어스타일리스트, 메이크업 아티스트, 이미지 컨설턴트들을 활용한다. 1999년에 설립된 이 단체는 첫 2년 동안 1,000여 명에게 이미지 개선과 스타일 상담을 제공했다.

최근의 선거들이 보여 주듯이, 정치가들 역시 이미지 메이커들을 필요로 한다. 앨 고어(Al Gore)의 갈색 톤의 정장에서 플로리다 주 국무장관인 캐서린 해리스(Katherine Harris)의 짙은 화장까지, 2000년의 미국 대통령 선거 전체가 외모에 사로잡혀 있는 듯했다. 역사상 처음으로 갤럽에서 어느 대통령 후보가 더 잘생겼는지에 대한 여론조사를 했다.(고어가 44퍼센트 대 24퍼센트로 이겼으며, 둘 다 평균점 이상의 외모로 평가받았다.) 이런 조사는 정답이란 게 없기 때문에 오히려 질문할 가치가 있었다. 정치에서 멋진 외모가 중요한 요인이 된 것에 대해 연구해 온 〈워싱턴 포스트〉의 한 기자는, "대통령 선거에 관해서 말한다면, 미국은 이제 헌크스빌(Hunksville, 매력남들의 마을)이라고 불리는 곳에서 선거를 치르게 되었다."고 선언했다.

힐러리 클린턴(Hilary Clinton)은 상원의원 당선 연설에서, "여섯 벌의 검은색 바지 정장"에 공을 돌렸다. 그녀가 국회에 처음 모습을 드러냈을 때의 통통하고 수수한 외모에 대해 비평가들은 "외모의 추락"이라고 표현한 적도 있었고, 고어가 2001년 8월에 정치판에 다시 등장했을 때 식자층은 흑백이 뒤섞인 그의 수염에

존 케리와 존 에드워즈

관해서만 언급했었다. 2004년 민주당 대통령 후보 경선자들에 관해 추측하건대, 분명히 상원의원 존 케리(John Kerry)와 존 에드워즈(John Edwards)의 잘생긴 외모가 언급될 것이다. 심지어 〈피플〉은 에드워즈를 미국에서 "가장 섹시한 정치가"라고 부르기도 했다.

 2001년 영국 선거는 후보자들의 외모에 대해 더욱 노골적으로 집중했다. 토리당의 한 비평가는, "총선에서 강조할 만한 주제는 세금과 지출, 경기상승이나 불황, 파운드화 지키기와 군침을 흘리고 있는 유럽의 입 속에서 영국을 탈출시키는 일이 아니라 모발인데, 토리당의 후보인 윌리엄 헤이그(William Hague)의 비참한 탈모현상이 그것"이라고 말했다. 그리고 토니 블레어(Tony Blair)에게 완패하기 직전에 사방에서 헤이그의 외모가 바로 정치적인 문제의 핵심이라고 단언하기도 했다. "일반적으로 그를 마치 양복을 입은 태아처럼 본다는 점이 문제"라고 오랜 친구이자 지지자가 말했다. 헤이그의 뒤를 이어 토리당의 당수가 된 직후, 역시 대머리였던 이안 스미스(Ian Duncan Smith)는 두발 문제로 블레어를 공격하는 일을 계승했다. "그는 아주 빠른 속도로 머리카락이 빠지고 있으며 머리털을 부풀려 세운 위타빅스(Weetabix, 시리얼 바 광고에 나오는 대머리 모델)처럼 머리를 빗는다. 만약 머리카락이 있는 것이 수상이 되는 조건이라면, 1년 안에 현재의 수상을 쫓아내야 할 것"이라고 말했던 것이다.

 정반대로 풍성한 모발은 정치가의 자산이다. 일본 수상인 고이즈미〔小泉純一郎〕의 '라이언 킹'을 연상시키는 갈기 파마머리는 그의 인기를 상승시키고, 인습타파의 개혁가 이미지를 강화하는 데 도움을 주었다. 독일의 수상 슈뢰더(Gerhard Schroeder)는 풍성한 갈색 머리 덕에 젊어 보이는데, 흰머리를 감추기 위해 염색을 했다고 주장한 출판사에 소송을 걸기도 했으며, 나중에라도 머리를 염색했다고 주장하는 것에 대해 반박할 수 있는 법원의 명령도 얻어 냈다. 그러나 대단한 패션 감각과 적절한 쓸 것이 있으면 대머리 정치가라고 하더라도 스타일로 박수를 받을 수 있다. 예컨대, 패션 디자이너인 톰 포드(Tom Ford)는, "아프가니스탄의 지도자인 하미드 카르자이(Hamid Karzai)가 세상에서 가장 멋진 남자"라고 말한다.

핸섬한 정치 지도자들은 보다 더 일반적인 현상의 반영이다. 이전 시대에 만연했던 신체를 손상시키는 질병들과 영양 부족뿐만이 아니라, 굽은 치아와 여드름 자국, 그리고 부모와 조부모 세대의 흰머리를 벗어날 수 있었기에, 산업화된 나라의 사람들이 역사상 가장 잘생겼다는 점에 대해서는 논쟁의 여지가 없다. 육체적인 노동을 덜 해도 되는 삶을 살고 있으며, 그래서 비만이 문제이긴 하지만, 여하튼 젊음이 더 오래 유지되는 것도 사실이다. 이제 더 이상 19세기 방문객이 쓴 그런 모습, 즉 "미국 여성들은 21세에 젊음의 한창 때는 지나가고 30세가 되면 모든 피부가 썩어 있다."라는 식의 상황은 아닌 것이다. 전후 베이비 붐 세대는 50대에도 젊어 보이고, 충분히 매력적이기를 기대하며, 많은 이가 실제로 그렇기도 하다.

뛰어나게 아름다운 사람은 유전적인 은총을 받은 경우뿐이겠지만, 대부분의 사람들도 역사가 아서 마위크(Arthur Marwick)가 말한 "품위 있는" 사람, 즉 신경만 쓴다면 대체로 좋은 외모를 가질 수 있다. 그리고 우리는 각종 매체들과 여행, 그리고 인구의 밀집 덕분에, 조상들보다 훨씬 더 정말로 아름다운 사람들을 볼 기회가 많다. 단 한 시간의 텔레비전 시청과 잡지책 보기, 또는 간판들이 줄지어 선 거리를 차를 타고 지나가는 것만으로도 우리는 선조들이 평생에 걸쳐 보았던 것보다 더 아름답고 더 다양한 종류의 사람들을 볼 수 있다는 말이다. 그리고 그런 경험을 통해 우리는 다른 사람들뿐만 아니라 자신에 대해서도 훨씬 더 정확한 판단을 내릴 수 있게 된다. 그래서 마워크는, "선택과 비교의 기회가 있어야만 사람들은 개인적인 외모에 대한 진정한 평가를 내릴 수 있다."라고 쓰고 있다.

 그런 판단은, 개인의 외모가 주의를 끄는 것과 무관하다거나, 적절치 않다고 생각되었던 분야로까지 확대되었다. 대서양 양쪽의 작가들은 자신의 외모가 거의 자신의 글만큼이나 중요하다는 사실을 깨닫기 시작했으며, 간혹 그런 사실에 대해 불평을 하곤 한다. 그래서 〈워싱턴 포스트〉는 "외모가 책을 판다."라고까지 말한다. "이런 사실은 현대 미국 출판계의 일급비밀이지만, 누구나 알고 있다. 당신이 덴젤 워싱턴이나 카메론 디아즈를 닮아야 하는 것은 아니지만, 만일 글을 잘 쓰면서 동시에 수잔 미노트(Susan Minot, 영화 '스틸링 뷰티'의 원작자)의 품위 있는 광대뼈나 에이미 탠(Amy Tan, 베스트셀러인 〈조이 럭 클럽〉의 작가)의 섬세한 자태, 혹은 세바스찬 융거(Sebastian Junger, 영화 '퍼펙트 스톰'의 원작자)의 고뇌하는 강인함을 가지고 있다면, 당신의 기회는 훨씬 더 많아질 것이다."

 영국의 출판인들은 '화려한 요소, 즉 작가가 얼마나 멋진가?'의 중요성을 인정하는 데 그렇게 부끄러워하지 않는다. 신인 작가라면 더욱 그러한데, 〈하얀 치아(White Teeth)〉로 갈채 받는 젊은 소설가 재디 스미스(Zadie Smith)는 출판사의 권유에 따라 헤어스타일을 바꾸고 안경을 벗는 변신을 이뤘다. 그 회사의 편집장은, "나는 수없이 많은 〈하얀 치아〉의 서평을 봤지만 사진이 없는 걸 본 적이 없다."고 말하면서, "외모가 차이를 만드는데, 우리 모두는 그 사실을 알고 있다."고 결론짓는다.

외모에 대한 이런 강조가, 다른 기준에 의해 판단되었으면 하는 나 같은 사람들에게 나쁜 소식이라면, 그로 인해 매력의 정의가 훨씬 더 넓어졌다는 점은 좋은 소식일 것이다. 많은 사람들의 다양한 외모를 보는 것은 미의 기준을 끌어올리지만, 그로 인해 아름다움이란 보편적으로 인식 가능한 것이면서 동시에 그 유형들, 즉 체격, 피부색, 머리색 등이 매우 다양하다는 사실도 알게 해준다. 그래서 자연적인 다양성에다가 인공적인 것들, 즉 자연을 모방하거나 확장시킨 스타일들을 덧붙이게 된다. 이렇게 미적 기준이 더 높아지고 스타일적으로 보다 다양해진 결과, 사람들을 더 아름답게 보이게 하거나, 미학에 더 많은 관심을 가지도록 만들기 위한 활동들이 폭발적으로 증가되었다. 그렇다, 치장은 더 이상 범죄가 아니다.

염색은 칙칙한 모발에 깊이를 더하고 돋보이게 만들고 인공적인 금발을 매우 흔하게 만드는 것으로서, 어느 패션 비평가의 말을 빌리면, "검은머리를 치장하는 많은 매력적인 방법들 중의 하나다." 클레이롤 사(Clairol)의 제품인 허벌 에센스 트루 인텐스 컬러는 18세에서 34세 사이의 남녀를 겨냥해서 만들었는데, 이 회사의 한 중역은 "젊은이들은 매우 실험적이며, 자기 자신과 자신의 개성을 표현하고 싶어한다."고 말한다.

로레알 사(L'Oreal)가 1998년 여름에 훼리아라는 염색약을 출시했을 때, 아프리카 풍의 키 작고 얼굴색이 연갈색인 모델의 금발 색조가 두드러져 보였다. 클레이롤의 광고에는 더욱 대담하게도 검정색 옷을 입은 빨강 머리의 모델 두 명이 등장한다. 한 명은 창백한 피부이고 다른 한 명은 짙은 갈색 피부인데, 그들은 "믿거나 말거나 우리는 같은 색이다."라는 카피 밑에서 클레이롤 제품을 가리키고 있다. 한때는 인종 문제를 불러일으킬 소지가 있는 표현이지만, 이제는 순수하게 미학적인 것으로 받아들여지고 있다. 그리고 염색의 인위성 같은 내용에 대해서는 더 이상 문제삼지 않는다. 그녀는 염색을 하는 걸까 안 하는 걸까? 물론 그녀는 한다. 다음 광고에서는 다른 머리색을 하고 나올 것이다. "그 브랜드는 모발 색깔에 대한 고정관념을 깨고 그것을 화장품처럼 사용하는 것에 관한 것"이라고 로레알의 한 중역이 훼리아에 대해 말한다.

젊은 남자들이 모발 염색 시장을 급격히 성장시키고 있어서, 미국 내의 판매가 5년 만에 25퍼센트 늘어났다. 미국의 10대 소년들은 모발 염색에 용돈의 약 5퍼센트를 지출한다. "패션 감각이 있어야 여자 친구들을 사귈 수 있다."고 한 10대 소년이 말하는데, 그의 엄마가 아들의 머리끝을 금발로 유지하도록 도와주고 있다. 아직 흰머리를 걱정할 필요가 없는 청소년들이 흥분과 자기 표현을 추구하고 있는 것이다. "내 모발 색은 쥐색빛이 도는 갈색인데, 나는 한 번도 이 머리 색깔이 내가 누군지를 표현해 준다고 느껴본 적이 없어요."라고 어떤 26세의 캐나다 청년은 말한다. 그의 모발 색깔은 반짝이는 검은색에서 밝은 금발까지 다양한데, "나는 나 자신을 더 다채롭고 더 흥미롭게 여긴다."고 말한다. 오스트레일리아 브리즈번의 한 미용실 주인은 일주일에 스무 명에서 서른 명의 남성이 모발 염색을 하러 오는

데, 이 중에 많은 이가 팝스타 리키 마틴의 염색 머리 때문에 하게 되었다고 하며 이렇게 말한다. "옛날이라면 모발 염색을 하지 않았겠지만, 요즘 시대에 염색은 단지 패션을 의식하고 있다는 뜻일 뿐이다."

또한 우리는 1980년대 이래 문화비평가인 조나단 로쉬(Jonathan Rauch)가 명명한 "갈색 혁명(Buff Revolution)"을 경험하고 있다. 몇 세기 만에 처음으로 영국과 미국에 사는 사람들에게 남자가 자신의 몸에 관심을 가지는 일이 부끄럽지 않은 일이 되었다. "어느 날 갑자기 세븐일레븐의 신문 판매대에 6종의 근육 관련 잡지들이 놓여 있었다."고 로쉬는 쓰고 있다. "갑자기 버스들이 광고를 붙인 채 도심을 휘젓고 다녔는데, 그 광고에는 특별한 이유 없이 윤곽이 뚜렷하고 햇볕에 그을린 미끈한 몸을 가진 젊은 남성이 가슴을 드러낸 채 전자레인지를 설치하고 있었다."

로쉬는 약간 지나친 점이 있다는 것을 인정하면서도 이 현상에 대해 대체로 긍정적인 평가를 내린다. 그러나 남성들의 외모에 대한 관심 증가가, 한 잡지의 표제를 인용하면 "소년을 소녀로 바꾸기"라며 우려하는 사람들도 있다. 특히 페미니스트인 수잔 팔루디(Susan Faludi)는 "치장하는 문화"가 남성들의 자기 존중감에 해로운 영향을 준다고 맹렬히 비난한다. 그리고 〈아도니스 콤플렉스〉와 〈루킹 굿〉 같은 책들은 남성들이 자신의 미적 이상을 추구하는 나머지 신체적 및 정신적 건강을 해치고 있다고 안타까워한다.

남성과 여성 모두에게 있어서 건강과 아름다움, 의술과 화장술의 경계가 모호해지고 있다. 제약회사들은 남성들의 머리에 머리카락을 자라게 하고 여성들의 입술 위에 나는 수염의 성장을 늦추겠다고 약속한다. "시력이 좋더라도 눈 색깔의 아름다운 변화를 즐겨 보세요."라고 한 콘택트렌즈 광고가 제안한다. 1992년부터 2001년까지, 미국에서 미용을 위해 의학치료를 받는 환자들의 수가 41만 3,000명에서 190만 명으로 거의 5배 증가되었다. 미국 여성의 60퍼센트와 남성의 35퍼센트가 안전하고, 무료이며, 들키지 않는다면 성형수술을 받겠다고 했는데, 젊은 사람일수록 그 퍼센티지가 더욱 높아서 태도에서의 세대 변화를 암시하고 있다.

대부분의 치아 질병은 예방되거나 치료되었기에, 치과의사들은 이제 미용시술, 즉 더 젊어 보이는 미소를 위한 접합과 미백 광고로 잠재적인 고객들을 강력하게 유혹하고 있다. 미국과 캐나다의 치열교정사들은 환자가 1989년에는 350만 명이었는데, 2000년에 500만 명으로 늘어났다고 주장한다. "치과의 전통적인 영역은 질병을 치료하는 것에 집중되어 있었는데, 이제 외모 가꾸기라는 미지의 영역으로 넘어가는 문턱에 있음을 깨닫고 있다."고 미국 치과협회지의 한 논문은 선언한다. 한 저널리스트는 치아 미백제를 다음과 같이 평가하고 있다. "그 상품은 한 때는 개인적인 위생을 위한 선택사항이었지만 이제는 필수품이 된 탈취제의 다음 주자로 준비되어 있다. 더 많은 사람들이 미백 치료를 받을수록, 당신의 누런 이가 더 대조적으로 보이는 것은 이제 시간문제다."

피부과의사들은 레이저로 검버섯을 없애고 약물로 여드름을 예방한다. 의사들은 10대의 여드름 자국이 홍역이나 굽은 치아처럼 불필요한 과거의 산물이라고 주장한다. 2001년에는 19세 이하의 미국인 11만 1,000명 이상이 화학적인 박피술을 받았고,

또 다른 5만 5,000명은 미세피부 박피술에 동의했다. 새로운 예방약들과 좋은 치료제들 덕분에, "이제 여드름 자국을 가지고 있다면 그건 정말 눈에 띈다."고 한 10대가 말한다. 이런 피부 치료술들 역시 아름다움의 기준을 끌어올리는 것은 물론이다.

이 모든 일들이 경제적이고 사회적인 세상에서 진행되고 있는 동안, 학계에서는 커다란 두 물결이 미학에 대한 지적인 관심을 표현했다. '물질문화(material culture)'라는 비교적 새로운 분야를 연구하는 학자들은 스타일, 상업, 개인적인 정체성 간의 상호작용을 연구한다. 이 연구는, "물질문화가 문화를 물질적으로 만든다는 것, 즉 어떤 라이프스타일에 대한 표현들은 그것의 단순한 반영 이상이라고 주장한다. 다시 말해서 표현이 어떤 라이프스타일의 실체인 경우들이 일부 있기는 하지만, 대부분의 경우에 있어서는 표현들이 그것에 실체를 부여한다는 것이 오랜 인류학적 확신"이라는 맥크라켄의 이론을 반영한다. 물질적인 것, 따라서 미학적인 것은 사람들의 자아에 대한 직관적인 이해에 중요한 것으로, 결국 물질적인 표현들은 단순한 표면이나 가상이 아니라 진지하게 연구할 가치가 있다는 주장이다.

치장이 본질적으로 퇴폐적이거나 부도덕하거나 속임수이며 결국은 착취라고 선언하는 20세기의 신조들에 도전하기 위해, 페미니스트 역사학자들은 여성들의 미(beauty) 문화와 가정적인 취향을 밝혀 내고 분석한다. "왜 냉장고와 자동차를 진지하게 다룬 책들이 없을까?"라고 디자인 사학자인 페니 스파크(Penny

Sparke)는 생각해 본다. "건축에 대한 연구는 매우 많은데, 인테리어에 관해서는 왜 그렇게 적을까?…… 일상생활, 즉 상업적이며 미학적으로 '불순'하다고 낙인찍힌 여성 문화는 지금까지 변두리로 밀려나 있었다." 그러나 더 이상은 그렇지 않다는 것을 스파크의 저서가 증명하고 있다.

〈패션론〉(1997년 창간)과 〈디자인 역사 저널〉이라는 제목의 잡지들은 이런 주제들을 다루고 있으며, 학술적인 출판사들은 의복과 음식의 역사와 의미에 관한 저서들을 출판한다. 박물관들도 디자인과 의복 전시물을 늘리고 있으며, 학자들은 패션의 문화와 역사를 분석하고 있다. 쇼핑과 스토어 환경의 발전에 관한 찬반 양편의 책들도 점점 많아지고 있다. 〈기업과 사회〉라는 기업 역사 잡지는 2000년에 창간되었는데, 창간호의 주제 중 하나가 상업과 개인적인 외모에 초점을 맞춘 '아름다움과 기업'이었다.

이처럼 새로운 연구의 내용 중에는 평론가들을 조롱하는 것도 있는데, 예컨대 "넘쳐나는 옷장은 이제 '기록보관소'라고 불린다. 당신이 입지 않는 헌 옷들을 뒤지는 것이 연구의 한 형태이고, 그리고 현명하게 쇼핑을 해왔다면 당신의 기록보관소는 그것만으로도 전시회를 열 만한 가치가 있다."는 것 등이 그렇다. 실제로 뉴욕의 한 교수는 2000년에 자신이 소장해 온 페리 엘리스(Perry Ellis)의 옷들을 패션기술연구소 박물관에 기증하기도 했다.

그러는 사이에 많은 자연과학자들과 사회과학자들은 미학적인 보편성의 본질에 점점 더 많은 흥미를 가지게 되었다. 물질 문화를 연구하는 학자들이 미학적 의미의 가치와 사회적 창조에 대해 숙고하는 동안, 이들 연구자들은 미학적인 즐거움의 생물학적 기원을 이해하려고 했다. 그들의 연구는, 취향은 수많은 언어만큼 다양하다는 것, 즉 한 문화의 예술은 미리 접해 보지 않은 사람들은 이해할 수 없다고 학계에서 폭넓게 수용되고 있는 이론에 도전한다. 사실 언어 자체는 보편적인 것으로 시작한다. 그리고 미적 반응도 분명히 그렇다. 결과적으로 미학적인 요소들은 상대적으로 쉽게 한 문화에서 다른 문화로 전파될 수 있다. 맥락과 의미는 다양하게 변하고, 특정한 취향들은 개인마다 다를 수 있지만, 인간은 그다지 어렵지 않게 낯선 미학의 즐거움을 누릴 수 있는 것이다.

심리학자들은 문화와 시대를 넘나드는 대칭과 비례, 일관성과 놀람에 대한 패턴들을 발견했다. 유아들까지도 매력적인 얼굴과 그렇지 않은 얼굴 간의 차이를 발견하고 구분해 왔다. 분야와 무관하게 다양한 나라에서 잘생긴 사람들의 소득이 더 많다고 경제학자들은 보고하고 있으며, 실제로 잘생긴 외모는 적어도 경제적으로는 여성들에게만큼이나 남성들에게도 중요하다고 한다. 생물학과 예술과의 관계에 특히 관심을 가진 미학자인 데니스 듀톤(Denis Dutton)은 "문화마다 음악은 서로 매우 다르지만, 그러나 음악은 소리, 고저, 화음, 반복에 의존한다. 발달된 음악에서는 새로움, 놀람, 공명 효과, 주제의 반복, 주제의 변조가 모두 발생한다."고 말한다. 언어가 색깔을 얼마나 상세하게 구분하고 있는가 하는 점은 차이가 있지만, 어떤 범주들, 그러니까 하양, 검정, 빨강, 초록, 노랑, 파랑 같은 '원색들'은 거의 모든 문화에서 발견된다. 달랑 주황색과 암갈색만 있는 문화는 존재하지 않는다는 말이다. 색상의 조합은 다양하지만, 그 구성 성분은 보편적이다.

진화론자들은 이런 패턴들의 존재를 생존과 성적 선택에 근거해서 설명한다. "아름다움에 대한 우리의 반응은, 자연선택에 의해 형성된 뇌의 회로에 의해 지배받기 때문에 기계적이고 본질적"이라고 심리학자인 낸시 엣코프(Nancy Etcoff)는 쓴다. "우리는 매끄러운 피부와 대칭적인 몸과 풍성하고 윤기 있는 머리카락, 여성의 굴곡 있는 허리와 남성의 조각 같은 가슴을 좋아한다, 왜냐하면 진화의 과정에서 이러한 신호들을 감지한 인간들이 다산을 이루었기 때문이다. 우리는 그들의 후손이다." 물론, 생물학 역시 개인마다 약간은 다르며, 이로 인해 당신은 금발을 좋아하는데 나는 왜 갈색머리를 더 선호하는지(종족 외 결혼의 선호는 긍정적인 유전적 효과가 있다.), 혹은 당신은 파스텔 색조를 좋아하는데 나는 왜 밝은 색깔에 강하게 반응하는지를 설명할 수 있을 것이다. 보편적인 패턴들 안에 개별적인 변수들이 있다. 게다가 새로움과 놀라움이라는 보편적인 패턴들은 어떤 한 개인이 그것에 대해 익숙한지 아닌지에 따라 다른 결과를 낳는다.

덧없는 물질문화를 분석하는 사람들과 생물학에 기반을 둔 보편성을 연구하는 사람들은 간혹 서로 어울리지 않는 것처럼 보이지만, 사실 양측은 보완관계에 있다. 그들은 모두 즐거움과 의미 모두를 설명하기 위해 인간의 삶에서 미학의 역할을 충분히 이해할 필요가 있는데, 그들은 입을 모아 미학이 자연적으로 절대적인 것도 아니며 완전히 사회적으로 구성되는 것도 아닌 자연과 문화를 섞어 놓은 것이라고 말한다. 취향의 진화는 유전자를 형성하는 영겁에서부터 짧고 긴 유행의 시간들까지 걸쳐 있는 시간의 단계에 따라 작동한다. 미학은 몸에서 시작하지만, 거기서 끝나는 것도 아니다. 인간은 정말로 시각적이고 촉각적인 피조물인 동시에 사회적이고, 형태를 만들어 내며, 도구를 사용하는 존재이기도 하다. 우리는 기억하고 혁신하고, 실험하고, 가르치고, 개선한다. '특별하게 만들기'는 복잡한 발견 과정, 즉 감동을 주고, 기쁨을 주는 감각적인 요소들에 대한 시행착오와 실험과 반응을 통한 탐구이다.

 메마르고, 획일적인 미래를 예견한 예언자들은 틀렸다. 왜냐하면 그들은 개성과 기쁨 그리고 상상력과는 분리된 채, 역사와 기술이라는 비인격적인 법칙으로 만들어진 사회를 상상했기 때문이다. 그러나 경제와 기술 그리고 문화는 결정론적 법칙에 의해 지배되는 순전히 비인격적인 힘이 아니다. 그것들은 개인, 즉 개인적인 행동, 개인적인 창의성 그리고 개인적인 욕구에서 출발하는 예측하기 어려운 역동적인 과정이기 때문이다. 그리고 우리 시대에 있어서 그것들은 미학적인 발견을 가속시키고 있다.

The Substance of Style

# 외양과 느낌의 부상

The Rise of Look and Feel

영향력 있는 광고업자인 어니스트 컬킨스(Earnest Calkins)는 1927년 〈애틀랜틱 먼슬리〉에 "미, 새로운 사업 도구(Beauty the New Business Tool)"라는 제목의 글을 발표했는데, 글의 요지는 제조업자들이 기능만 좋고 못생긴 제품에 대해 더 이상 만족해서는 안 된다는 내용이었다. "우리는 바야흐로 근대적 산업 효율성 위에 새로운 세계를 창조하는 초입에 들어섰는데, 그곳은 기계가 대체한 아름다움을, 기계들에 대한 혹독한 비평을 통해 아름다움을 되돌리는 것이 가능한 세계"라고 설명한다.

세련되게 꾸며진 한 상점의 조명설비

모던함과 실용성을 갖춘
주방

 컬킨스는 자동차, 축음기, 상품 포장, 상점, 조명설비, 주방과 욕실이 경쟁적인 분위기 속에서 점점 더 멋지게 변하고 있다고 선언했다. 소비자들은 더 이상 값싼 상품과 위생적인 주택만으로 만족하지 않게 되었으며, "일상 생활 속의 물건들이 실용적이면서도 아름답고, 재미있으면서도 아름다웠으면 한다."는 것이다. 그래서 제너럴 일렉트릭 사는 "각각의 부서를 대표하는 사람들로 미에 관한 위원회"를 구성했음에 반해, 헨리 포드(Henry Ford)는 못생긴 검정색 자동차를 끝까지 고집함으로써 회사의 경쟁력을 상실시켰다고 한다.

 컬킨스의 주장은 놀랍게도 앞 장의 내용과 상당 부분 비슷한데, 특히 경쟁 방식에 대한 그의 분석은 미학적 개선이 옳다는 것에 대한 격려가 되기도 한다. 그러나 컬킨스의 견해는 초기의 트렌드를 과장한 구석이 있다. 당시의 전형적인 미국인들은 옛날 영화들의 장면처럼 그렇게 호화롭게 살지도 못했고, 요즘의 박물관에서 볼 수 있는 아르 데코(art deco, 1920~30년대의 장식적인 디자인) 가구들을 즐기지도 못했기 때문이다. 1920년대 말부터 욕실 설비들이 점차 장식적인 아름다움을 갖추기 시작하지만, 문제는 욕실 자체가 많지 않았다는 점이다. 대략 미국 가정의 절반 정도에 냉온수가 나오는 욕조나 샤워기가 있었고, 실내에 변기가 있었다. 따라서 그 전에 비해서는 평범한 사람들도 미적인 상품을 더 많이 이용할 수 있었지만, 당시에는 여전히 실용성이 지배적이었다.

옷은 어땠는가. 1920년대 말과 1930년대 초 샌프란시스코 지역의 전형적인 사무원은 세 벌의 양복과 셔츠 여덟 장 그리고 여벌의 바지가 한 벌 있었으며, 그의 부인은 아홉 벌의 드레스를 가지고 있었다. 그들 부부는 그 정도의 옷으로 모든 외부 활동, 그러니까 여름과 겨울에 공식적이거나 사적으로 일하고 노는 모든 경우에 사용했다. 그렇다고 이들이 가난하거나, 실업자거나 또는 시골에 거주하는 사람들이었던 것은 아니고, 도시에 거주하는 화이트칼라의 중산층이었다. 그들이 옷을 바꾸는 것은 닳아 해졌을 때로, 대략 실내복은 일 년에 한 벌이고 양복은 4년에 한 벌 정도 새로 구입했기에 그들의 작은 옷장에서는 미적 다양성이나 스타일적인 즐거움을 느낄 기회를 거의 가질 수 없었다. "좀 비싼 옷들은 거의 다 해지기 직전까지 입었다."고 현대의 연구자들은 결론지으면서, 다음과 같이 덧붙였다. "당시의 가족들은 놀랄 만큼 옷을 적게 구입했으며, 비싼 옷도 거의 없었다. 그들은 패션에 대해 거의 지출을 하지 않았으며, 옷으로 겉치레를 하지 않은 것이 분명하다."

1920년대가 미학의 시대였다고 말하는 것은, 전보 덕분에 1850년대가 원격통신의 시대였고 그리고 1960년대가 컴퓨터 본체 덕분에 컴퓨터 시대라고 말하는 것이 옳다고 하는 의미에서만 옳다. 그런 발전은 주로 지식인 엘리트나 부유층에서만 이루어지기 때문에 보통 사람들의 평범한 생활 속에서의 느낌은 전혀 다르다. 미학의 시대라고 부르기에는 보급의 정도가 아직 부족했던 것이다. 오히려 1920년대의 대부분의 사람들에게 있어서 새롭게 느껴졌던 것은, 상품들의 외양과 느낌이 아니라 라디오, 세탁기 또는 자동차를 처음으로 구입할 수 있게 되었다는 점이었다. 당시에 주목받은 경제적 발전은 미학의 증진이 아니라 대량생산, 가격 하락 및 새로운 형태의 유통과 신용이었다. (가장 중요한 미적 트렌드는 패션과 개성적인 차림에 대한 관심을 부추긴 영화관람 붐이었다.)

20세기 대부분은 이런 패턴이 지배했다. 대중은 표준화로 인한 이익과, 편리성 및 대량 유통을 즐겼으며, 가치의 다른 원천에 비해 외양과 느낌을 덜 강조하는 편이었다. 원더 브레드(Wonder Bread)와 홀리데이 인(Holiday Inn)의 시대에 중요한 것은 미학의 부상이 아니라, 최소한도의 품질 기준을 예상할 수 있다는 사실의 확산이었다. 사람들이 모여 사는 도시의 아파트와 욕실이 없는 외딴 시골집에 이어서 값싼 재료로 지은 작은 주택들의 모양이 매우 좋아졌다. 체인 호텔의 방들은 이상적인 시골 여관의 매력은 없어졌지만, 적어도 바퀴벌레는 우글거리지 않았으며, 포장된 음식은 편리할 뿐만 아니라 믿을 수도 있고 잘 상하지도 않았다.

디자인 역사가인 토머스 하인(Thomas Hine)이 "파퓨럭스(Populuxe, 호화로운 대중)"의 10년이라고 부른 스타일적으로 풍요로웠던 1954년에서 1964년까지의 기간에도, 미학은 단지 산업혁명의 첫번째 결실인 직물에 기초를 둔 패션과 자동차와 가구같이 폭넓게 보급된 몇 안 되는 공산품에서만 중요한 것으로 간주되었다. 장식은 범죄라는 모더니즘의 극단적인 선고에 만족하고 있던 디자인 전문가들은, 대중이 누리고 있는 파퓨럭스 스타일을 경멸했다. 사회비평가들은 '스타일화'를 내용 없는 껍데기에 불과하며, 가치의 원천이 아니라 기만과 조작의 도구라고 비난했고, 문화 당국자들은 장식을 기껏해야 천박하고, 여성취향이며, 물질적 진보의 실질적인 요소에 비해 열등한 것으로 간주했다. 단 하나의 최선의 방식을 이념으로 하는 기술주의 시대에 올바른 취향은, 개인적인 즐거움("나는 이게 좋아.")이 아니라 전문가의 합리적인 의견("이게 좋은 디자인이야.")의 문제였다.

여성 디자인 사학자인 페니 스파크(Penny Sparke)에 의하면, "20세기 디자인 이론가들이 말하는 합리성은, 효율성, 전문성 및 기술을 의미했다."고 한다.

그것들 모두는 직관, 본능 그리고 아마추어리즘의 역할이 강조되는, 가정에서 만든 물건들의 미적 요소의 중요성을 감소시킨다. 물론 요즘 여성들이 가정에서 취향을 발휘하지 않는다는 말은 아니다. 그들은 여전히 꽃꽂이를 하고 있고, 가구를 광내고 있으며, 쿠션들을 부풀어 오르게 하고 있고 자질구레한 물건들을 이곳저곳에 배치하고 있다. 그러나 중요한 점은 이런 일들 중의 어느 것도 사회 전반에 걸쳐 더 이상 공개적으로 장려되지 않고 있으며, 더 중요한 것은 더 이상 공개적으로 높은 가치를 인정받지 못하고 있다는 점이다.

미국 현대미술관의 한 산업디자인 담당 큐레이터는, 1930년대 이래 미국 산업디자인의 특징이라고 할 수 있는 부드러운 "유체역학적" 모양의 유선형에 반대하는 강연을 하곤 했다. 속도와 진보를 동등한 것으로 간주하는 이 "진부한 디자인"에서, "눈물방울 모양은 부풀려지고, 분열되고 그리고 증가되어 크롬 리본으로 장식된 채 판매의 제단 위에 올려졌고, 그러는 동안 통계수치는 때와 장소를 가리지 못하고 명예롭게 찬미되었다."고 그는 말한다. 그리고 그는 유선형을 "제도판 위에서의 재즈"라고 비난했는데, 그 이유는 지나치게 상업적이어서 진정한 예술이 되기에는 근원으로부터 너무 멀어졌기 때문이라고 한다.

적절한 취향이라는 당국의 처방을 대중들이 가끔 무시하곤 했지만, 그 시기의 체제순응적인 이상은 대중문화로 확장되었다. 지금 우리가 인정하고 있는 스타일적인 다양성은 상상할 수도 없는 것이었다. 1950년대의 연감을 보면 타고난 머릿결과는 무관하게 같은 머리 모양을 한 대학생들이 줄지어 서 있는 장면이 있는데, 가끔은 똑같은 옷을 입고 있는 경우도 있다. 러시아워 때 교외 통근자들이 기차역에 있는 장면을 찍은 사진들에도 역시 똑같은 회색 정장을 하고 모자를 쓴 수많은 남자들이 보인다. 1945년에 〈뉴욕 타임스 매거진〉의 한 기자는 제대 장병들의 군복에 대한 거부감 여부를 조사했는데, 그들은 밝은 색깔의 개성적인 스타일을 선택했다고 한다. 그녀의 조사 자료는 향후 20년의 순응적인 물질문화를 예견했다. "보수적인 남성들은 기본적으로 다른 남자들이 입는 것을 입겠다고 고집하기 때문에 보수적이다. 따라서 모든 제조업체가 엷은 자주색 톱코트와 연녹색 외출복을 만들기로 결정했다면, 미국 남자들은 집에서 그것들을 등에 걸치거나 입었을 것이 거의 확실하다. 정말로 모든 사람이 그렇게 했더라면!"

문화적 동질성은 1960년대에 금이 가기 시작했다, 그 균열이 과장되는 경향이 있기는 하지만. 1970년대 말과 80년대 초에 잘나가는 전문직 종사자들은 자신의 의상이 무능력하고 안일하게 보일까봐 걱정하면서 〈성공을 위한 의상(Dress for Success)〉에 나오는 옷들을 재빨리 착용하기 시작했는데, 다양한 제품 공급을 위해 꼭 필요한 제품의 신속한 교체와 공급망 관리는 1980년대 중반이 되어서야 원만해졌다. 오늘날 한 디자인 전문가는 다음과 같이 말한다. "소비재를 만드는 회사들 중에 집단적 사고를 하는 곳이 적어졌고, '유선형'이나 '지느러미 모양'을 향해 우르르 몰려드는 것도 덜해졌다. 훨씬 더 다양해졌으며, 대량 주문 제작도 가능해졌다." 자동차 회사들은 주요 모델을 매년 조금씩 바꾸지만, 더 많은 모델이 동시에 존재하기도 한다.

이제 우리는 전환점에 서 있다. 100년 이상 조금씩 이루어진 경제적 진전은 컬킨스의 꿈을 실현시킬 만큼 엄청난 규모로 커졌고, 동시에 최근의 문화적, 사업적, 기술적 변화들은 미학의 중요성과 개인적 표현의 가치를 재차 강조하고 있다. 이 둘은 서로 영향을 주면서 발달했는데, 결과적으로 지금 이 시대는—어떤 역사적 트렌드가 절정에 이른 시기라기보다는—외양과 느낌이 그 어느 때보다 중요한 새로운 경제적 및 문화적 시기의 시작으로 느껴진다.

파퓨럭스한 레빗타우너들(Levittowners, 제2차 세계대전 직후 대규모로 건설된 미국의 중산층을 위한 교외 주거 단지 거주자들)의 상속인들, 즉 평범한 화이트칼라 직업을 가진 젊은 가족들이 집에서 쓸 편리한 물건들을 사고 있던 텍사스 주 댈러스에서의 전몰장병기념일 주말이었다. 카키색 옷을 입은 부부가 아장아장 걷는 아이를 데리고 샤워 부스들과 휴대용 화장품 상자들이 전시되어 있는 곳을 지나간다. 제게 익숙한 '유아용 변기'가 엄청나게 많은 것을 보고 놀란 두 살짜리 아기가 "쩌기 쩌기!"라고 소리친다. 어떤 모녀는 촛대가 너무 예쁜 나머지 감탄사를 연발한다. 30센티미터 정도로 복제한 그리스 조각상들의 모양을 흉내 내는 사람도 있다. 어린애들은 카펫을 파는 곳에 전시된 샘플 더미에서 펄쩍펄쩍 뛰어놀고, 어떤 사람들은 그 스토어 입구에서 어릿광대에게 받은 동물 풍선을 흔들고 있다.

이곳이 바로 미학 시대의 시어스 백화점(Sears)이라고 부를 수 있는, 독립적인 거대 소매점 그레이트 인도어스(The Great Indoors)다. 감각적인 풍부함과 충실함을 한번에 누릴 수 있는 그 스토어는 집을 치장하기 위한 모든 것, 그러니까 미적 성취를 쉽게 이루어 주는 디자인과 설비는 물론, 전자레인지와 냉장고부터 양주잔

미학의 정수로 이루어진 그레이트 인도어스의 외부와 내부

과 액자에 담긴 판화까지의 모든 것을 판매한다. 욕실 설비들과 비품들의 성능이 보증되는 것은 물론이고, 거의 모든 것(즐거움까지도)을 제공한다. 단순히 성능만이 문제라면, 접시를 닦는 데 특수하게 광택을 낸 스테인리스 수세미가 필요한 것도 아니고, 잠을 자는 데 비단과 벨벳으로 꼬아 만든 베개가 열네 가지나 될 필요도 없으며, 물기를 말리기 위한 수건에 수가 놓여야 할 필요도 없고 그리고 선택 가능한 욕실용 수도꼭지가 250종이나 될 이유는 없겠다.

게다가 스토어 자체가 반드시 파는 물건들만큼이나 세심하게 디자인된 곳, 그러니까 전면은 스타벅스처럼 생겼고 화장실에는 청회색 타일이 붙은 곳으로 수도꼭지를 사러가야만 하는 것도 아니다. 그렇다, 언뜻 보기에는 그레이트 인도어스가 크림색 금속으로 된 주름잡힌 천장이 있고 그리고 대들보에서 밝고 따뜻한 조명이 이루어지는 1만 1,000여 평의 보통의 평범한 큰 스토어처럼 보이지만, 여기를 그저 평범한 곳으로 느끼는 손님들은 거의 없다. 앞으로 돌출한 정면, 테라스 그리고 쇼윈도들로 인해 스토어 외부는 단순한 큰 상자 모양으로 보이지 않으며, 내부는 탁 트인 공간 배치와 조명을 이용해서 미학적으로 매력적이고 풍요로운 공간을 만들어 냈기 때문이다.

각 매장의 벽들은 세련되게 장식되었다. '훌륭한 부엌들'은 벽돌색과 연어색의 체크무늬가 눈에 띄었고, '대단한 방들'은 회녹색의 마름모꼴로 장식되었으며, 강화 타일 마루는 대리석처럼 윤이 났다. 손이 닿지 않을 만큼 높이 쌓여 있는 물건들이 전혀 없는데, 이것은 시야를 가리는 선반들이 없다는 뜻이다. 견고한 '가정 설비 제품들'이 부드러운 '가정용 가구들'과 한데 어울려 있는 것처럼, 다양한 질감과 색상으로 된 여러 분야의 제품들이 섞여서 마치 정물화처럼 모여 있다. 벽에는 "일하고 싶은 마음이 들게 하는 단 하나의 부엌, 그것은 바로 나의 것!"이라고 요즘 스타일의 띠 모양의 광고 문구가 적혀 있다. 바로 이런 점 때문에 그레이트 인도어스는 도매상 같은 느낌이 전혀 들지 않으며, 그런 점에서 구시대의 공리주의적인 느낌을 주는 시어스 백화점과 다르다.

그레이트 인도어스에서 1,500종 이상의 서랍 손잡이를 팔고 있다는 사실 역시 미적 풍부함의 한 가지 척도라 하겠다. 쇠를 두들겨서 자유롭게 휘어놓은 것, 니켈로 만든 광택 나는 뫼비우스 띠 같은 곡선 모양, 구리를 두들겨 만든 소용돌이 모양, 투명한 유리가 주는 차가운 느낌의 물오리 주둥이 모양, 아르누보 스타일의 용 모양, 산화된 구리로 만든 도마뱀 모양, 놋쇠가 특징적인 크롬으로 된 밝은 색의 레일 모양, 양은으로 만든 알 모양, 쇠를 두들겨 만든 물음표 모양, 파이프오르간을 연주하고 춤추는 인물들이 부조로 만들어진 모양, 놋쇠로 만든 큰 접시 속에 원형 무를 추는 인물들을 섬세하게 양각으로 표현한 모양, 은으로 만든 고대 양식의 공룡 모양, 프랭크 로이드 라이트 스타일의 기하학적 모양, 광택 낸 적철광처럼 생긴 손잡이, 크롬으로 만든 선인장 모양, 니켈로 만든 바닷조개 콜라주, 크롬이나 놋쇠로 만든 밋밋한 다리 모양, 아이들을 위한 자주색 하마 모양…….

손잡이들이 끝도 없이 줄지어 있다. 거친 것과 부드러운 것, 직선과 곡선, 전통적인 것과 현대적인 것, 세련된 것과 유치한 것. 그리고 중국, 독일, 스페인에서 온 서랍 손잡이들. 모든 취향, 모든 연령, 모든 방에 어울리도록 준비되어 있다.

1920년대에도, 1950년대에도, 아니 그 유명한 풍요의 시대인 1980년대에도 이런 곳은 없었다. 그레이트 인도어스는 1998년에 문을 열었고, 경쟁이 될 만한 곳들이 생긴 것은 몇 년도 되지 않는다. 2002년 현재 그레이트 인도어스의 체인점은 20곳인데, 회사에 의하면 앞으로 미국 전역에 100곳에서 150곳 정도의 스토어를 개점할 예정이라고 한다. 시어스에 대한 과감한 모험은 성공적이었는데, 스토어 하나당 대략 50만 달러 정도, 넓이로는 대략 1평당 적어도 4,000달러 정도의 매상을 올리고 있으며, 주요 경쟁 백화점들이 올린 평균 3,460달러와는 큰 차이가 있다. 들리는 말에 의하면 이익도 매우 컸다고 하는데, 총 마진이 대략 32퍼센트 정도로 이것 역시 시어스의 스토어들이 26퍼센트인 것과 비교된다.

  그리고 그 돈의 원천은 미적 감각이 특별한 도시 거주의 숙녀들도 아니고, 정치적 주장을 할 때 자신들의 카펫과 욕실 타일을 던지고 싶어하는 죄의식에 사로잡힌 예전의 히피들도 아니다. 오히려 그것은 평범하다고 할 수 있는 미국인들로, 대부분 교외에 집을 가지고 있고 스스로 중산층에 속한다고 생각하는 여성들이다. 변화, 그것도 많은 변화가 그레이트 인도어스 같은 스토어의 성공을 가능하게 만들었다.

  오늘날의 미적 풍요의 가장 분명한 원인은 소득의 증가와 가격의 하락이다. 인플레이션이 잡힌 후 미국 중산층의 가구당 소득은 1955년보다 두 배 이상 늘었고, 1975년 이후로는 29퍼센트가 증가했다. 게다가 가족 수까지 줄었기 때문에 1인당 소득은 훨씬 더 많아질 수밖에 없었다. 모든 것들을 더 많이 공급할 수 있게 되었기 때문에, 수도꼭지 세트에서 스웨터에 이르기까지 매우 많은 미적인 제품들을 공급할 여유도 생겼다. 예컨대, 여성용 캐시미어 터틀넥 스웨터 한 벌을 사려면 1975년에는 평균적인 공장 노동자가 13시간 일해야 했는데, 이제는 6시간 미만(세일 기간 중에는 3시간 미만)의 임금으로 살 수 있다. 대부분 전문직을 가진 부인들 덕분이기는 하지만, 소득이 많은 가정일수록 소득 상승률이 더 높았다.

타깃에서 한 어머니는 사춘기 직전의 딸에게 이렇게 말했다, "이제 윗도리는 더 사주지 않을 거야, 벌써 서른 벌이나 있잖니." 상의가 서른 벌이라니! 1920년대나 1950년대는 그만두더라도, 1970년대에도 어린이 전용 옷장이 있다는 것은 부자라는 표시였다. 평균적인 미국 여성은, 직장에는 입고 가지 않을 7벌의 진바지가 있고, 보통의 청소년들은 더 많이 가지고 있을 것이다. 그리고 지난 수십 년간 벽장 역할을 했던 작고 귀여운 어린이 옷장은 이제 '세탁물 놓는 곳'으로 바뀌었다.

보다 더 효율적인 유통 방식과 새롭게 등장한 제품 공급처들(그 중의 일부는 어딘지 분명치 않다.)은 미적 제품들을 더 값싸고 풍부하게 만들었다. 화강암 조리대와 대리석 마루를 폭넓게 사용할 수 있게 된 것은 단순히 우리의 소득이 더 많아졌기 때문만은 아니다. 중국과 인도에서 값싸고 품질 좋은 제품들이 대량으로 수입되고, 동시에 1990년대 중반에 개발된 이동식 절단연마기로 인해 최소한의 투자가 가능해졌기 때문이다. 그래서 한 관계자는 자연석이 "더 이상 상류층만을 위한 재료가 아니"라고 말한다.

유통과 관련해서, 월마트라는 예쁘지 않은 스토어는 미학의 시대에 역행하는 것으로 보이기도 하지만, 다른 한편으로는 가격 하락을 주도함으로써 다른 소매상인들이 따라할 수밖에 없었던 그곳의 초효율적인 관리 테크닉은 미학적인 제품들을 생산해서 훨씬 더 많은 사람들에게 공급할 수 있도록 해주었다.

소득의 증가와 가격의 하락은, 미학을 포함해서 뭐든지 더 많이 구입할 수 있게 되었다는 것을 의미하지만, 분명 그것이 전부는 아니다. 단순히 더 많이 구입하게 된 것보다는, 그런 변화로 인해 외양과 느낌이 다른 요소들에 비해 점점 더 중요해지고 있다는 사실이다. 오늘날의 소득 증가와 미학에 대한 수요 증가 사이의 이런 관계는 유능한 분석가들을 혼란스럽게 만든다. 흔히들 부의 증가가 불가피하게 미학의 상대적인 중요성을 증대시킨다고 생각하곤 하지만, 실제로 19세기와 20세기 대부분의 시기에는 그렇지 않았기 때문이다. 오히려 역사가들에 의하면 어떤 사회의 부나 개인의 소득이 소득의 역치(threshold, 자극에 대해 반응이 시작되는 분계점) 수준에 이르기 전까지는 미학이 그다지 중요하지 않다고 하는데, 이것도 물론 약간의 호소력만 가질 뿐 올바른 설명은 아니다.

이 책의 주제를 본 한 친구는, "미학은 사치"라고 빈정댔다. "매슬로가 그렇게 말했다."는 것이다. 에이브러햄 매슬로(Abraham Maslow)의 유명한 심리학 저서에 의하면, 인간에게는 "욕구의 위계(hierarchy of need)"가 있고, 그리고 미학처럼 덜 치명적인 항목으로 이동하기 전에 음식이나 보호 같은 본질적인 것들을 획득하려는 의지가 있다고 한다. "위장이 대부분의 시간

동안 비어 있다면 결코 작곡을 하거나, 수학 체계를 만들거나, 집을 장식하거나, 또는 잘 차려 입는 따위의 욕구가 생기지 않는다."는 말이다. 그러나 매슬로의 주관심사는 풍요로운 사회, 그러니까 박탈과 위험이 거의 없는 사회 속에서 사람들을 심리학적으로 건강하게 만드는 것이었고, 그리고 기본적인 욕구에 관한 자신의 가장 강력한 주장조차, 예컨대 기아와 단순한 식욕은 다르다고 말함으로써 완화시킨 바 있다. 따라서 그의 욕구 모델을 단순하게 받아들이면, 즉 단순한 피라미드처럼 그린 것을 그대로 받아들인다면, 미학은 인간이 오직 부유할 때만 관심을 가지는 사치라는 잘못된 결론에 이르게 된다.

분석가들은 1990년대 중반 이전에는 오로지 매우 부유한 사람들만 미학에 관심을 기울였던 것처럼 저술하곤 했다. "실존적이고 미적인 욕구는 순위가 높은 욕구인데, 개인들은 기본적인 욕구가 충족된 이후에나 그것들을 추구하게 된다."고 경영학 교수인 베른 슈미츠와 알렉스 시몬슨이 〈마케팅 미학〉에서 설명했다. 그들은 기업이 소비자들의 기본적인 욕구를 충족시키고 나서 미적 욕구를 만족시키는 데 집중해야 한다고 주장하지만, 이는 잘못된 전제에 의거한 단순한 충고에 불과하다.

인간은 위장이 가득 채워지고 지붕이 새지 않아야만 미학에 관심을 갖는 그런 존재가 아니다. "기본적인 욕구가 충족되었을 때만" 미적 욕구를 추구하는 것이 아니라는 말이다. 사람들은 어느 정도 안정감이 들고 생계 걱정에서 벗어날 수만 있으면, 행사, 개인적인 장식 그리고 장식된 대상들을 통해 생활 속에서의 외양과 느낌을 풍부하게 만들고 싶어한다. 〈내셔널 지오그래픽〉에서 볼 수 있듯이 가난한 사람들도 신체를 장식하고 있고,

가난한 사람들이 유럽의 대성당들을 건설했고, 그리고 티벳의 모래 그림을 만들어 냈다. 가난한 사람들이 바구니와 항아리를 장식 미술로 전환시켰고, 가난한 사람들이 물감과 염료, 보석과 화장을 고안했다. 5,000년 전 스위스의 습지에 살던 상상할 수 없을 정도로 가난했던 석기시대의 직조공들은 그들의 직물에 과일 씨를 구슬로 사용해서 복잡하고, 다채로운 색깔의 패턴을 만들어 냈다. 이런 공예품들은 '낮은 수준'의 욕구에만 초점을 맞춘 사회들에서는 나올 수 없다. 미학은 사치가 아니라, 인간의 보편적인 욕구다. 소비자들로 하여금 기본적인 욕구 이상을 원하게 만든다고 시장을 비판하는 반자본주의자들과, 진지하지 않은 일에 주목하도록 만든다는 이유로 미학을 비웃는 자본주의자들 모두 인간 본성의 근본적인 사실을 놓치고 있는 것이다.

 미학적 가치가 점점 높아지고 있는 현상을 이해하기 위해서는, 매슬로의 이론보다는 상대적인 가격의 변동에 대해 강조하는 미시경제학이 더 도움이 된다. 그것에 의하면 소비의 **한계효용**은 우리가 이미 얼마나 소비했느냐에 따라서 달라지기 때문에 위계적으로 점검할 수 있는 것이 아니라 끊임없이 변할 수밖에 없다. 따라서 아랫단계의 욕구를 완전히 충족시킨 후에 바로 윗단계로 올라간다는 욕구의 피라미드 같은 것은 없다. 물론 영양 섭취나 보금자리 같은 일부 특성들의 경우에는 처음에는 한계적 가치가 높다. 굶어 죽거나 눈보라 속에서 얼어 죽고 싶지 않기 때문이다. 그러나 그런 류의 가치가 미학을 포함하는 다른 특성들의 한계적 가치보다 더 빨리 감소하는 것도 사실이다.

 다양한 상품들의 상대적 비용과 이익은 환경에 따라 증감한다. 미학이 중요 요소가 된 초기 공업 생산품 중의 하나인 자동차의 경우를 생각해보자. 1950년대와 1960년대에 자동차의 디자인과 제조는 어느 정도 경지에 이른 것으로, 그러니까 비용과 품질의 관계가 예상 가능한 니치에 이르렀다고 생각되었다. 그래서 자동차 구매자들은 겉모습에 초점을 맞추게 되었고, 그 결과 파퓨럭스 시기에 그 유명한 꼬리지느러미가 만들어졌다. 그러나 1970년대에 들어서는 소득이 계속해서 오르고 있음에도 불구하고 고려 대상이 바뀌었다. 연료의 부족은 연비를 더욱 중요하게 만들었고, 그 결과 일본과 독일의 경쟁사들은 상당히 높은 신뢰도를 보이면서 미국 시장에 대규모로 진입하였다. 미학, 연비 및 안전성의 상대적 비용이 갑자기 바뀌었고, 그 결과 미학은 가장 덜 중요한 것이 되었다.

그러나 요즘에는 자동차 업계 전체의 품질이 높아졌으며, 연료도 싸졌기에 미학은 다시 결정적인 요인이 되었다. 베이비붐 세대들이 '재미있고 화려한 자동차' 시장에 불을 지피고 있었기 때문에, 컨버터블에서 리바이벌된 PT크루저까지 즐거움을 위한 차들이 만들어졌다. 중년의 자동차 구매자들의 20퍼센트가량이 기능이나 안전보다는 "스타일적인 재미"에 더 많은 관심을 갖는 것으로 추정된다고 한 시장조사 전문가는 말한다. 그들이 구매하는, 그러니까 대부분 가족용으로 세네 번째로 구입하게 되는 자동차는 운전자의 정체성을 표현하는 것으로 미적 개성을 가진다. 그런데 그들보다 나이가 어

자동차의 스타일리스트, PT크루저

린 자동차 구매자들은, 혼다 같은 회사들이 자동차 디자인에 대해 다시 검토하게 만들 정도로 훨씬 더 미학 지향적이다. 그래서 "당신이 자동차 설비에 투자한다면, 35세 이하는 아무도 그것을 사지 않을 것"이라고 한 산업문제 전문가는 내게 말하기도 한다. 극단적으로 말해서 외양과 느낌이 가치를 결정할 것으로 보인다는 말이다.

우리는 매슬로적인 단계들을 그저 단순히 발전시켜 나가지 않고 선택 가능한 것 중에서 최선의 균형을 맞추면서 이동한다. 우리의 선택은 자료가 얼마나 많은지에 달려 있으며, 동시에 비용 역시 중요한 문제다. 결과적으로 미학의 상대적인 중요성은 시간의 경과에 따라 증감을 거듭하게 된다는 말이다. 기술과 경제적 발전은 가치가 같은 제품들의 상대적 비용에 영향을 준다.

생활 속에서의 미학을 연구하는 사람들은 한 세대 만에 세계가 너무 많이 변한 것에 놀란다. 한때는 색달랐던 것들이 이제는 평범하게 느껴지고, 값비쌌던 것들이 살 만하게 되거나, 심지어는 가격이 떨어진 것도 있다. 한 산업디자이너는 다음과 같이 1970년대를 회상했다. "훌륭하게 디자인된 제품, 그러니까 미학을 염두에 두고 디자인한 제품들 자체가 매우 세련된 구매자들과 매우 수준 높은 시장들이 만나는 장소였다. 그런 것들을 구입하려면 어디서 파는지 잘 알아야 했으며, 사용하기가 아까울 정도로 예뻤다." 예컨대, 브라운 커피메이커는 요즘으로 말하면 가구 정도로 사기 어려웠다. 그리고 일단 원하는 것, 예컨대 아름다운 가구 한 점이 어디 있는지 알아내면, 그것을 사는 일은 상당한 재정적 지출이 있어야 했는데, 요즘으로 따지면 "집을 사기 위해 장기 주택 융자를 받는 것"과 비슷했다. 매우 다양한 의미에서 미학은 특별한 상품이었고, 대체로 몇 안 되는 큰 도시의 시장에서만 이용할 수 있었다.

더 많은 물건들을 더 특별하게 만들기 위해서는 시장이 더 커야 한다. 이 말은 역설처럼 들리는데, 우리에게는 이미 지루할 정도로 똑같은 물건들이 많이 있는 거대 시장이 있기 때문이다. 그러나 통속적인 가정과는 달리 거대 시장(mass market)과 큰 시장(large market)은 중요한 차이가 있다. 19세기와 20세기의 시장의 확장이 대량 생산 기술의 발달과 동시에 이루어졌기 때문에, 많은 사람들은 이 둘을 동일시한다. 그러나 그 둘의 미학적인 함축은 다르다. 거대 시장은 수많은 다양한 구매자들에게 동일한 제품을 고정된 생산비용으로 보급하는 것이고, 큰 시장은 단순히 사람들이 많이 찾는 것을 뜻한다. 거대한 인구로 인해 예전에는 이익이 나지 않던 니치들을 이익이 많이 나는 거대 시장으로 바꿀 수 있었다. 시장이 커질수록 제품은 더 다양해지기 때문이다.

애덤 스미스(Adam Smith)는 이미 18세기에 이런 현상에 대해 주목한 바 있다. 런던에 사는 목수는 배럴 통이나 작은 장식장을 만드는 데 특화될 수 있었겠지만, 작은 마을에 살았다면 나무로 만드는 모든 것을 다 다루어야 했을 것이다. 노동의 분업과 그에 따른 제품의 특화는 "시장의 넓이에 달려 있다."고 스미스는 말했는데, 시장의 확장을 통해 구매자들과 판매자들이 많아짐으로써 전문화가 가능하다는 것이다. 18세기의 목수에게 진실이었던 이 사실은 오늘날의 미학적인 사업에도 진실이다. 예컨대 누구나 만들 수 있는 단순히 기능적인 철물이 아니라, 아르누보 스타일로 만든 용모양의 서랍 손잡이를 만들고 싶다면, 그와 비슷한 수준의 것들이 발견되는 대도시에서만 가능할 것이기 때문이다.

물론 스미스가 말한 바와 같이 무역이 도움이 되기는 한다. 1950년대부터 1990년대까지 무역 장벽들이 점점 낮아짐에 따라 유럽이나 중국의 생산자들이 물건들을 미국에서 팔 수 있게 되었고, 물론 그 반대의 경우도 가능했다. 그리고 이런 식의 시장의 확장은 단순히 공급의 증가와 가격의 하락만을 초래한 것이 아니라, 이전에는 세계 도처에 산재하던 전통적인 디자인들을 한데 모음으로써 풍부한 미적 혼합도 가능했던 것이다. "공산품 수출의 경우, 수출국의 문화적 정체성의 일부도 함께 간다."고 독일의 한 산업디자이너가 어떤 미국인에게 말한 바 있다. 그래서 여행을 자주 다니는 평론가들은 가끔 스타일들이 국경들을 초월해서 널리 퍼졌기 때문에 모든 곳의 모양이 서로 비슷해졌다고 불평하곤 한다. 고유한 경험을 가능하게 만들었던 예전의 스타일적인 특정 지역들이 사라지고 있기 때문이다. 그러나 특정한 시간과 장소에 있는 사람들에게 있어서 혼합된 세계는 당연히 더 많은 미적 선택이 가능하다. 심지어 스타벅스나 크레이트 앤 바렐 같은 스타일적으로 일관성 있는 체인점들은 스토어를 여는 모든 지역에 폭넓은 미적 다양성을 덧붙인다. 곳에 따라 변화가 덜할 수도 있지만, 각 지역의 스토어들은 저마다 매우 다양한 스타일을 갖게 되고 그에 따라 재결합을 통한 새로운 스타일들과 새로운 니치들이 생길 가능성이 지속적으로 확장된다.

미국 내의 성장도 마찬가지로 중요해졌다. 지난 50년간 미국의 인구는 거의 두 배로 늘었고, 다른 많은 나라들처럼 농촌들은 점차 도시화되었고, 더욱더 많은 사람들이 인구밀도가 높은 지역에 모여 살게 되어 수많은 니치들이 생겨날 수 있었다. 1950년에는 미국에서 백만 명 이상이 거주하는 거대도시가 14개에 불과했고, 모두 합해도 미국 전체 인구의 3분의 1도 되지 않았다. 그러나 1990년에는 39개로 늘어났고, 미국 전체 인구의 절반을 약간 넘는 인구가 모여 살았다. 10년 후에는 거대도시가 50개로 늘었고, 인구의 합계가 1억 6,400만 명, 그러니까 미국 전체 인구의 58퍼센트나 되었다. 점점 더 많은 사람들이 거대 시장에 살게 된 것이다.

1990년대, 그러니까 미학의 시대가 정말로 분명해졌을 때, 뉴욕 시 인구의 열 배쯤 되는 7,500만 명의 베이비붐 세대의 소득이 극대점에 달했으며, 그들과 똑같은 붐을 이룬 그 다음 세대가 성인이 되었다. 그처럼 많은 소비자들로 인해 동질성이 지배적이었던 곳들이 다양하게 바뀌었고, 그로 인해 한때 작은 규모의 니치들이었던 곳들이 이익을 내는 특화된

미적 다양성의 산물 중 하나인 독일 타셴(Taschen) 북스토어 내부 디자인

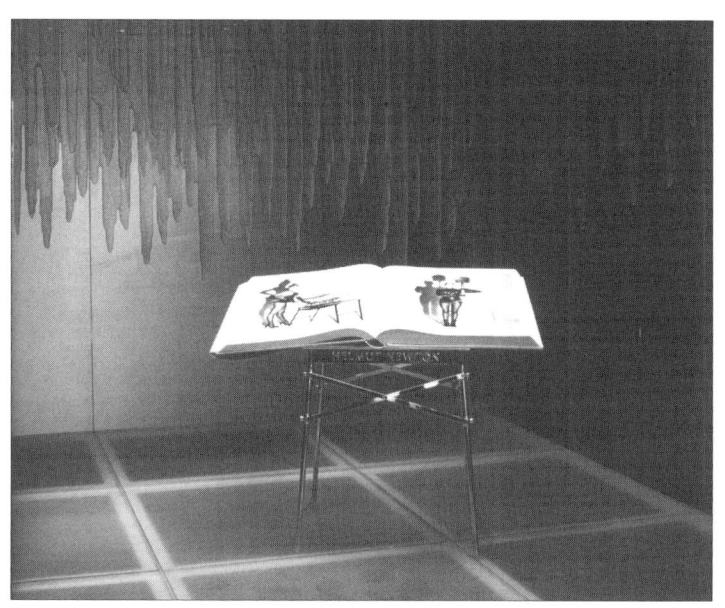

타쉔 북스토어의 사진작가 헬무트 뉴튼(Helmut Newton)의 책 《SUMO》 전시방

시장으로 변화되었다. 이처럼 엄청나게 늘어난 새로운 수요는 보다 높아진 소득으로 인해 새로운 공급을 소화시킬 수 있었다. 그레이트 인도어스가 성공한 이유는, 부분적으로는 중년이 된 베이비붐 세대들이 "자신의 가정을 꾸미기 시작했고" 그들 자신의 소득과 "부모로부터 쏟아져 내린" 유산이 크게 늘었기 때문이라고 그 회사의 회장은 말한다.

19 90년대 말에 소니 바이오 사(the Sony Vaio)와 애플 아이맥 사(Apple iMac)는, 단조롭고 지루한 도구들을 시각적이고 촉각적인 즐거움의 원천으로 변형시킴으로써 컴퓨터에 대

한 외양과 느낌을 바꾸었다. 소니의 디자이너인 고토 테이유(後藤禎祐)는 자신이 개발한 라벤더색과 은색의 "얇고 매혹적인" 노트북 컴퓨터를 "쓰다듬지 않을 수 없었다."고 말한다. 아이맥 사는 "사람들이 컴퓨터 작업을 다른 방식으로 보도록 만들었다."고 디자인 박물관의 한 큐레이터가 말한다. "갑자기 '그래, 컴퓨터는 단순한 기계가 아니라 집 안을 장식하는 물건이야' 라는 생각이 들었고, 그것이 내가 사는 집만큼 멋지지 않은 이유가 무엇인지 궁금해졌다."고 한다. 호텔이나 레스토랑에 적용할 수 있는 기준이 컴퓨터에도 똑같이 적용된다는 것을 갑자기 깨닫게 된 것으로 새로운 기준이 등장한 것이다. 가격과 성능만으로는 소비자들을 만족시키기에 충분치 않다. 그들은 더 빨라진 반도체 칩에 동반되는 미적인 업그레이드를 기대하기 때문이다. 가장 실용적인 회사용 컴퓨터를 만드는 회사들조차 허둥지둥 자신들의 제품에 스타일을 부여할 디자이너들을 고용했다.

컬킨스가 바로 그렇게 예측했었다. 마치 축음기가 거실 목재 장식장으로 변모되고, 기관차가 "감수성이 예민한 대중에게 어필하기 위해 장식되기 시작"한 것처럼, 못생긴 산업 기술들이 아름다운 겉모습을 갖게 될 거라고 믿었기 때문이다. 컴퓨터 회사들이 경쟁을 위해 색상, 형태 및 질감을 사용하거나, 앞면을 쉽게 바꿀 수 있는 휴대폰이 나오는 것처럼, 그들은 잘 확립된 패턴을 따르고 있다. 그러나 실제로는 컬킨

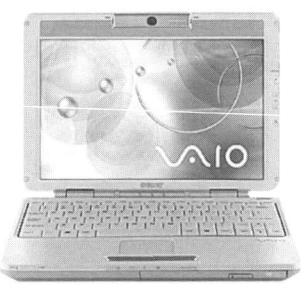

기계의 차원을 넘어서 하나의 미적 도구가 된 소니 바이오 사의 노트북

스가 상상했던 것 이상의 발전이 이루어졌는데, 그것은 바로 고도로 발달한 기술 덕분이다.

맨 먼저 기계에 달려 있던 구식의 기어들과 레버들이 사라졌고, 아주 작은 컴퓨터 칩들이 그것들의 기능을 대신하게 되었다. 그 결과 내적 메커니즘에 종속되던 겉모습은 이제 훨씬 더 자유로워져서 사

입술 모양의 독특한 디자인의 전화기와 날렵한 모양의 포드 자동차

용자들을 즐겁게 만들 수 있게 되었다. 전화를 축구공 모양이나 녹색의 네온 빛이 나는 우아하고 날렵한 모습으로 만들 수 있게 되었고, 웹 카메라는 묘하게 생긴 작은 피조물이나 "화성 침공"에 나오는 우주선 모양으로 만들 수 있게 되었으며, 손목시계는 원하는 모든 크기, 모양, 색 그리고 재료로 만들 수 있게 되었다. 새로운 엔진 디자인 덕분에 자동차는 훨씬 더 다양한 스타일로 제작될 수 있게 되었는데, 자동차 디자인을 오랫동안 연구한 어떤 사람은, "구식 비틀은 저렇게 생길 수밖에 없지만, 새로운 비틀은 그렇지 않을 수 있다."고 말하기도 한다.

산업디자이너들은 디자인의 중요한 부분은 기술자들이 미리 결정한 다음 겨우 제품을 치장할 기회만 준다고 불평하곤 했다. 그러나 디자이너들의 미적 기능, 그러니까 "단순한 겉치레"라고 비웃음당했던 그 일이 이제 제품의 개성과 가치를 결정하는 핵심이 되었다. "우리는 미학이 바로 게임의 승부처라고 생각하며, 디자이너들이 제품을 차별화시킨다면 그것은 마무리와 색깔 때문일 것"이라고 GE 플라스틱스의 대변인이 말한다.

컴퓨터, 레이저 및 섬유 광학 같은 기술들로 인해 훨씬 더 충격적인 사건들이 일어났다. 이런 분야들의 기술은 이제 더 이상 금속 절단이나, 자료 분석 또는 전쟁 수행 같은 중대한 일에만 사용되는, 그러니까 예전의 공상 과학적 시각에서 본 것 같은 견고하고 '실용적인' 기술인 것만은 아니며, 그렇다고 단순히 그 자체가 외양과 느낌의 대상인 것도 아니다. 그것들은 미학적인 도구가 되었다. 즉, 기차, 비행기, 자동차 등이 그 자체가 소비되는 산업재가 아니라 본질적으로는 운송 서비스인 것처럼, 하이테크 기계들도 점차 미학을 공급하는 매개물이 되어가고 있다는 것이다. 실용적인 상상의 산물로서 복잡한 계산을 척척 해내는 대형 컴퓨터들과 증폭된 광선도 이제는 예술가들과 디자이너들의 놀이 도구가 되어 감각적 표현의 가능성을 확장하고 있다. 누구도 의도하지 않았지만, 오늘날의 하이테크는 미학적 응용에 특히 유용한 기술이 된 것이다.

레이저로 스캔한 사진, 음악 연주, 직물 재단, 그래픽 인쇄, 피부 재생 그리고 쓸모없는 머리카락의 제거 등에 이런 하이테크가 활용되고 있다. 무역 박람회 부스에는 터치스크린과 가상현실 고글이 비치되었고, 디지털 비디오 편집기의 등장으로 MTV 스타일의 빠른 컷이 가능하게 되었다. 섬유 광학에 기초한 내시경은 성형외과 의사가 수술을 할 때 도움을 주며, 스타벅스의 디자이너들은 레이아웃, 재료, 조명 및 예술작품이 실제 스토어에서 어떻게 보일지를 미리보기 위해 3차원 동영상 소프트웨어를 사용한다. 비행사의 모의 훈련비행 시뮬레이터를 응용한 소프트웨어로 부동산 개발업자는 고객과 토지 이용 조사원에게 새로운 주택들이 특정 장소에 적합한지의 여부를 정확히 보여줄 수 있다. GE 플라스틱스의 웹사이트에서는 소비자들이 3만 5,000가지의 색깔을 클릭만으로 지정하고, 표시하며 주문까지 할 수 있다.

프랭크 게리(Frank Gehry)의 곡선을 살린 건축에서 조지 루카스 감독의 상상의 세계에 이르기까지, 컴퓨터를 이용해서 이전에는 불가능했던 것은 가능하게, 가능했던 것은 더 쉽게, 정교하게 만들지 못했던 것도 깔끔하게 처리할 수 있게 되었다. 게리가 운영하는 회사의 한 건축 설계사는 항공우주산업에서 사용되던 것을 응용 개발한 CATIA 소프트웨어 프로그램으로 "시공업자를 위해 소수점 이하 몇 자리까지 정확하게 설계할 수 있었고", 그렇게 함으로써 다양하고 혁신적인 설계를 위한 비용을 훨씬 더 정확하게 산출해 낼 수 있었다고 한다. 생산될 수 없는 것을 설계하지 않도록 해준 캐드(Computer Aided Design) 덕분에 상상과 실행 사이의 간격이 사라졌다. "캐드 덕분에 설계사는 사이버 공간을 능숙하게 다룰 수 있게 되었고, 그 결과 명확하게 규정되고 표면화된, 실현 가능한 구체적 모습을 엔지니어에게 넘겨줄 수 있었다."고 한 산업디자이너는 말한다. 이 다음 단계는 바로 사실주의적인 3차원 홀로그램인데, 디자이너들은 특수 장갑을 사용해서 자신의 모델을 '느끼고' 수정할 수 있게 될 것이다.

산업혁명 직후에 등장한 오래된 제품들조차 새로운 기술력의 미학적 효과를 즐기고 있다. 복잡한 직물 디자인에 대한 전문가 수준의 프로그램을 개발하기 위해 제인 바네스(Jhane Barnes)는 두 명의 수학자를 상근 직원으로 채용했다. 그녀가 이렇게 개발한 일부 패턴들은 컴퓨터가 없었다면 불가능했을 텐데, 디자인 패턴의 규칙이 너무 복잡해서 기억하거나 그래프로 만드는 것이 어려웠기 때문이다. 예컨대, 그녀가 한 시간 만에 만들어 낸 것을 컴퓨터 없이 만든다면 일주일이나 지루하게 작업해야 했다. 이처럼 특수한 소프트웨어들은 바네스에게 훨씬 더 다양한 디자인 선택 가능성과 그것들에 대한 연구 기회를 제공했다.

주로 남성복과 실내장식용 천 및 카펫을 디자인하는 바네스는 "디자인 과정이 훨씬 빨라졌다."고 말한다. "그것은 나의 디자인 범위가 더 넓어진다는 것, 사업이 번창한다는 것 그리고 더 많이 만들 수 있다는 뜻으로, 결국 내가 더 좋은 디자이너가 될 수 있다는 말이다." 새 시즌을 위한 신제품 디자인에는 여전히 오랜 시간이 걸린다. 컴퓨터로는 단순히 반복만을 할 수 있기 때문이다. "완성하는 데 한 달 걸릴 일이 컴퓨터를 이용하면 일주일에 마칠 수 있고, 따라서 3주간의 휴식을 가질 수 있기에 훨씬 더 즐겁게 할 수 있으며, 오래 주무르고 있는 것보다 디자인이 더 잘된다."고 바네스는 말한다.

퍼스널 컴퓨터는 아마도 모든 분야의 그래픽 디자인에 가장 직접적이고 근본적인 영향을 끼쳤을 것이다. 새로운 디자인이 가능하게 되었고, 새로운 니치들이 만들어졌으며, 이전에는 소수만이 비밀스럽게 알고 있던 노하우가 대중화되었고, 그 결과 사람들이 시각적 소통의 가치에 주목하도록 만들었다. 그래픽 디자인 분야에서의 이런 변화는 일종의 트렌드, 그러니까 다른 분야들에서도 예상될 수 있는 패턴으로 보인다. 기술은 훨씬 더 매력적이고 다양한 미적 세계를 제공함으로써, 수준 높은 외양과 느낌이 가능하도록 만들어 주었다.

일간신문에서의 변화를 살펴보자. 언론학 교수인 칼 스텝(Carl Stepp)은 몇몇 주에서 10종의 중간 크기 신문들을 골라 1963년과 1998, 99년의 디자인과 내용을 비교했다. 옛 신문의 앞쪽 면들에는 작은 사진들이 있었고, 빈 공간이 거의 없이 "열다섯 개 남짓의 기사들이 단조로운 색으로 된 8단에 빽빽이 실렸고", 안쪽 면들에는 "기사 제목 아래 기사들이 요약되었는데, 그것들은 자주 생략문으로 마무리되었다.(이 점은 활판 인쇄 시대의 공통적인 문제였다.)"고 그는 말한다. 그때와는 달리 요즘의 편집은 컴퓨터로 이루어지는데, 통신사들의 디지털 사진과 컴퓨터 그래픽 덕분에 모듈(module, 독자적 기능을 가진 교환 가능한 구성 요소)적인 기사 그리고 풍부한 여백과 충분한 삽화가 특징이다. 그리고 신문들이 훨씬 다채로워졌는데, 그렇다고 기사의 질이 희생되기는커녕 오히려 수준이 높아졌다고 말한다. 사회적 부가 증가하고 동시에 미학의 비용은 저렴해지므로 우리는 모든 것을 더 많이 가질 수 있게 된다.

일이십 년 전이었으면 두드러졌을 것들이 더 이상은 눈에 띄지 않게 되었다. 그렇다고 해서 모두 다 똑같아 보인다는 말은 아니다. 오히려 미학적으로 유용한 도구들이 기대치를 높였고 스타일적인 풍부함을 고무시켰다. 사려 깊고 균형 있게 만들어진 도표들의 폭넓은 호소력이 진기함, 다양성, 정서적 공감 및 개인적 표현에 대한 요구를 만족시킬 수 있기 때문이다.

20년 전에는 활자체가 필름으로 제작되었고, 인쇄를 하기 위해서는 많은 장비와 전문가들의 수작업이 요구되었다. "평균적인 식자공은 타이프 용지 한 장에 나열될 수 있는 것 이상의 활자는 사용할 수 없었다. 그 용지에는 대략 20개의 세리프(serif, 알파벳 대문자의 세로획에 가로로 붙이는 가는 장식선) 활자와 8개의 세리프 없는 활자가 사용되었으며, 모든 사람이 언제나 팔라티노체를 썼다."고 한 그래픽 디자이너는 회상했다. 요즘은 또 달라졌다. 디지털 혁명으로 인해 폰트 디자인은 더 이상 자본집중적인 사업일 필요가 없고, 모든 그래픽 디자이너들이 쉽게 다양한 시도를 할 수 있게 되었다. 그 결과 폰트의 종류가 엄청나게 많아져 이제는 오히려 어떤 것을 선택해야 할지 혼란스러울 지경이었다. 직원이 여섯 명인 메릴랜드 주의 필스 폰츠 사(Phil's Fonts)는 전세계의 폰트 디자이너들에게서 공급받는 3만 종 이상의 전자 폰트를 판매한다. 고객들은 광고 대행사와 디자인 회사에서부터 광고 전단을 만드는 사커 맘(soccer moms, 도시 교외에 살고, 학교에 다니는 아이가 있는 전형적인 중상층 백인 전업주부)들과 청첩장을 직접 만드는 커플에 이르기까지 범위가 넓다.

개인이 직접 만드는 모든 표현물을 다른 사람들도 좋게 느끼는 것은 물론 아니다. 특히 데스크탑 출판 초기의 수많은 아마추어들의 경우에는 다중 폰트의 랜섬 노트(ransom-note, 유괴범이 몸값을 요구할 때 보내는 편지로, 각기 다른 글자들을 오려내서 문장을 짓는 것) 모양이 특징이었다. 그리고 그들이 발표하는 파워포인트는 읽기 어렵거나, 구태의연한 오려붙이기 사진들이 어지럽게 흩어져 있었으며, 예쁘지 않은 웹사이트들이 너무 많았다. 그러나 전체적으로는 컴퓨터로 인한 디자인의 민주화로 인해 사람들이 그래픽 품질에 보다 더 민감해졌다고 말할 수 있다. 그리고 일반 대중도 조금씩 그래픽 디자인의 엄밀한 용어와 비유적인 용어들을 배워 나갔다. 컴퓨터로 인해 미학은 전에는 쉽게

독특한 모양의 북커버 디자인

다가갈 수 없었던 장소나 직업으로까지 퍼지게 되었다.

그래픽 분야에서 통하는 것은 미학 일반에도 똑같이 적용된다. 공급의 확장은 수요도 확장시키며, 이렇게 증가된 수요는 또다시 공급을 더 크게 확장시킨다. 시간이 지나면서 사람들은 미학적으로 가능한 것에 관해서 그리고 그들이 좋아하는 것에 관해서 깨닫게 된다. 자주 보게 되면 취향은 바뀌게 마련이다.

모든 곳에서 풍요롭게 펼쳐지는 미학의 시대는 마침내 욕실 청소도구까지 이르게 되었다. 전세계의 디자이너들은 매일 매일 모든 종류의 취향과 가격대에 적합한 더 좋고, 더 예쁘고, 더 표현적인 화장실용 솔을 만들기 위해 노력하고 있다. 가장 저렴한 가정용품인 그것조차도 색상, 질감, 개성, 기발함, 심지어는 우아함의 대상이 된 것이고, 그 결과 수십 가지, 아니 수백 가지의 독특하게 디자인된, 그러니까 기능적이면서, 화려하고, 현대적으로 디자인된 화장실용 솔 세트를 구입할 수 있게 되었다.

대략 5달러 정도면 러버메이드가 만든 기본적인 플라스틱 변기 솔을 솔집과 함께 살 수 있는데, 그것의 색깔은 일곱 가지나 되고, 마루에 물이 떨어지지 않도록 솔의 털 부분을 솔집에 넣을 수 있다. 8달러면 타깃 사에서 마이클 그레이브스가 디자인한 솔을 살 수 있는데, 거기에는 파란색의 둥근 손잡이와 반투명의 흰색 보관함도 포함된다. 14달러로는 옥소 솔, 그러니까 공상과학 영화의 우주선에 나오는 칸막이 문처럼 부드럽게 열리는 금속성의 빛나는 흰색 플라스틱 보관함이 있는 세련된 현대식 솔

타깃 사에서 마이클 그레이브스가 디자인한 솔

새싹을 연상시키는 스테파노 지오반노니가 디자인한 알레시 사의 메르도리노 솔

을 살 수 있고, 32달러면 필립 스탁의 엑스칼리버 솔을 구입할 수 있는데, 솔을 솔집에 넣으면 권총 손잡이처럼 생긴 손잡이가 덮개로 변한다. 당신의 취향이 최신유행의 디자이너들과 같지 않다면, 비슷한 가격으로 세라믹으로 만든 카우보이 부츠 속에 감추어지는 솔을 살 수도 있다. 55달러로는 스테파노 지오반노니가 디자인한 알레시 사의 메르도리노 솔이 가능한데, 그것의 밝은 녹색의 T자 형의 손잡이는 빨간색, 노란색 또는 파란색 플라스틱 주전자에 만화로 그려진 식물처럼 싹이 돋아 있다. 100달러의 벽을 넘어 최고 400달러까지 가면 당신은 모든 종류의 크롬과 크리스털, 그리고 니켈과 금으로 만든 솔을 살 수 있다.

디자이너들이 만든 화장실 솔이 매우 다양해지고 생산량도 많아짐으로써 새로운 형태의 물류 방식이 요청되었다. 그리고 더 좋아 보이는 솔들이 경쟁적인 시장에서 고객들을 기쁘게 해준 대가로 보상을 받을 것이라는 점은 예측가능한 일이다. "시장에 변화와 진보가 있을 거라는 것, 즉 그곳에 보다 나은 기술을 추구하려는 시도가 있다는 것을 인정한다."고 아트센터디자인칼리지의 학장을 지낸 데이비드 브라운(David Brown)이 말한다. "그리고 제품 생산과 생산 기술 분야에서도 더 잘, 더 안전하게, 그리고 제작비를 더 줄이려는 시도가 있는데, 미적 표현에 관해서도 유사한 추세라고 생각하는 것은 당연하지 않겠는가? 5년 전의 화장실 솔보다 오늘날의 그것이 기능도 더 좋고, 보기도 더 좋으며, 값도 더 싼 것이 합리적이라고 생각되지 않는가?" 이런 점에서 미학은 컴퓨터의 성능과 다르지 않다. 어제 만족스러웠던 것이 오늘날에는 그렇지 않을 수 있다는 말이다. 기대는 커지고, 취향은 발전한다.

화장실 솔은 미적 요구에 대한 매우 단순한 한 가지 사례일 뿐이다. 마음에 드는 솔집에 대한 욕구가 이웃을 감동시키기 위해서라고 진지하게 말할 수 있겠는가? 스테인리스 제품들이나, 아름답게 만들어진 의상들 또는 근사한 자동차들에 대한 욕구에는 그와 같은 타인 지향적인 동기들이 담겨 있을 수도 있고 아닐 수도 있다. 그러나 화장실, 그러니까 이웃사람들이 결코 보고 싶어할 장소가 아닌 화장실 한 귀퉁이에 감추어진 솔은 정말로 단순한 솔이며, 정말로 그 자체만을 위해 존재하는 물건인 것이다. 그리고 아무리 사랑스럽고 비싸다고 하더라도 화장실 청소하는 도구로 과연 어떤 종류의 위신이 생기겠는가? 당신이 구입한 화장실 솔의 외양과 느낌은 바로 당신이 발견하는 매력의 표현, 즉 감각적인 즐거움이다.

그렇다면 청소도구들을 매력적이거나 표현적인 케이스 안에 넣으면 자신의 생활이 조금 더 좋아지고, 조금 더 즐거운 환경이 형성된다는 것을 사람들이 믿도록 만들려면 어떻게 해야 하는가? 화장실 솔을 광고하는 경우는 거의 없다. 판촉을 위해서 소문을 내거나 돋보이게 하지 않기 때문에 스스로 빛을 내는 수밖에 없다. 대개의 경우 화장실 솔은 진지하게 고민하지 않고 만들어지는 중요하지 않은 물건이고, 거의 모든 솔들이 비슷하게 잘 닦인다. 따라서 선반 위에 놓인 상태에서의 직접적이고 감각적인 매력이 솔의 구매에 결정적인 역할을 한다. 미적인 판단으로 솔을 구입한다는 말인데, 우리가 보고 느끼는 것을 좋아하기 때문이라고 그 이유를 말할 수 있겠다. 솜씨가 아니라 상품 진열이 수요를 창출한다는 말이다.

조금씩 좋아지는 것, 이것이 바로 취향을 변화시키는 한 가지

실마리다. 래취트(rachet, 톱니바퀴 역회전 방지 장치) 효과라는 것이 있다. 깔끔하고 매력적인 화장실 솔을 사용하고 있다면, 싱크대 밑에 형편없는 솔을 두고 싶지 않을 것이다. 메모나 개요를 그럴 듯하게 편집하는 것에 익숙하다면, 구식 쿠리어 타자기 모양을 세련됐다거나 전문적인 것이라고 여기지 않을 것이다. 선 마이크로시스템스 사(Sun Microsystems)의 최고경영자인 스콧 맥닐리(Scott McNealy)가 파워포인트를 없애고 손으로 쓴 슬라이드를 요구했을 때, 직원들은 가끔은 교묘한 테크닉을 사용하면서까지도 자신의 능숙한 그래픽 기술을 포기하지 않았다. 내가 그 일에 대해 기사를 쓴 후에 어떤 사람이 말해 주었다. "우리는 블루프린트 폰트나 코믹 상스 폰트로 슬라이드를 만들면서 그런 금지에 대처했어요, 이 두 폰트는 손으로 쓴 것처럼 보이거든요."

사람들은 일단 일정 수준의 미학적 경지에 이르면 돌아가지 않으려고 하는데, 그 수준을 유지하기 어려운 경우에도 그렇게 하는 경향이 있다. 치열한 경쟁으로 말미암아 거의 독점적인 지위를 즐겼던 회사들이 억울하게 느낄 정도로 미적인 제품들은 더 저렴해지고 훨씬 더 쉽게 구입할 수 있게 되었다. 최근까지 치아소 사는 쇼핑몰과 카탈로그 및 웹사이

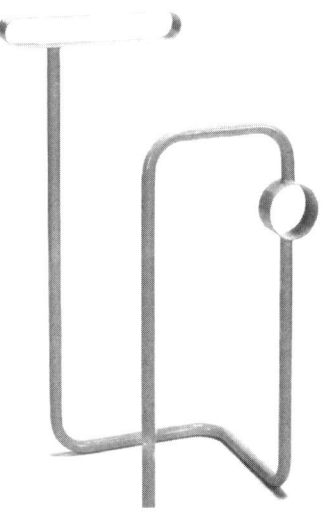

w+b 디자인의 코트와 모자걸이

여성의 육체에서 영감을 받아 디자인된 UP 5/6 소파(B&B사)

트를 통해 파는 고급 디자인의 가정용 설비와 가정용 가구들에 대해 원하는 대로 가격을 부를 수 있었다. 2002년 말까지 가격 조절을 위한 회의를 한 번도 하지 않을 정도였다. 그러나 9.11 사태 이후 관광객과 쇼핑몰 왕래가 대폭 줄어 스토어들이 큰 타격을 입게 되면서, 동시에 고객들은 다른 곳들에서 점점 더 많은 제안을 받기 시작한다.

치아소의 한 중역은, 합리적인 가격과 즉시 이용 가능한 현대적 가구를 모토로 1999년에 창업한 디자인 윗인 리치 사(Design Within Reach)가 점점 더 강해지고 있다고 언급한다. 현재 DWR 사에서는 치아소에서 파는 모든 종류의 제품을 팔고 있는데, 카탈로그와 웹사이트에 의한 판매는 물론이고, 현대 식의 도시 거주자 동네의 소매점에서도 팔고 있다. 다른 한편 그 시장에서 가장 저렴한 제품을 공급하는 타깃 사 역시 고급 디자인 제품들을 계속해서 추가하고 있다. 포터리 반과 레스토레이션 하드웨어(Restoration Hardware) 사의 소유자인 윌리엄스-소노마(Williams-

Sonoma)는 2002년 초에 〈웨스트 엘름(West Elm)〉이라는 이름의 고급 스타일의 저가 카탈로그를 만들었다. 이런 경쟁들 모두는 미학을 의식하는 소비자들에게는 반가운 소식이지만, 치아소 같은 스타일 개척자들에게는 끔찍한 뉴스일 것이다. 치아소는 2003년 초에 파산방지법 제11장에 의거해 파산을 신청했으며, 직접 판매를 하는 스토어 네 곳을 빼고 모두 문을 닫았다. 소비자들은 이제 좋은 디자인과 저렴한 가격을 기대한다.

미적 경험은 훨씬 더 큰 자신감과 보다 더 분명한 의견을 갖게 만든다. 그로 인해 사람들은 스스로 주변의 것들에 대한 외양과 느낌을 판단할 자격이 있다고 느끼게 되는 것이다. 그런 맥락에서 가장 잘 팔리는 쓰레기통을 디자인해서 유명해진 라쉬드는 "디자인이 민주화되고 있다."고 말한다. "우리의 물리적 환경 전체가 많이 좋아졌고, 그로 인해 사람들은 한 사람의 관객으로서 보다 더 비판적으로 되었다."는 것이다.

이처럼 비판적인 소비자들을 만족시켜 주어야 할 사람들에게는 그들이 매우 전제적으로 보일 수도 있겠다. 어떤 가정용품 개발자는 내게, 그저 정원을 꾸며 주거나 욕실을 만들어 주는

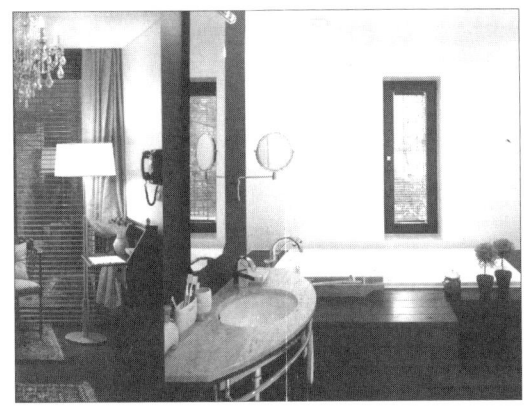

독특한 고급 디자인의 욕실

것만으로도 고객을 감동시키기에 충분했던 옛 시절이 그립다고 말했다. 오늘날 욕실들은 더 커지고 더 좋아졌으며, 매우 사치스러워지기도 했다. 집과 정원까지 그렇게 됐으며, 나아가 마을 전체가 그렇게 되었다. 이런 점은 보다 개인적인 미학에 대해서도 마찬가지로, 미적 표출의 증가로 인해 그 수요가 점점 늘어나고 있다. 나는 손톱을 다듬고 눈썹을 붙였는데, 같은 동네에 살던 사람들이 네일 살롱과 마사지 전문점을 개업했기 때문이다. 영화배우들이 연갈색 피부를 갖게 되자, 극장 앞에 줄지어 표를 사는 많은 남자들도 그렇게 했다. 내 친구는 자기 아내가, 그녀의 친구가 얼굴을 고쳐 훨씬 더 예뻐지기 전까지는 성형수술을 비웃는 '자연주의자'였다고 말한다. 그런데 그녀는 지금 성형외과에 갈 것인지에 대해 고민하고 있다고 한다.

사람들은 모든 종류의 스타일들, 특히 계속해서 바뀌는 패션들 중에서 선택해야 하겠지만, 그러나 외모와 개인적인 맵시에 대한 주목 자체는 영원한 것으로 보인다. 여성으로서 프린스턴과 런던을 오가며 생활하는 한 학자는 새로운 몸단장 기준이 대서양 건너 동쪽으로 이동함에 따른 영향을 고찰한다. "지난해는 온통 매니큐어에 관한 관심뿐이었다."고 그녀는 말한다. "온갖 종류의 네일 살롱들이 생겨났고" 아울러 여성들은 "이렇게 초라하고 평범한 손을 가지고 어떻게 돌아다닐 수 있겠니?" 하며 초조해 하기 시작했다고 한다. 요즘 런던의 여성들은 일상적인 몸단장에 치아미백과 비키니 제모(bikini wax)까지 추가했다. "당신은, 생각해본 적도 없었을 것에 대해 의식하는 스스로를 느끼기 시작한다."

내 얼굴에 다양한 물약을 바르던 마사지사가 내게 무슨 일을 하느냐고 물었다. 그래서 나는 모든 종류의 화장실 솔들에 관해 연구한다고 말했다. 그랬더니 그녀는 이해할 수 없다는 표정을 지으면서 화장실 솔들을 진열대에 놓으면 "당신의 풍수(風水)를 방해할 것"이라고 말했다. 텍사스의 한 마사지사가 어떻게 해서 고대 중국 미술의 실내장식에 관한 의견을 가질 수 있게 되었을까? 이런 대화는 20년 전이었거나, 나 같은 사람들까지 얼굴 마사지를 받지 않았더라면 이루어지지 않았을 것이다.

여행, 대중매체, 이민 그리고 교육은 미적 아이디어의 흐름을 증폭시켰다. 1980년에서 2000년까지 미국에 중국인은 세 배로 늘어났고, 그 결과 풍수는 일반적인 문화로 받아들여지기도 전에 벌써 서부 해안 지역의 부동산계에서는 중요한 것으로 인식되고 있었다. 미국 최초의 대중적인 풍수 안내서는 1983년에 홍콩에서 장학금을 받고 공부할 때 배운 적이 있는 한 젊은 언론인이 썼다. "그것은 마치 다락방에서 할머니의 잃어버렸던 보석을 발견하는 것과 비슷한 것으로, 오랫동안 존재해 왔지만 지금은, 적어도 서구에서는 아무도 주목하거나 가치를 인정하지 않는 것"이라고 그녀는 회상했다. 오늘날 풍수와 관련된 서적들은 미국의 대부분 서점들의 인테리어 디자인 파트의 선반 몇 개를 채우고 있으며, 풍수의 신비로운 주장을 받아들이지 않는 사람들에게도 가정과 사무실 배치에 큰 영향을 끼치고 있다.

소득의 증가, 가격 하락 및 새로운 공급 방식만으로도 미적 드러냄의 증가와 취향의 변화를 일으키기에 충분했지만, 이런 요소들이 따로따로 작동하지는 않는다. 20세기 말의 대단한 사회적이고 문화적인 전환은, 또한 미학을 보다 더 중요하고, 합법적이며 다양하게 만들어서 그 어떤 기술적이거나 사업적 혁신만큼이나 확실하게 미학적 시대를 구체화시켰다.

대중매체, 이민과 함께 문화적으로 가장 분명한 영향을 끼친 것은 바로 페미니즘이다. 결혼 여부와 관계없이 경제적인 능력이 있는 여성들은 전통적으로 여성의 호감을 끄는 미적 제품들을 훨씬 더 자유롭게 구입할 수 있게 되었고, 그 결과 그레이트 인도어스처럼 예상 가능했던 스토어들과 네일 살롱의 유행이나 성형수술의 성행 같은 예상치 못했던 일이 발생했다. 여하튼 경제적 능력이 있는 여성들의 등장은 그들의 개인적인 소비 이상의 큰 영향을 끼쳤는데, 예컨대 많은 여성들이 사업차 여행을 하면서 호텔과 레스토랑의 디자인에 영향을 주게 된 것 등을 말한다. 늦은 결혼과 이혼의 증가는 더 많은 남녀들이 자신의 열망에 따라서 산다는 것을 의미하는데, 그것은 더 많은 독신남들이 자기 집에 가구들을 갖추고 자신의 취향을 발달시켜야만 한다는 것을 의미한다. 남녀 모두에게 있어서 경쟁적인 결혼 시장은, 자기 자신이 멋지게 보이는 것의 중요성과 상대에게 매력적으로 보이도록 집을 꾸미는 일의 중요성을 높여 주었다. 직장을 가진 어머니들이 더 많아진다는 것은 청소년들이 자기 옷을 직접 구입해야 할 가능성이 많아져서 결국 개인적인 스타일에 대한 감각을 강화시키게 된다는 것을 의미한다.

동시에 전통적으로는 '별개의 영역'이었던 미적이고 여성적인 가정과 기능적이고 남성적인 직장의 융합으로 인해, 스타일이 주로 여성의 관심 분야라는 관념도 약해졌다. 디자인 특집을 실은 〈멘스 저널(Men's Journal)〉 1999년 9월호는 역대 최고 판매

부수를 기록했고, 그 결과 매년 디자인을 특집으로 다루게 되었다. 요즘의 회사 수뇌부들은 자기 집을 꾸밀 때 아내나 전문가에게 맡기기보다는 직접 한다고 말하는 것처럼 보이는데, 그래서 중역 특성 연구 전문가이자 하버드 경영대학원 교수인 마이클 맥코비(Michael Maccoby)는, "우리가 앞으로 점점 더 많이 보게 될 것은 **자신**의 시각에 따른 디자인을 확립하고 싶어하는 사람들"이라고 말한다.

"10년 전에는 남성이 디자인계에 입문하는 것은 멋진 일이 아니었다."고 치아소의 최고경영자가 말한다. 그러나 지금은 미학에 주목하고 있는 젊은 남성들 사이에서는 받아들일 수 있는 일을 넘어서 하고 싶은 일이 되었다. 7학년짜리 딸과 같은 반의 많은 소년들이 모발 염색을 한다는 것을 알고 있는 그는, "내가 요즘 애들처럼 옷을 입으면 아마도 탈의실에서 난리가 날걸?"이라고 말한다. 목화 판촉 무역회사인 코튼 주식회사(Cotton Inc.)의 조사에 의하면, 16세에서 19세까지 남성의 27퍼센트가 "유행의 첨단을 걸으려고 노력한다."고 하는데, 이는 1994년에 16퍼센트였던 것에 비하면 비약적인 증가다. 폭넓게 퍼진 비디오게임과 뮤직 비디오 영상들로 인해 젊은 남성들도 섬세한 디자인을 이해하고 기대하게 되었다.

게이 문화가 받아들여지는 것 자체가 취향들을 바꾸었다. 예컨대, 전에는 게이들만 하던 귀고리가 이성애를 하는 남성들에게까지 퍼지기도 했다. '황갈색 피부 혁명'은 다른 것들로부터도 영향을 받았겠지만 남성 동성애자가 보디빌딩을 강조하는 것에서도 영향을 받은 것이 분명하다. 게이에 대한 사회적 비난이 줄어든 것 못지않게 중요한 것은 아름다움에 드는 비용이 저렴해졌고 그리고 그것이 이성애 남성들에게도 더 큰 호소력을 가지게 되었다는 점이다. 한 젊은 은행원은, "많은 사람들이 내가 의상에 많은 신경을 쓰고, 잘 차려 입기 때문에 나를 게이라고 생각한다."고 개성적인 외모에 대한 남성의 새로운 몰두에 관한 잡지 〈뉴욕〉의 한 기사에서 말한다. "그럼에도 그것은 중요하다. 직장에서 일을 할 때든 여자와 함께 있을 때든 돋보일 필요가 있기 때문이다." 단정해 보이지만 너절하거나, 촌스럽거나, 볼품없거나, 늙어 보이는 것보다는, 게이로 여겨지더라도 멋지게 보이는 게 더 좋다는 말이다. 어떤 사람의 성적 성향에 관한 오해를 바로 잡는 것은 매우 쉽지만, 미학적인 첫인상은 매력이 없다는 사실을 그대로 드러낼 지도 모르기 때문이다.

미학과 기능, 미학과 사업 또는 미학과 남자다움을 대립적으로 보는 것은 보편적인 일이 아니다. 이런 식의 대립적 사고는 청교도적인 금욕, 19세기 낭만주의 및 20세기 기술중심주의의 문화적 산물일 뿐이다. 이런 가정들을 뒤집은 많은 상업적 혁신들이 미학을 높게 평가하는 문화들, 특히 이탈리아와 일본의 문화로부터 직·간접적으로 발생했다는 것은 놀라운 일이 아니다. 이런 문화들은 외양과 느낌에 대해 다른 근원적인 가치들과 마찬가지로 진지하게 다룬다. 브라운은, 자기 대학의 학생들 중 40퍼센트 이상이 아시아에서 왔거나 아시아 출신 미국인이었다는 사실을 지적하면서, "이 젊은이들은 디자인과 시각 예술이 높은 지위를 누렸던 지역들의 출신"이라고 말한다.

미국 내의 많은 하위문화들, 특히 아프리카 출신 미국인들의 문화에서는 언제나 개인적인 스타일이 성취와 자존심의 중요한 표현이었다. 그래서 아프리카 출신 미국인들의 역사를 노예제

도와 인종차별의 소멸이 아니라 패션으로 설명하기도 한다. "스타일은 존재하지 않는 것에 대한 도전을 나타낸다……. 스타일이 나를 말해준다, 뭐라고 말하든지 간에." 돋보이는 인상을 만들어 내는 일은, 피해야 할 탐닉이 아니라 실천해야 할 기술이다. "흑인 스타일은, 가당치도 않은 화려한 삶에 대한 숨 가쁜 동경이 아니라, 우리가 이미 가지고 있는 지식이나 교양과 관련된 자신감과 자부심이 넘치는 유행이다." 인종차별의 소멸로 인해 그런 견해가 점차 문화적 주류의 일부가 되고 있는데, 거리에서 마주치는 사람들만이 아니라 유명한 운동선수들, 뮤지션들, 배우들의 매체 속 이미지들 때문에 그렇게 되는 것이다. 패션의 첨단을 걷고 싶은 청소년들은, 의식적으로 남성적인 성취의 표시로 스타일을 꾸미는 여러 흑인 역할 모델들을 열심히 흉내 낸다.

시민적 권리에서의 혁명적인 변화로 인해 또 다른 미묘한 미적 효과가 나타났다. 미국의 흑인과 여성들이 법적으로 평등하게 됨으로써 문화적 소수자들, 순응주의 및 개인주의에 대한 새로운 사회적 태도가 형성되었다. 모든 사람을 동등하게 대한다는 것은 이제 자신만의 취향을 추구할 자유를 포함해서 자기 자신이 될 권리를 인정한다는 말이 되었다. 집단의 소속을

구치 시계. 시계의 단순하면서도 오묘한 디자인이 구매자의 욕구를 자극한다.

나타내는 표시들을 포함한 개인적인 표현은 대개 보수적인 사회적 규범을 넘어선다. 흑인들이 아프리카를 연상시키는 의상이나 헤어스타일을 할 권리 주장에 성공한 것은 인종적 관용이 확대되었다기보다는 관용 일반이 확산되었기 때문이라고 보아야 한다. 사회적 규범은 이제 한 가지 스타일의 지배가 아니라 다양성을 요구하는 것으로 바뀌었다.

따라서 우리 시대의 스타일의 풍부함은, 단지 정보와 기술의 문제가 아니라 특정한 가치들의 유포 때문이며, 미학적 개념들에 대한 단순한 지식만으로 이루어지지는 않는다. 1950년대에 런던미술대학의 한 학생이 〈내셔널 지오그래픽〉을 보다가 의상 디자인 연구과제에 대한 영감이 떠올랐는데, 그것은 "전쟁을 위해 몸과 얼굴 전체를 칠했고, 깃털들과 조개껍데기들로 화려하게 치장한 뉴기니 부족 전사들을 찍은 흥미롭고 다채로운 사진들이었다." 그러나 그가 거기서 얻은 모티프를 대량 생산 제품에 적용하려고 하자 교수는 끝까지 동의하지 않았고, 오히려 그것이 "흥미롭지도 않을 뿐만 아니라, 내가 100살까지 살아도 그런 모티프가 서구 스타일의 의상, 장식 및 아름다움에 영향을 주는 것을 보지 못할 것"이라고 말했다고 한다. 얼마나 어리석은 견해란 말인가!

비교적 최근까지도 사회적 관습은 상상력과 기술의 미적 유희를 제한해 왔다. 힙합의 현란함과 펑크의 파격은 말할 것도 없고, 1960년대의 멋쟁이 소녀들은 모발을 염색하거나, 귀를 뚫지도 않았다. 마이클 조던의 단정하면서도 몸과 패션을 의식한 의상(그의 귀고리를 말하는 것이 아니다.)은 매우 돋보였는데, 그것은 흑인 남성들이 자신의 개인적인 스타일에 대해 눈에 보이지 않는 자부심을 가졌다는 것을 깨닫게 해준다. 아르마니 양복은 '동성애적인 스타일'이기 때문에, 나약한 이미지로 보이는 것을 원치 않는 전문직 남성들에게는 제한된 매력만을 가진다고 어떤 유명한 패션 비평가가 1983년에 말하기도 했다.

위계질서나 집단 내에서 정해지는 타고난 지위보다 자기규정이 우선한다는 자유로운 개인주의의 확장으로 인해 우리의 미학적 우주가 바뀌었다. 그렇다고 다른 사람의 미적 선택에 관해 의견을 말할 수 없다는 것은 아니다. 오히려 통합된 기준의 와해가 훨씬 더 큰 갈등을 초래할 수도 있는데, 예컨대 직원 복장 규정 같은 한 가지 미적 정체성(즉, 그 회사의 외양과 느낌)이 다른 것(즉, 직원의 개인적인 스타일)과 부딪힐 수도 있기 때문이다. 그래도 예전과 비교해 보았을 때, 사회적 규범과 스타일주의적인 현실 모두에서 관용이 증대된 것은 사실이다.

개방된 시장에서 공급되는 개성적인 문화는 모든 개인이 사용할 수 있도록 스타일적인 다양성을 지속적으로 확대한다. 대중성 역시, 상징주의적인 것을 단순한 형태로 전환시킴으로써 기이하게 보였던 스타일을 익숙해지도록 만드는 경향이 있다. '코걸이 시대'라는 노래 패러디까지 생겨나는데, "모든 새로운 반항은 또 하나의 난처한 트렌드가 되기 때문이다." 올바르지 않은 어떤 것이 유행한다면, 외적인 압력 때문이라기보다는 비슷한 기호를 가진 다른 사람들과 함께하고 싶은 욕망을 포함하는 개인적인 취향 때문이다. 유일한 최선의 방식은 하나의 이상과 마찬가지로 사라진다.

그렇게 되면 단일한 지배적인 기준 대신 미학적인 유동성이 증대되어, 개인이 스스로 흥미로운 스타일을 재구성하게 되고,

그런 것들이 다시 더 많은 아이디어와 범주들을 창조하고 결합시킨다. "마사 스튜어트가 고스족이었다면 어땠을까?"라는 당돌한 질문에서 영감을 얻은 고딕 마사 스튜어트(Gothic Martha Stewart)라는 이름의 웹사이트에 대해 생각해 보자. 이 사이트를 만든 사람은 자신의 고딕적인 친구들이 와스프(WASP, 미국의 지배적인 특권 계급인 앵글로색슨계 백인 신교도)로서 가사의 여왕인 마사 스튜어트만큼 DIY 치장에 헌신적이라는 것을 알고 난 후에 만들었다고 말한다. 그들은 다른 표현 목적을 위해서 다른 팔레트를 사용했을 뿐이다.

그녀는 다음과 같이 썼다. "우리의 많은 프로젝트들은, 검은색 벨벳 한 조각, 빈티지 레이스, 자주색 공단 리본, 말린 빨간 장미나 그 밖에 집 주변에서 얻을 수 있는 전형적인 고딕적인 물건들이 아니라, 마사의 명품(Martha's Good Things)을 그대로 사용하는 것이었다. 마사는 자신의 우아한 달걀껍질 청색과 바다 거품 녹색이 얼마나 쉽게 검정색과 짙은 빨간색으로 변하는지 거의 알지 못했을 것이다!" 고딕 자체는 단일한 범주가 아니라 우주처럼 점점 커지는 모티프다. 모호한 낭만주의적 취향을 가지고 DIY에 몰두하는 사람들을 격려하기 위해 그 사이트는 여덟 가지의 다양한 유형들을 열거하는데 빅토리아, 중세, 테크노-모던, 공동묘지, 요정, 아시아, 이집트 그리고 펑크 식의 DIY가 그것이다. 우리 시대의 미적 다양성을 설명할 때 어지럽다는 단어의 사용을 망설이는 연구자는 없다.

고딕 명품이든, '재미있고 화려한' 자동차든 또는 밝은 색의 알레시 화장실 솔이든 간에, 바로 그 어지러울 정도의 다양성에 관한 무언가가 개인들에게 외양과 느낌에 시간과 돈을 쓰도록,

그러니까 미학이 가치 있다는 것을 행동을 통해 확인하도록 부추긴다. 비록 피상적인 것일지라도, 우리에게 중요한 것은 바로 사람들, 장소들 및 물건들의 감각적인 품질이다. 그러나 그런 가치와 그것의 정당성의 본질과 근원에 대해서는 심도 깊은 논쟁이 요구된다. 표면에 진정한 가치가 있다고 믿는 사람은 아무도 없을 것이기 때문이다.

The Substance of Style

# 표면과 실체

Surface and Substance

디자이너들에게는 미안하지만, 솔직히 말해서 미학의 가치를 따지는 일은 사업적 맥락에서도 어렵다. 외양과 느낌이라는 요소도 다른 것들과 함께 변하기에 그것만의 이점을 확인하기 어렵기 때문이다. 예컨대, 애플 컴퓨터처럼 훌륭한 디자인에 비해 다른 분야가 부족해서 세련된 스타일의 이점이 사라져 버리는 경우가 바로 그것이다. 그리고 대부분의 시장에서 보편적으로 나타나는 치열한 경쟁으로 인해 외양과 느낌이라는 요소에 의한 이익이 사라지는 경향이 있다. 미적 투자로 인한 혜택은 생산자가 아니라 소비자에게로 돌아가는 경향이 있기 때문이다. 이런 경우 미학에 투자하는 것은 사업의 이익을 증대시키기보다는 단순히 현상 유지를 위한 것에 불과하다.

대개의 경우 사람들은 겉만 예쁘고 내용은 별 볼일 없는 것보다는, 품질도 좋고 포장도 멋진 것을 더 가치 있게 여기는데, 문제는 이처럼 상식적인 수준 이상으로 표면과 실체가 상호작용하는 방식을 설명하기가 쉽지 않다는 점이다. 그러나 가끔 사람들이 미학을 얼마나 높게 평가하고 있는지를 알 수 있는 현실적인 사례들이 발견되기도 한다.

1990년대 초에 모토롤라 사(Motorola)는 자사의 가장 인기 있는 호출기의 업데이트 버전을 발표했다. 새로운 기능들이 추가되기도 했지만, 그것을 정말로 특별하게 만든 것은 화려한 색상이었다. 옛 모양에 싫증을 낸 회사는 원래의 검은색을 밝은 녹색으로 바꾸었는데, 새 호출기는 아직 아이맥(iMac) 컴퓨터가 등장하지 않았던 시기에 다른 어떤 제품들과도 차별되는 새롭게 개량된 제품이 되었다. 소비자들은 녹색 호출기가 멋지다고 생각했기에 기꺼이 더 많은 금액을 지불하고 구입했던 것이다. 모토롤라의 호출기 부문 책임자였던 사람은, "내가 기술자들에게 수차에 걸쳐 말한 바 있듯이 이 이야기의 교훈은, 잘 사용되지도 않는 그 많은 기능들은 제품 수입을 한 푼도 더 늘리지 못했지만, 추가비용이 거의 들지 않는 녹색 플라스틱 제품은 하나를 더 생산할 때마다 15달러씩 수입을 늘려 준다는 것"이라고 말했다.

이 일화는 기술 개발에는 열성적이지만 미학적으로는 무지한 사람들을 비웃는 것으로 창의력의 실현을 순수하게 보여 주는 사례인가? 아니면 외양과 느낌의 시대의 문제점, 즉 빛나는 플라스틱 표면이 실질적인 기술적 개량만큼 중요하게 여겨지는 시대의 문제점을 암시해 주는 사례인가? 그렇지 않으면 녹색 분사기로 색칠된 호출기의 성공으로 우리는 전율을 느껴야 하는가?

호출기의 멋진 겉모양이 소비자에게 기쁨을 줄 수도 있었겠지만, 기능이 없는 형식의 가치를 의심하는 많은 비평가들은 당황할 수밖에 없었다. 그들은 표면(surface)과 실체(substance)가 상반

된 것이라고 믿고 있기 때문이다. 그래서 그들은 표면은 기껏해야 부적절하고, 때로는 순전히 속임수에 불과하기에, 사람들이 껍질에 불과한 미학에 대해 더 많은 돈을 지불한다면 속아 넘어간 것이라고 주장한다. 분사기로 색을 칠한 녹색 호출기는 검은색 제품보다 더 가치 있는 게 아니다. 그 둘의 기능이 똑같기 때문이다. 따라서 녹색 플라스틱에 돈을 더 쓰는 것은 어리석은 짓이다. 결국, 정당한 가치는 형식이 아니라 기능에서 온다는 주장이다.

다른 조건이 동일한데도 소비자들이 기꺼이 돈을 더 지불하는 것으로 보아 표면 자체도 진정한 가치를 지니는 게 아니냐는 생각에 대해 그들은 질겁을 한다. 그래서 그들은, "그런 생각은 식인 풍습을 옹호하는 것과 똑같은 것으로 이해한다."고 그래픽 디자이너인 마이클 비럿(Michael Bierut)은 말한다. 그리고 그는 "코카콜라와 펩시콜라처럼 똑같은 제품 사이에 무의미한 구별을 만들어낸다는 이유로" 디자이너협회의 세미나에서 부정적인 발언을 했던 어떤 비평가를 생각해 냈다. "약간 머뭇거리다가 나는 그에게 다양성과 아름다움에 그 자체만의 내재적인 덕목이 있는지를 물었다. 그랬더니 그는 다소 망설이다가 사물은 '그 자체만을 위해서'는 존재할 수 없다고 말하면서 히틀러를 위해 작품을 만들었던 레니 리펜슈탈(Leni Riefenstahl)의 사례를 거론했다. 내가 오랫동안 기억할 만큼 펩시콜라에서 나치로의 재빠른 이동이었다."

그런 비평가들에게 있어서 형식은 위험한 유혹인데, 감각적인 것이 합리적인 것을 넘어서도록 만들기 때문이라고 한다. 매력적인 포장은 당신에게 나치가 훌륭하다거나, 콜라는 차이가 있다고 믿게 만들 수도 있다는 것이다. 그리고 미학은 바로 이런 능력으로 인해 가치를 의심받고 있다. "광고, 포장, 제품 디자인 및 통일된 **정체성**에 의한 표면의 도발적인 힘은 내면의 눈이 품질이나 실체의 문제를 간과하도록 만든다."고 비럿과 논쟁했던 바로 그 비평가인 스튜어트 이웬(Stuart Ewen)이 주장한다. 그는 "도발적인 표면(provocative surfaces)"이 그 자체의 정당한 가치를 가지지 않으며, 오히려 진실을 가리는 역할을 한다고 말한다. 그래서 그는 1930년대의 유선형의 유행을 언급하면서, "단순한 장식 이상의 것을 추구하거나, 본질적인 진실의 아름다움을 발견하지 못하는 분별없는 통찰력으로 시작한 20세기는 거짓을 재발견했던 것"이라고 선언한다. 이런 관점에서 본다면, 미학은 조작과 기만의 도구에 불과한 것이 된다.

이웬만 그렇게 생각했던 것이 아니다. 사회학자인 다니엘 벨(Daniel Bell)은 유명한 저서인 〈자본주의의 문화적 모순(The Cultural Contradiction of Capitalism)〉의 20주년 기념판에서, 백화점에서의 화장품 판매의 급증은 현대 자본주의에 만연된 "계층화 구조와 즉각적인 욕구"라는 기계에 거짓이라는 기름을 치는 것과 다름없다고 지적했다. 벨에 의하면 여성들의 패션과 패션 사진도, "가상을 파는, 그러니까 마녀의 잔재주 같은 설득력"으로 궁극적으로는 청교도적 기반을 무너뜨려 자본주의를 붕괴시키려는 말의 모순들 중의 하나라고 비판받는 광고와 똑같은 거짓의 사례가 된다. 그는 소비자들이 부르주아의 덕목을 서서히 손상시키는 향락주의적 가치들을 기꺼이 받아들이면서 너무나 쉽게 거짓과 사치에 물든다고 본다. 그래서 그는, "향락주의적인 세계란 패션, 사진, 광고, TV, 여행의 세계로서, 이를테면 가장(make-believe)의 세계"라고 말한다.

그러나 이런 주장은, 프랑크푸르트학파의 마르크스주의자인 아도르노와 호르크하이머가 1944년에 쓴 영향력 있는 한 논문에서 말했듯이, 생산자들이 "조작과 그에 반응하는 욕구라는 간단명료한 순환" 속에서 소비자들이 살 만한 것을 결정하기만 하면 되었던 20세기 중반에나 해당될 법한 소박

파격적인 의상을 한 루이뷔통의 패션 광고

한 사업적 견해에 불과하다. 그리고 그런 비평가들은 상업적인 제품들에서의 장식과 다양성을, 그 자체로 가치를 평가 받는 대상이 아니라 거짓 욕구를 만들어 내기 위한 수단으로 보고 있으며, 자신들은 이처럼 어리석은 대중이 즐거움과 의미를 발견하는 곳에서 거짓을 간파한다고 주장한다. "크라이슬러와 제너럴 모터스 자동차의 차이가 기본적으로 착각에 불과하다는 것은 다양성에 예민한 관심을 가지고 있는 모든 소비자들에게 강한 인상을 주었다."고 아도르노와 호르크하이머는 선언한다. "전문가들이 장·단점이라고 논하는 것은 단지 경쟁과 선택이라는 거짓을 지속시키는 데 기여할 뿐"이라는 것이다.

이런 관점에서 본다면, 현대의 상거래는 제품이 소비자에게 시각적이고 촉각적인 피조물로서 어필하기 때문에 기만적이고 퇴폐적이다. 그리고 이런 주장은, 우리가 외양과 느낌에 진정한 가치를 부여하려고 하면 할수록 스스로 얼마나 잘 속는 사람인지를 증명하는 꼴이기 때문에 반증할 수 없다. 결국 합당한 가치는 객관적인 특성, 즉 콜라의 맛(이나 원한다면 영양가), 자동차의 연비와 힘, 토스터의 조리 품질, 의복의 따뜻함 등에서 나오는 것이지, 그래픽 이미지, 유선형 또는 유행하는 모양에 의해 덧붙여진 연상과 즐거움을 통해서 오면 안 되는 것이 된다.

미학적 명령이 사업적인 분위기에만 관련되는 것이 아니듯이, 표면이 감추고 있고, 혼란스럽게 만들며, 왜곡시킨다는 두려움 역시 상거래와 그에 대한 비평에만 국한되지 않는다. 한 보수적인 목사는 복음주의 교회들이 전도와 신도의 유지를 위해 예배를 단순한 볼거리로 만들어서 설교와 기도라는 예배의 실체를 상실했다고 우려한다. 오늘날의 예배는 거대한 비디오 스크린들, 전문적인 조명이 비추어지는 제단 그리고 강력한 록밴드를 그 특징으로 한다. "신께 예배를 드리는 것이 점차, 삼위일체의 신과의 깊은 영적 대화를 나누는 언어적인 제의라기보다는, 시각적이고 감각적인 힘을 가지는 쳐다보는 행사로 표현되고 있다."며, "미술적이든 음악적이든 미학이 신성함보다 더 우월한 지위를 차지하게 되어, 볼거리가 점점 더 많아지고, 점점 덜 듣게 된다. 듣는 것이 사라진 감각적인 향연이 있을 뿐이다……. 이제 다양한 색상, 움직임 등의 시청각 효과가 필수적이고, 신 그 자체만으로는 알려질 수도, 사랑 받을 수도, 찬양될 수도 그리고 믿어질 수도 없게 되었다."고 덧붙였다.

이런 '감각적인 향연'은 예배자의 관심과 성직자의 노력을 중요한 문제로부터 그렇지 않은 것으로 전환시킨다는 점에서 잘못된 것이라기보다는 혼란스런 것으로 보아야 한다. 이 견해에 의하면, 미적 기대가 커지게 되면 군중은 너무 쉽게 본래의 목적을 잊게 된다. 그리고 감각적 자극에 중독되게 되고, 결과적으로 다른 상황에서는 예배를 드릴 수 없게 된다. 따라서 "다채롭고, 동적이며, 시청각적인 효과", 그러니까 인지적 변화보다는 푹 빠져들게 하는 분위기를 경험하고 싶기 때문에, 미적인 것이 언어적인 것을 유린함으로써 예배의 느낌이 메시지를 압도하게 된다는 것이다.

이런 비판은 표면과 실체가 공존할 수 없다는, 즉 기교는 불가피하게 진실을 훼손할 수밖에 없다는 폭넓게 퍼진 우려를 반영한다. 이는 주로 전통적인 칼뱅주의적 목사들이 주장하는 내용인데, 그들은 선조들과는 달리 교회의 많은 미적 장식들을 제거했다. 장식하는 일이, 죄를 짓는 것까지는 아니었지만 우상숭배라고 생각했기 때문이다. 그래서 온통 흰색으로 칠해진 청교도적인 예배당은 마치 모더니즘적인 상자처럼 장식이 전혀 없다.

종교적 지도자들만이 그처럼 현란한 구경거리가 언어적인 것을 배제시킨다고 걱정하는 것은 아니다. 그와 똑같은 불안이 보통의 오락거리에서도 발생하기 때문이다. 한 비평가는, "디지털 효과와 돌비 사운드로 인해 줄거리와 그럴듯함이 희생된 블록버스터 영화가 허위의 시대의 한 가지 징표"라고 말한다. 이런 비관적인 시각에서 볼 때 실체, 즉 "줄거리와 그럴듯함"은 표면의 중요성의 증대로 인해 살아남을 수 없을 것으로 보인다. 줄거리가 그럴듯하면서도 특수효과가 뛰어난 영화는 나올 수 없으며, 그래서 감각적 쾌감을 선호하기 때문에 인지적인 즐거움이 사라지게 되고, 결과적으로 허위의 세계가 만들어지고 만다는 것이다.

세속과 종교계, 그리고 현재와 역사 속의 훈계자들은 표면은 진정한 가치가 아니며 우리를 혼란으로 이끄는 무의미한 것이라고 말한다. 그러나 우리의 경험과 직관은 그렇지 않음을 알고 있다. 이지적으로는 아니지만 본능적으로 스타일이 중요한 문제라고, 즉 외양과 느낌이 우리의 삶에 중요한 의미를 덧붙인다고 확신하고 있다는 말이다. 그래서 우리는 훈계자들의 권고를 무시하고 미학이 진정한 가치를 가지고 있다고 생각하고 행동한다. 우리는 유선형의 인공물들이 실제로 공간을 가로질러 움직일까봐 염려하지 않으면서 소중히 여긴다. 화려한 구경거리와 음악에서 영적 고양을 느끼며, 단조로운 수제 슬라이드보다는 파워포인트 활자체와 색상을 선호한다. 우리는 화장을 하고 하이힐을 신은 자신을 진정한 자아로 규정하며, 사람, 물건 및 장소를 부분적이기는 하지만 보이는 방식에 따라 판단한다. 우리는 표면에 대해서도 관심이 있다.

우리는 미적 소비자일 뿐만 아니라, 타인들의 비판적 안목에 의해 영향을 받는 미적 생산자이기도 하다. 그리고 그 점이 바로 우리의 걱정거리인 것이다.

우리는 다른 사람들이 우리를, 가장 좋은 상태보다는 결점이 드러나는 상태의 외모로 판단할 것이라고 걱정한다. 그래서 겉모습에 유념함으로써 보다 더 중요하거나 더 즐거운 일들을 소홀히 할지도 모른다고 걱정하기도 한다. 또한 우리는 원하는 것을 할 수 있는 재능이나 기술이 없을지 모른다고 걱정하기도 하며, 내 스타일대로 선택한 것이 잘못 평가될지도 모른다고 걱정한다. 호출기를 만들고, 판매 책자를 만들고 그리고 상품 전시회 부스를 디자인하는 기업들 역시 같은 문제로 걱정하지만, 그러나 표면과 실체가 개인적인 문제일 때 발생하는 것 같은 정서적 고민은 하지 않는다.

한 영문학 교수는 향학열에 불타는 인문학자들에게, "의상에 너무 많은 시간을 쓰는 것처럼 보인다면, 일부 사람들은 당신들의 내면에 학문에 대한 열정이 충분치 않기 때문이라고 생각할 것"이라고 그들의 외관과 태도에 대해 충고한다. 하지만, 그녀는 옷을 잘 입지 못하면 파멸을 초래할지도 모른다고 경고하기도 한다. "옷 입는 법을 알지 못한다면, 그렇다면 그 밖에 또 뭘 모르는가? 대학생들과 상담하거나 학위 논문에 대해 충고하는 법에 대해서는 아는가? 의상은 인물에 대한 판단의 일부다." 실체에 대해서만 관심을 가진다고 분명히 말하는 사람들에게도 표면은 중요한 문제인데, 문제는 그것을 잘하기가 어렵다는 점이다.

상원의원이 된 지 몇 개월쯤 지난 후에 힐러리 클린턴(Hillary Clinton)은 예일 대학교의 2001년도 졸업식 연설에서 그런 불안감에 대해 다음과 같이 씁쓸하게 말했다. "내가 오늘 말할 것 중에서 가장 중요한 것은 모발에 관한 문제입니다. 헤어스타일의 중요성은 가족들이 가르쳐주지 않았고, 웨슬리 대학과 예일 대학도 내게 주입시키지 못했습니다. 당신의 헤어스타일은 주변 사람들에게 매우 중요한 메시지, 그러니까 당신이 누구이며, 어떤 사람인지, 당신이 세계에 대해 가지고 있는 희망과 꿈들도 말해줍니다……. 그리고 특히 당신이 자신의 헤어스타일에 대해 어떤 희망과 꿈을 가지고 있는지도 말

다양한 헤어스타일을 보여 주는 힐러리 클린턴

해 줍니다. 당신의 신발도 마찬가지지만, 실제로는 헤어스타일이 더 많은 것을 말해 줍니다. 간단히 말해서, 헤어스타일에 주목하라는 것입니다. 누구든지 그렇게 할 것이기 때문입니다."

이런 농담의 밑바닥에는 다음과 같은 배신감이 깔려 있다, 즉 당신은 왜 나의 헤어스타일에 집착하는가? 내게 진지하지 않은 이유는 무엇인가? 사회적인 야망이 있는 여성이 아니었다면 그렇게 해야 한다고 기대하지 않았을 것이다. 헤어스타일은 단지 표면적인 재료에 불과하다. 그리고 표면은, 적어도 여성들이 치장하는 사람이거나 장식품 이상의 것으로 간주되는 포스트페미니즘(postfeminism) 시대에는 중요하게 생각되지 않는다. 그러나 힐러리의 헤어스타일은 너무나 유명해서, 많은 스타일의 변화가 실려 있는 웹사이트가 있을 정도다. 수많은 칼럼과 TV 방송이 그녀의 다양한 머리 손질법을 소개하고 있으며, 거기에 "매우 중요한 메시지들"이 담겨 있다고 분석했는데, 극단적인 인물답게 그녀의 적들과 동지들은 상반되는 메시지들을 확인하고 다양한 의견을 주장했다.

글자 그대로 해석하면, 힐러리의 농담은 역시 역설적인 다른 의미가 나온다. 즉, 누군가가 그녀에게 경고했어야 했다. 그녀가 받은 교육은 그녀를 속였다. 웨슬리 대학과 예일 대학 그리고 로댐 가문(Rodham)은 힐러리에게 외모를 단장하는 법을 가르쳐 주지 않은 채 그녀를 세상에 내보냈다. 대신에 그들은 그녀에게 진지한 사람들, 특히 진지한 여성들은 헤어스타일 같은 사소한 것들에 소중한 주의력을 낭비해서는 안 된다고 가르쳤다. 표면은 거짓이고 중요하지 않다는 관념을 되풀이해서 교육을 받은 그녀는 미적 시대를 맞아 자신을 표현하는 기술을 미처 준비하지 못했기에 사회에서 배워야 했다.

　그 농담은 상호모순적인 세 가지 믿음을 표현한다. 즉, 외모가 중요하니까 주목해야 할 의무가 있다(반어법적이지 않은 해석), 외모는 중요하지 않다(반어법적인 해석) 그리고 외모는 메시지를 담고 있기 때문이라기보다는 미적 즐거움 자체를 위해 중요하다("당신은 당신의 헤어스타일에 어떤 희망과 꿈을 담고 있는가?"). 힐러리만 이런 생각을 하는 게 아니고, 우리들 역시 마찬가지다. 그것들의 얽힘을 풀어 주는 것, 즉 각각의 견해가 언제 옳으며, 그것들이 서로 어떻게 관련되었는지를 이해하는 것이 외양과 느낌의 시대에 사는 법을 이해하는 데 핵심이다.

　가끔은 정서적으로 만족스러울 수도 있겠지만, 표면이 거짓이고 무의미하다고 선언하는 것은 기만의 다른 형태에 불과하다. 그렇게 시시한 수준의 거부로는 명백한 사실이 무시되지 않겠지만, 우리를 약간 헷갈리게 만들 수는 있다. 우리에게 필요한 것은, 미학이 즐거움과 의미를 전달한다는 것을 부정하기보다는, 인간에게 가치 있다는 것을 인정하는 것과 즐거움과 의미가 서로 관련되는 방식 및 미학적이지 않은 가치들과는 어떻게 관련되는지를 더 잘 이해하는 일이다. 그렇다면 표면의 실체는 무엇일까?

문화비평가들이 표면이 거짓이고 착각이라고 비난하지 않는 경우는 대체로, 미학에 대해 시간을 들이고 주목하고 그리고 무엇보다도 돈을 쓰는 이유가 신분과 관련된다고 설명할 때뿐으로, 외양과 느낌의 내재적인 즐거움과 연관시키는 것은 결코 인정하지 않는다. 따라서 우리는 단지 인정받기와 지배하기라는 경쟁에 도움이 되는 것에 대해서만 끌릴 뿐이라고 한다.

스스로 "낭비에 관한 책"이라고 말한 〈사치에 대한 열병(Luxury Fever)〉이라는 책에서 경제학자인 로버트 프랭크(Robert Frank)는 미학적 래취트 효과(ratchet effect, 역회전 방지 효과)가 전적으로 신분 지향적이라고 말한다. 이웃사람들이 그것들을 가지고 있기 때문에 우리는 영원토록 매력 있는 물건들을 원할 수밖에 없다는 말이다. 이 말은 매우 일리 있는 말이지만, 프랭크가 사는 세상에서는 우리의 이웃들이 어떤 새로운 사치스러운 기능을, 무엇이 가능한지에 대한 정보로서가 아니라 단순히 경쟁적인 동기에서 즐기고 있는 모양이다. 우리는 이웃사람들로 인해서는 행복하지 않으며, 그들과 같은 즐거움을 공유하고 싶지도 않고, 그리고 그들과 일체감을 느끼거나 그들의 취향을 모방하고 싶지도 않으며, 단지 그들을 능가하고 싶을 뿐이라고 한

조각처럼 멋진 랜드로버 자동차와 운전석 의자의 라인

다. 따라서 프랭크에게 있어서 기대의 상승이란 오로지 세상 사람들과 보조를 맞추려는 절망스러운 노력일 뿐이라는 것이다.

이런 견해에 의하면, 더 크고, 시설이 더 좋은 집들은 부유함의 즐거운 효과는 없고, 단지 그 구역에서 가장 크고 가장 좋은 집을 가지고자 하는 경쟁, 그러니까 언제나 단 한 명만 승리할 수밖에 없는 경쟁의 성과물일 수밖에 없다. 우리가 화려한 장식이 달린 옷들과 사치스러운 가정용품들을 구입하는 이유는, 그런 것들을 좋아하기 때문이 아니라 "군중 속에서 두드러지고" 싶기 때문이라고 보는 프랭크는 다음과 같이 주장한다. "각각의 사회적 집단 내의 모든 사람이 신발을 조금 덜 소비한다면, 두드러지고 싶어하는 사람들도 그렇게 할 것이고, 결과적으로는 자원을 달리 소비할 수 있기 때문에 그렇게 할 좋은 이유가 생긴 것이다."

이런 주장은 우리가 그렇게 비싼 신발이나 큰 집을 원하는 이유가 어떤 내재적인 특성 때문이 아니라는 확신에 의존한다. 그래서 프랭크는, 우리가 사치품 자체를, 그러니까 신발의 부드러운 가죽, 매끄러운 화강암으로 만든 주방 조리대, 조각처럼 멋진 자동차의 라인, 멋지게 맞는 재킷을 높이 평가하지는 않지만, 다른 사람들과 비교해서 두드러지고 싶다는, 아니 적어도 처지고 싶지 않기에 소비하는 것이며, 아울러 일체감이 아닌 오직 경쟁, 즉 군중 속에서 친구들과 조화를 이루는 것이 아니고 튀고 싶다는 욕구만이 그런 소비의 진정한 이유라고 가정한다. 결국 프랭크의 세상에서 미학은 즐거움이 아니라 단지 매우 메마르고 반사회적인 의미만을 제공할 뿐이다.

그가 미적 경쟁을 거의 전적인 낭비라고, 즉 모든 사람들을 더 나빠지도록 만드는 것이라고 생각하는 것은 놀라운 일이 아니다. "취업 인터뷰를 위해 맞춤 양복을 사 입는다면, 다른 사람들이 취업할 가능성을 줄일 수 있을 것"이라고 프랭크는 말한다. 즉, "그렇게 됨으로써 사람들은 인터뷰용 양복에 대해 가지고 있던 계획보다 더 많이 지출할 수밖에 없다……. 이와 비슷한 상황에서, 소비에 대한 개인적인 결정은 전염성 있는 과정의 결과"라는 것이다. 이런 관점에서 본다면, 사람들이 값싸고, 그래서 멋지지 않은 양복을 입어서 절약한 돈을 더 중요하고 더 실체적인 것들에 대해 쓰는 게 가장 이롭다는 말이 되는데, 이는 가구에 장식이 없어야 하며 책장이 안락의자보다 더 본질적이라고 선언한 영국의 유용성 계획과 유사한 관점이다.

그렇다면, 그 과정이 전염되는 이유는 무엇인가? 프랭크는 그것이 전적으로 물건이 얼마나 비싼가에 초점을 맞춘 신분 지향적인 튀고 싶다는 욕구 때문이라고 본다. 그러나 프랭크의 이상적인 세계, 즉 모든 사람이 단조로운 기준을 따르는 것에 동의하는 세계에 카르텔이 필요한 이유를 생각해보자. 모든 레스토랑이 기능적인 학교 카페테리아와 비슷하게 생겼는데, 한 레스토랑에서 다양한 색깔의 칠을 하고 식탁보를 깔고, 배경음악을 틀고 특수 조명을 하는 등의 치장을 한다면 어떤 일이 발생할까? 모든 사람이 단조로운 마오쩌둥(毛澤東) 식의 옷을 입었는데, 한 사람만 색상이 좋고 세련된 맞춤옷을 입었다면 어떻겠는가? 그런 비순응성이 지배적인 신분위계에 거스를 것이 분명하겠지만, 그처럼 미적으로 특출한 사람이 주목받으리라는 것도 물론이다.

이런 가정에는 신분과 남보다 한발 앞선 행위 외에 다른 이유가 있을 거라는 암시를 담고 있다. 감각적인 즐거움은 상업적이고 개인적인 이익에 도움이 된다. 사람들은 그것을 찾아내고, 새롭고 더 좋은 즐거움을 제공하는 사람들에게 보상을 하고, 그리고 그들은 자신들과 취미를 함께하는 사람들을 확인한다. 멋진 양복이 누군가가 직장을 얻는 데 도움이 된다면, 그것은 바로 면접관이 그렇게 입은 사람과의 대화가 더 즐겁다고 생각하기 때문이다. 방취제와 산뜻한 헤어스타일 또는 맵시 있는 양복과 매력적인 구두를 요구하든 말든, 미학적 래취트 효과는 우리가 감각기관들을 즐겁게 한다고 발견한 것에 대한 보상이다. 그리고 거기에 프랭크가 말한 금전 지향적인 신분 추구 이상의 무언가가 작동하고 있음은 물론이다. 예컨대, 당신이 맞춤 양복을 입고 취업 인터뷰에 갔는데 장래의 상사가 카키색 바지에 폴로 셔츠를 입고 있었다면, 미적 정체성의 불일치, 즉 즐거운 것과 적절한 것에 대한 상사와의 견해 차이로 인해 일자리를 얻지 못할지도 모르기 때문이다.

 신분 경쟁이 우리 삶의 일부인 것은 분명하지만, 문제는 프랭크 같은 문화 분석가들이 신분이 유일한 가치고, 돈이 신분을 위한 유일한 근원이라고 단정함으로써 자신들이 인용하곤 하는 바로 그 증거를 무시한다는 점이다. 프랭크는, "1990년대의 신분의 상징은 고급식당용 오븐 레인지였다."고 말한다. 그에 의하면 잘 꾸며진 오븐 레인지는 이웃의 부엌과 보조를 맞추려는 것에 불과하다. 자신의 주장을 보강하기 위해 프랭크는 집에서 거의 요리를 하지 않음에도 불구하고 7,000달러짜리 레인지를 소유한 한 여성에 대해 언급한다. 그러나 그녀는 오히려 자신이 지나치게 비싼 가재도구를 사야만 하는 사회적 압력을 느꼈다고 말하지도 않고, 군중 속에서 튀고 싶었다고 말하지도 않는다. 그녀는 그 오븐 레인지를 마치 예술작품인 양, 즉 "부엌을 멋지게 장식해 주는 미술작품처럼 생각한다."는 것이다. 그래서 프랭크의 인용은 오히려 그의 주장과는 정반대의 것을 입증하는 것처럼 보이는데, 그 여성은 오븐 레인지를 신분의 상징이 아니라 미적 즐거움을 위한 것으로 간주하기 때문이다.

생산자들이 의도한 것이 바로 그 점이었다. "아름답고, 강력하고 그리고 안전한 무언가를 만든다면 살 사람이 있을 것이라고 믿었다."고 바이킹 레인지 사(the Viking Range Corp.)의 설립자는 말한다. 그 회사는 대부분의 구매자들이 "보기만 하고 직접 요리하지는 않는다."는 것을 인정한다. 회사에서 레인지를 상으로 받은 어떤 여직원은, 전자 레인지의 신속함을 선호하기 때문에, "가끔 레인지의 성능을 느껴 보기 위해 켜 보기는 하지만" 사용해본 적은 없고, "그럼에도 바이킹 표 오븐 레인지를 보는 것이 즐겁다."고 말한다. 그 오븐 레인지에 본래의 기능이 아닌 다른 기능이 있는 것이 분명하다. 그리고 집에서 하는 요리라는 이상적인 생활 모습과 아름다움과 강력함에 대한 직접적인 즐거움을 결합시킨 그 기능은, 신분적 욕구보다 더 복합적이고 더 감각적이다. 환상적인 오븐 레인지가 시사하는 신분이 무엇이든지 간에, 그것은 그것의 비용에서보다는 소유자의 감각 있는 안목을 과시하는 능력에서 온다.

사치품을 낭비로 보지 않는 분석가들조차 그것의 본질적인 감각적 호소력을 반드시 믿는 것은 아니다. 제임스 트위첼(James Twitchell)은 〈삶의 질을 높이자(Living It Up)〉라는 책에서 제시한 용어인 "오퓨럭스(opuluxe, 풍족한 사치)"라는 개념을 중심으로 사치품의 유행에 대해 매우 호의적으로 검토했는데, 그가 내린 결론은 "유용성이 떨어질수록 의미가 풍부하다."는 것이었다. 풍족한 사치는 오늘날의 사회 구조가 개방적이라는 것을 보여 주는 것으로, 누구든지 부의 상징을 구입할 수 있고, 그래서 "사치품 구입"은 더 이상 사회적으로 배타적인 클럽의 일원이 되는 것과 관련된 문제가 아니라고 한다. 따라서 트위첼은 사치품들의 범람을 저속하지만 해롭지 않은 것으로 생각한다.

그러나 프랭크처럼 트위첼도 신분을 상징하는 배지와 광고가 만들어 낸 브랜드 페르소나(persona, 외적 인격)를 넘어서는 특질들에 대해서는 거의 주목하지 못했지만, 그럼에도 무의식적이기는 하지만 프랭크처럼 더 많은 것이 진행되고 있다는 실마리들을 제공한다. 예컨대, 그는 베벌리힐스의 아르마니 매장에서 "나는 전에 본 적이 없는 광경을 보았다. 옷들을 매만지고, 옷감들을 쓰다듬고 그리고 단추들을 만지작거리는 사람들을 보았다……. 그들은 마치 애완동물을 대하듯이 그리하였다."고 말한다. 사람들이 아르마니 옷에 애정을 나타내는 것은 그것들이 풍부한 즐거움을 제공하기 때문이다. 의복의 유용성에는 사람들이 보고 느끼는 방식도 포함된다는 말이다.

트위첼은 22세 된 딸인 리즈(Liz)와 함께 로데오 거리로 갔는데, 선물을 사줘야 대학에 다니는 철없는 딸인 것처럼 가장했다. 이런 가장을 통해 우리는 사람들이 사치품을 사는 이유와 구매자들이 어떤 종류의 사람들인지에 대한 트위첼의 선입견을 엿볼 수 있다. 그는 천박한 젊은 여성들만이 사치품에 사족을 못 쓸 것이라고 생각했고, 자신의 영리한 딸은 그렇지 않을 거라고 생각했던 것이다.

그러나 연기를 시작한 지 하루 만에 리즈가 울음을 터뜨리는 바

뉴욕 티파니 본사 건물의 외관 모습

람에 부녀는 티파니(Tiffany) 매장에서 갑자기 물러나야 했다. 그녀는 그 이유에 대해, "나는 나 자신이 티파니에서도 지적이고, 자부심이 강하며, 돈을 물 쓰듯이 낭비하지 않는 여성일 수 있을 거라고 믿었지만",

그러나 그녀는 자신에게 속았던 것이다. 그녀는 아빠가 자신에게 사줄 것처럼 가장했던 그 물건들을 원했으며, 게다가 다른 누군가에게 잘 보이기 위해서거나 유명 브랜드에 친밀감을 느껴서가 아니라, 단지 그 사치품들이 미적으로 매력이 있다는 이유로, 그러니까 한마디로 말해서 **아름답기** 때문에 원했던 것이다.

"아르마니 매장에서 구슬 장식이 달린 2만 달러짜리 드레스를 가봉하고 있는 여성을 보면서 나는 순간적으로 황홀감을 느꼈고, 그리고 질투 이상의 것을 느꼈다."고 그녀는 실험이 좌절된 후에 기록한다.

그 옷은 매우 **아름답게** 느껴졌는데, 갑자기 내가 입은 낡은 청색 스웨터가 많이 부족하다는 느낌을 지울 수 없었다······. 나는 패션 잡지들을 덮고 싶을 때처럼 로데오 거리를 벗어나고 싶었다. 그처럼 하찮은 물건들에 관심이 없어서가 아니라, 정말로 관심이 있기 때문에, 그리고 그런 아름다운 물건들을 볼 때 소유하고픈 욕망으로 인해 마음이 아팠고, 나의 현재 상황이 만족스럽지 않았기 때문이었다. 사치품은 믿을 수 없을 정도로 그리고 거의 모든 사람에게 강력한데, 그것이 무의미하다고 말할 때조차도 그렇다.

신분 비평은 실제로 사치품이 무의미하다고 말하지 않는다. 오히려 그런 상품들이 유일하게 의미 있다고 주장한다. 즉, 그것들의 "의미의 풍부함은 유용성과 반비례한다."는 것이다. 신분 비평은 가치에는 딱 두 가지의 원천, 즉 기능과 의미만 있다고 말하는데, 그것들 역시 단 하나의 관념, 그러니까 "내가 더 잘났다."로 귀결된다고 한다. 따라서 이런 관념은 미적 즐거움의 중요성은 물론이고 존재 자체를 인정하지 않으며, 아울러 그런 즐거움을 통해 얻을 수 있는 많은 의미들과 연상들을 인정하지 않는다.

이런 관점에서 본다면, 사치품들은 사회적 징후 이상의 본질적인 매력을 제공하지 않는다. 신분에 대해 걱정하고 자신의 가치를 불안하게 느끼는 천박한 사람들만이 그런 것에 신경을 쓴다는 것이다. 그렇다면, 순환논법에 의해 그런 상품들에 끌리는 것은 천박한 사람이 되는 것이다. 그래서 리즈 같은 진지한 젊은 여성은 패션 잡지들과 사치스런 의상들과의 접촉을 피해야 한다, 얻기 어려운 것을 갖고 싶어 못 견디기 때문이 아니라 그런 물건들을 원하는 것이 자신의 정체성에 의문을 제기한다는 이유로 말이다. 결국 그녀의 욕구는 그녀가 '그처럼 사소한 물건들'에 관심을 갖는 천박하고 자신감이 없는 사람이라는 것을 의미하는 것이 되고, 따라서 그녀가 실속이 있는 젊은 여성이라고 주장하기 위해서는 표면의 매력을 무시해야만 한다는 말이 된다.

표면이 '사소한 것'이라면, 훌륭한 이유 없이 바뀌는 표면은 훨씬 더 가치가 없는 일이겠고, 그런 이유로 미학을 '가상' 과 '가장' 이라고 보는 사람들은 패션에 대해 신랄하게 비판한다. 여기서 말하는 **패션**은 의복과 관련된 제품에 대해서만이 아니라 미적인 형식이 지속적으로 발달하는 모든 것, 그러니까 활자체와 자동차 차체에서부터 음악적 스타일과 유행하는 색상에 이르기까지의 모든 것을 말한다. 패션이란 기능적인 향상과는 무관하게 형식이 소멸되었다가 다시 새롭게 만들어지는 것처럼 보이는 과정이기 때문이다.

최근에 한 기술자는 최신형의 아이맥 컴퓨터가 뒤로 굽어진 칩들을 사용했다는 이유로 팩커드와 비슷한 비난을 하면서, "플라스틱 껍데기에 유혹당하는" 소비자들을 비웃었다. 사람들이 오랫동안 새로운 기종의 컴퓨터에서 기대한 것이 바로 점점 더 강력해지는 파워였기 때문이다. 그러나 요즘에는 사정이 달라졌다. 파워가 지나칠 정도로 강력해져서 소비자들 대부분이 가장 강력한 기종을 필요로 하지 않기 때문이다. 따라서 컴퓨터의 처리 속도를 최대한도로 이용할 계획이 없는 사람에게는 아름다운 케이스가 신분유지를 위해서("다른 사람들을 감동시키기 위해서")가 아니라, 개인적인 즐거움 때문에 최첨단 기술보다 더 가치 있는 것일 수도 있다. 게다가 가격이 같다면 적어도 일부 사람들은 처리속도가 빠른 것보다는 스타일이 좋은 것이 더 가치 있다고 생각할 수도 있을 것이다. 환상적인 케이스를 가지고 더 많은 일을 할 수 있는 것은 아니지만, 같은 일을 더 즐겁게 할 수는 있기 때문이다.

소비자의 관점에서 볼 때, 기능은 같지만 미적 다양성이 이루어졌다는 것은 개선된 것이 분명하고, 따라서 기꺼이 초과금액을 지불할 가능성이 있는 사항들 중의 하나가 된다. 그 제품을 구입하는 목적이, 전문가들처럼 '효율성'이 아니라 행복이라면 형식 자체도 당당히 기능의 일부로 간주될 수 있기 때문이다. 즐거움은 의미나 유용성만큼 실질적인 것이고, 그것의 가치 역시 그것들만큼이나 주관적이다. 미적 실험이 다른 개선을 방해하지 않기 때문에 새로운 호출기는 장점은 더 많아지면서도 스타일도 더 좋아질 수 있는 것이다.

유행이 가능한 것은 새로움 자체가 미적 즐거움의 하나이기 때문이다. 심지어는 책 속지의 편집, 남성 정장의 구성, 자동차의 구조, 칼, 포크 및 숟가락의 모양처럼 그 형식이 거의 이상적인 수준에 도달했을 때조차도 그 안에서의 변형을 갈망한다. 2년 전쯤에는 대단하게 보였던 색상과 모양이 단조롭고 지루하게 보이기 시작하고, 점차 더 신선하고 새로운 형태에 끌리기 시작한다. 더 기능적이고 더 멋진 화장실 솔을 공급하려는 끝없는 수고도 마찬가지로 우리에게 옛것 대신 새로운 모양을 제공한다.

그런 변화는 보통 점진적으로, 그러니까 그 형태의 미적 가능성들이 소진되고 새로운 것이 갑자기 대단하게 느껴질 때까지 오랜 기간에 걸쳐 점진적으로 이루어진다. 소리 없이 천천히 새로운 모양으로 발전하기 때문에 갑자기 바뀐 것처럼 보이기도 하지만, 실제로는 하나에서 다른 것으로의 점진적인 전환 과정이다.

예술과 뉴모드를 후원하는 부자인 앤 배스(Anne Bass)의 사례를 보도록 하자. 그녀는 의상에 대한 자신의 취향은 고전적이며, "장식이 많은 것보다는 선이 아름답고 옷 짓는 솜씨가 뛰어난 것"을 좋아한다고 말한다. 화려했던 1980년대에 그녀가 선택한 패션은 비교적 차분했지만, 그러나 그녀는 "조금은 '화려한'" 이브닝드레스들을 구입했다. 그런데, 그녀는 그 옷들이 갑자기 시대에 뒤진 것처럼 느껴졌던 순간을 기억한다. 1989년 8월 그녀가 아르마니의 파리 패션쇼와 디너파티에 참석했을 때의 일이다.

나는 생로랑 이브닝 정장을 입고 있었던 것으로 기억한다. 그 옷은 장식이 많은 상의와 진한 오렌지색 샤르메즈 사롱(charmeuse sarong, 수자직으로 만든 말레이 식으로 허리에 감는 천)이 한 쌍을 이루었는데, 그날이 그렇게 입은 마지막 경우였다. 왜냐하면 그날 밤 갑자기 이건 전혀 아니라는 느낌이 들었기 때문이다. 아르마니 옷들이 세련되게 느껴졌고, 실제로도 그랬다. 그 패션쇼 이전에는 아르마니 옷들을 산 적이 없었는데, 대단치 않다고 생각했기 때문이다. 여하튼 나는 그날 밤의 그 파티가 패션의 한 시대가 종말을 고하는 순간이라고 기억한다······. 그리고 오래지 않아 뉴욕 집의 옷장 문을 열고 내 의상 전부가 베이지색 아니면 검정색의 아르마니 옷들이라는 것을 깨닫게 되었다.

배스가 깨달은 변화는 상당한 기간 동안 진행되어 왔는데, 만약에 그렇지 않았다면 아무도 아르마니 쇼에 참석하는 것에 흥미를 느끼지 못했을 것이다. 아르마니가 1980년대 초에 두각을 나타냈던 것은 사실이지만, 패션에 뛰어난 감각을 지닌 배스와 그녀의 친구들은 의상이 어떠해야 하는지에 대한 한 남자의 시각이, 언제 '대단치 않은 것'에서 새롭게 떠오르는 지배적인 미학의 위치를 차지하게 될지를 미처 알지 못했던 것이다. 이처럼 어떤 종류의 변형이 어떤 시기에 매력 있게 보일지는 정확히 알 수 없고, 늘 그렇듯이 시행착오를 거쳐야만 발견되곤 한다.

  패션의 추이는 기계적이라기보다는 우연적이다. 어떤 변화가 그 순간에 적합할지는 다수의 비정형적인 욕구들과 눈에 띄지 않는 영향들에 달려 있어서 예측하기 어렵다. 어떤 패션 연구자는 그 점을 "패션의 X 요소, 즉 어떤 아이템을 어떤 소비자가 갈망하는 것처럼 보이게 만드는 미지의 부분"이라고 말하기도 했다. 자칭 스타일 제작자들의 판단, 예컨대 연한 자줏빛은 "보다 정교한" 형식으로 물러선다거나, 회색은 "새로운 검정색"이라거나, 또는 벨벳으로 만든 가구가 다시 유행할 거라는 등의 판단은 일종의 전횡적인 권위를 암시하지만, 실제로는 이런 수사학적 표현은 단지 허세와 최선의 추측의 결합에 불과하다. 실제로 매장의 선반들에는 대중의 상상력을 사로잡는 데 실패한 미적인 실험들로 가득 차 있는데, 이런 사실 자체가 권위자들이 스타일을 명령할 수 있다는 생각에 대한 반증이 된다. 게다가 지금은 그 어느 때보다도 패션이 어떻게 움직일지를 알 수 없는 시대다.

  그리고 패션에는 이윤추구를 위한 '계획적 진부화' 이상의 뭔가가 있다. 상업적인 시장에 등장하지 않은 의상들에서도 패션의 패턴이 발견되기 때문이다. 역사가인 앤스 홀랜더(Anns Hollander)는 복식에서의 패션이, 의류사업보다 수백 년이나 더 긴 800년 동안이나 존재해 왔다는 것에 주목한다. "어떤 용모가 적절할 것이라는 예측이 믿기 어렵다는 것은 새로운 일이 아니며, 결코 남성이 여성에게, 자본가가 대중에게, 또는 디자이너가 대중적 취향에 의도적으로 부과할 수 있는 종류의 것이 아니"라고 말한다. "패션이 산업화되기 훨씬 이전부터 서양 복식의 스타일적인 움직임은 의미심장한 정서적 중요성이 담겨 있었는데, 그것은 바로 사람들의 삶에 역동적으로 시적인 시각을 제공하는 것으로, 결과적으로 서구의 패션을 전세계에 걸쳐 강력하게 퍼지게 만들었다."고 그녀는 말한다. 즉, 시장 조작이 아니라 즐거움이 외양과 느낌에서의 변화를 유도한다는 것이다.

유명인의 이름이나 소설이나 영화의 캐릭터 같은 외적인 영향이 이름의 유행에 한몫을 한다. 그러나 그것들 사이의 인과관계는 매우 복잡하게 얽혀 있다. 게다가 캐릭터의 이름이라고 하더라도 그저 진공 속에서 만들어지는 게 아니고, 마치 부모가 아이의 이름을 짓듯이 당시의 분위기 속에서 선택되는 것이다. 그리고 유명인사의 이름의 경우 부분적으로는 내적이고 순수하게 미적인 요소들에 의존해서 퍼진다. 해리슨 포드(Harrison Ford), 아놀드 슈워제네거(Arnold Schwarzenegger) 그리고 웨슬리 스나입스(Wesley Snipes)는 모두 액션 스타들인데, 그들이 스타가 됐다고 해서 수백만 명의 꼬마 해리슨, 아놀드, 웨슬리가 생긴 것도 아니다. 그리고 그것들의 발음이 대단히 매력적인 것도 아니다.

이름에 대해서든 옷에 대해서든, 패션은 전해 내려온 관습보다는 개인적인 취향을 우선적으로 반영한다. 친척이나 성인의 이름이 아니라 자기가 좋아하는 이름을 자유롭게 선택할 수 있을수록, 아기들의 이름에서의 패션의 순환은 더욱 빨라진다. 홀랜더가 연구했듯이, "패션은 여전히 민주적 이상을 강조하는 개인적 자유와 검열 받지 않는 상상력이라는 덕목들과 관련이 없지 않은, 자체의 분명한 덕목을 가진다." 패션은 개방적이고 역동적인 사회에서 세력을 떨친다. 그런 사회는 시장, 미디어 및 이민을 통해 창의성을 위한 더 많은 출구들, 새로운 미적 관념들의 더 많은 원천들 그리고 개인들이 자신들을 즐겁게 해줄 형식들을 발견하고 선택하도록 할 더 많은 기회들을 제공하기 때문이다. 외양과 느낌이라는 우리 시대는, 미적 풍부함을 늘리고 활용 가능토록 하는 사회적이고 경제적인 생활의 개방성이 점증하고 있음을 반영한다. 결과적으로 우리는 새로운 영역들에서 형식의 유동성을 훨씬 더 크게 가지고 등장하는 패션을 보게 되는 것이다. 개인적인 선호에 대한 영향력이 클수록 패션의 중요성은 더욱 커지고, 그리고 대개의 경우 영향력을 끼치는 속도도 점점 빨라지는 경향이 있다.

  오늘날 좋은 외모를 가꾸는 데 드는 비용이 줄어들기는 했지만, 그렇게 하는 일이 훨씬 더 섬세해지고 어려워졌다. 힐러리가 말했듯이, 외모 가꾸는 방법에 관한 기술적이고 사회적인 선택 가능성이 많아질수록 잘못할 가능성도 그만큼 더 클 수 있고, 다른 사람들이 우리의 선택에서 읽어낼 수 있는 의미도 더 많아질 것이기 때문이다. 게다가 패션에 대한 도전이 패션과는 무관했던 영역들까지 퍼지기도 했다. 법률회사들이 그래픽 디자인에 관심을 두지 않고 오랫동안 지속되어 온 관습을 따랐던 시절에는 아무도 회사 편지지에 인쇄된 문구의 활자체를 문제 삼지 않았다. 그러나 이제는 활자체와 로고가 내포하는 의미에 대해 생각해야만 하는 시대가 되었다. 만약 단조로운 옛 스타일에 집착한다면 그 자체가 본의 아니게 어떤 선택을 암시하는 것이기 때문이다. 그래서 홀랜더는, "패션은 취향일 뿐만 아니라 동시에 인격과 자기인식에 대한 끊임없는 테스트인 데 반해, 전통적인 의복 또는 관습에 묶인 미적 표현은 그렇지 않다."고 말한다.

홀랜더가 말한 패션으로 테스트 받는 '인격'은 도덕적인 인격이 아니라, 자각, 믿음, 취향 그리고 우호관계를 합친 것이다. 패션의 흐름에 대처하는 방식에는 자신의 내면의 일부가 담겨 있다. 예컨대, 내게 즐거움을 주는 것은 무엇인지, 나를 반영하는 미적 정체성을 만드는 데 패션의 즐거움을 사용하고 즐기는지, 외양과 느낌이 다른 가치들과 행복한 균형을 이룰 수 있는지, 또는 삶의 다른 부분을 겉모습에 종속시키고 싶은 느낌이 드는지, 아니면 겉모습을 완전히 무시하고 싶은지, 외양과 느낌을 궁극적인 가치로 인정할 것인지, 아니면 전혀 그렇지 않게 생각하는지와 같은 내용이 암시되어 있는 것이다.

겉모습과 관련된 많은 수사학적 표현들은 잘못된 선택을 권한다. 선의를 가진 부모로부터 냉혹한 사회비평가들까지 권위자들은 표면에 대해 "무의미하다"고 말한다. 만약 그들이 미학의 가치가 그 자체만의 즐거움에 있다고 생각했다면, 틀린 말은 아니다. 그러나 그들이 의도한 것은 전혀 다르다. 즉, 미학이 "무의미하다"고 말하는 것은 그것이 가치 없고 중요하지 않다고, 그러니까 그것은 중요한 게 아니라고 주장하는 것이다. 그래서 리즈 트위첼은 사치품이 "무의미하다"고 배웠고, 당연히 그것의 즐거움은 그녀에게 영향을 주지 않는다고 말했던 것이고, 이웰은 미적 즐거움과 연상작용의 가치를 부정하면서 제품들 사이의 '무의미한 구별'을 만들어 내는 그래픽 디자이너들을 통렬히 비판했던 것이다. 스스로 너무 말랐다고 생각하는 열세 살짜리 딸을 가진 어떤 아버지는, "아이가 어떻게 보여야 하는지에 대한 일반적인 기준에 어긋나는 판단을 하지 않도록 돕고 싶다."고 말한다. "외모에 대한 일반적인 수준 이상의 관심은 무의미하다."고 말하고 싶은 것이다.

사춘기의 딸에게 외모는 "무의미하다"고 말했을 때, 그는 그녀가 매력적이라거나 더 크면 그렇게 될 거라는 믿음을 주지 못한다. 외모와 무관하게 다른 특성들로 인해 사랑받을 수 있고 좋은 평가를 받을 수 있다고 말하고 싶었다는 점에서 아이를 위하는 마음을 알겠지만, 적절한 표현은 아닌 것이다. 어린 소녀에게도 외모는 중요한 것인데, 그녀의 경우 외모와 닮고 싶은 대상이 일치하지 않는 게 문제였던 것이다. 결국 아버지는 본의 아니게 그녀가 못생겼다는 것에 동의한 꼴이 되었고, 결과적으로 그녀를 더욱 절망하게 만들었다. 그런 경우와는 달리, 더 강해지고 싶거나, 노래를 더 잘하고 싶거나, 성적이 더 좋아졌으면 하는 청소년들에게는 타고난 재능을 바탕으로 원하는 것을 성취할 방법을 가르쳐 주는 식으로 반응한다. 그러나 외모에 관해서는 전혀 다르게, 그러니까 겉모습은 모든 것이거나 아무것도 아니어야 하는 것처럼 믿고 있는 것으로 보인다.

우리는 외모에 대한 자연스런 흥미를 정당화하기 위해 외모만을 위한 외모에 대한 관심을 부인하고, 그것의 깊은 의미를 과장하는 경향이 있다. 2000년 미국 대통령 선거 즈음해서 나온 몇 가지 일화에 대해 생각해 보자. 플로리다 주 국무장관인 캐서린 해리스(Katherine Harris)가 짙은 화장을 하고 나타났을 때, 입이 가벼운 사람들은 그녀를 여장파티의 여왕과 크루엘라 드 빌(Cruella De Vil, 〈101마리 달마시안〉에 나오는 악녀)에 비유했다. 앨 고어가 조지 부시와의 첫번째 TV 토론에서 화장을 잘못해서 비슷한 취급을 받은 적도 있었다. 비평가들은 심지어 그를, "레이건 대통령의 부정적인 인상을 주는 허먼 먼스터(Herman Munster, 인기 TV 프로그램의 캐릭터. 괴물처럼 크고 목소리가 가늘다.)"이며, "주황색 밀랍 같은 매끈한 심지 없는 양초"라고 부르기도 했다.

  이 두 경우에 있어서, 비평가들은 독자들이 다른 사람들을 보는 방식에 관심을 갖도록 접근했는데, 화장과 관련된 문제들을 진지한 결점들을 상징하는 것으로 다루었다. 어떤 사람은 해리스의 청색 눈화장을 "스스로 생각할 능력이 없음"을 나타내는 증거라고 해석하고, "사람들은 마스카라라는 요술 지팡이를 자제하지 못하고 휘두르는 이 여성 공화당원이, 보다 심도 깊은 당파심이라는 게임에서 제대로 된 의사결정을 내릴 수 있을지에 대해 의심한다."고 선언하기까지 했다. 플로리다 주에서 재개표를 하고 있던 중에 고어에게 비판적인 어떤 사람은, 그가 사기꾼이었다고 주장하기 위해 그의 과잉 화장이라는 처음의 주제로 돌아가서, "고어가 [투표권자들의] '의지'에 대해 투

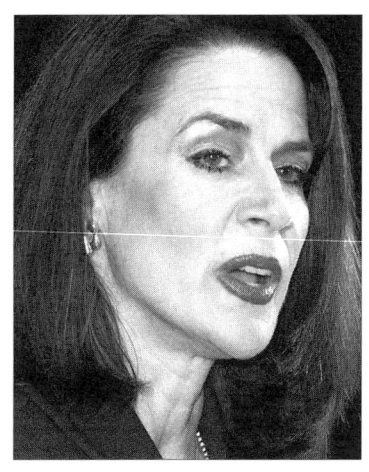

짙은 화장의 캐서린 해리스

덜댔지만, 해리스의 팬케이크 화장품을 빼앗아 바른 것처럼 보이는 그가 플로리다 주 최고 법원의 결정에 관해 정말로 만족해하고 있었던 것은 분명해 보였다."고 말하기도 했다.

이런 비평가들은, 자기 표현이 '마음의 판단', 즉 개인의 깨달음과 취향을 반영한다고 말할 수도 있다는 견해를 훨씬 지나친 것이다. 그들은 해리스와 고어의 잘못된 판단력이 아니라 잘못된 캐릭터에 대해 비난한 것으로, 화장을 기만이나 퇴폐와 동일시하는 오랜 전통을 이용한 것이다. 그들의 주장에 의하면 화장이 진한 사람은 믿을 수 없다는 말이 되기 때문이다.

진한 화장을 한 것으로 보였지만 실제로는 햇볕에 탄 것이거나(고어), 화장술이 구식이었기 때문이었을 수도(해리스) 있다. 표면이 실체에 관한 모든 것을 말할 수는 없기에, 이 둘을 구분할 수 있게 되는 것은, 미학에 대한 비평가들이 그처럼 염려했던 기만을 피하기 위한 첫번째 단계다. 그리고 그렇게 하기 위해서는, 미학을 '무의미'한 것처럼 몰아붙이거나 외모에 불확실한 상징적 의미를 부여함으로써 그것에 대한 관심을 정당화시키려고 하지 말고, 미학이 본질적으로 가치 있다는 것을 인정해야만 한다. 다른 조건이 동일하다면 우리는 아름다운 것을 선호하는데, 그것은 똑똑하거나, 매력 있거나, 설득력 있거나, 재능 있는 것을 선호하는 것과 마찬가지다. 그러나 아름다운 것이 어리석음이나, 무례함 또는 잔인함과 공존할 수도 있고, 다른 조건이 동일하지 않을 수도 있다. 사람들에게 해당되는 것은 장소들과 사물들에게도 마찬가지인데, 다른 조건이 동일하다면 더 매력적인 컴퓨터가 선택될 것이다. 즉, 애플 컴퓨터가 아름다운 입방체 제품을 출시했을 때처럼, 미학을 위해 가격과 성능이 무시되지는 않을 거라는 뜻이다.

　이런 도전을 통해, 미적 즐거움이 하나의 자율적인 덕목, 즉 최고나 최선의 가치라기보다는 간혹 충돌하기도 하고 자주 연결이 끊어지기도 하는 가치의 여러 원천들 중의 하나라는 것을 배우게 된다. 미적 가치와 도덕적 가치를 비롯한 모든 가치들의 원천이 서로 완벽하게 조화를 이루지는 않기에, 미적 특성을 선함과 진실함의 특징이라거나, 사악함과 거짓의 신호라고 말하는 것은 매우 잘못된 표현방식일 수밖에 없다.

　나쁜 사람이 아름다울 수도 있고, 아름다운 작품을 만들 수도 있으며, 좋은 사람이 못생겼을 수도 있고, 나쁜 예술작품을 만들 수도 있다. 선은 미와 같은 것이 아니고, 미를 만들어 내지도 않는다. 영화감독인 리펜슈탈의 작품의 문제점은 미학적으로 강력하지 않다는 게 아니다. 미학의 문제만을 따로 놓고 본다면 가치가 있다고도 말할 수 있다. 문제는 미적 특성이 다른 요소들을 능가하지 못한 것에 있다. 미는 도덕적 옹호가 아니며, 단지 하나의 자율적인 가치에 불과하다. 평범한 외모가 젊은 여성을 나쁜 사람으로 만드는 것이 아니듯이, 예술적인 업적이 사악함의 동기를 정당화시켜 주는 것도 아니다. 미적 즐거움과 도덕적 가치는 별도의 것으로, 보완적이거나 모순적일 수도 있고, 완전히 무관하게 작동할 수도 있다. 예컨대, 콜라는 선하거나 악하지 않으며, 어느 것도 담고 있지 않다. 상품 디자인이란 도덕적으로 중립적인 생산품에 즐거움과 의미, 따라서 가치를 덧붙이는 일인 것이다.

　악한 행위가 매력적인 이미지들과 연결되면, 그 이미지들의 매력은 곧바로 사라진다. 의미는 연상작용에서 발생하는데, 그럴 경우 즐거움을 말소시키면서 발생하기 때문이다. 빨간 배경의 흰 원 안에 그려진 검정색의 나치 십자가는 그래픽적으로는 매력적일 수도 있지만, 그것의 형식적 모양은 역사적 의미와 별도로 평가되지는 않는다. 히틀러 시대 이후 두 세대 동안 근육이 잘 발달된 북유럽 남자들은 멋쟁이가 아니라 악한처럼 보였고, 최근에 와서야 동성애 미학의 영향을 받아 그처럼 이상적인 근육질의 아름다움에서 나치적인 기미가 소멸되기 시작했다. 리펜슈탈의 예술적 업적과 그녀가 만들어낸 이미지들은 그녀가 봉사했던 사상으로 인해 영원히 오염되었다. 영화 학도들이 그녀의 테크닉을 공부할 수는 있겠지만, 그녀의 도덕적 결함에 대해 잊거나 용서하지는 않는다. 형식은 그 자체의 힘과 가치를 가지지만, 그렇다고 해서 반드시 내용을 이기는 것은 아니다. 즉, 미학은 다른 모든 가치들을 압도할 수 있을 만큼 강력한 심리학적인 무기가 아니다.

검정색의 나치 십자가

　테러범들이 2001년 9월 11일 두 대의 여객기로 뉴욕의 세계무역센터를 공격했을 때, 비릿은 나치에서 펩시콜라까지에 대한 신념이 의심되는 결정적인 순간에 이르렀다. 당시 런던에 있던 그는 사건 며칠 후에 맨해튼으로 돌아왔는데, "디자이너로서 나는 지금까지도 9.11의 이미지들에서 벗어나길 원하고 있다."고 말했다. 끔찍한 사건이었지만, 그때 생성된 이미지들은 그보다 더 잘 디자인 될 수는 없었다고 느꼈기 때문이다. "붕괴의 순간, 두번째 충돌한 비행기의 각도, 폭발 순간의 색깔, 천천히 무너져 내린 두 빌딩 등 수많은 목격자들에게는 이것이 마치 악몽처럼 얼마나 선명했을지 테러범들이 상상이나 하였을까?"

9월 중순의 그 정신적인 충격 속에서의 이 무시무시한 대비, 즉 목숨을 걸고 봉사하는 사람들의 놀라운 이미지들과 붕괴 순간의 이미지들의 병치는 표면 자체에 대한 그리고 표면적인 매력을 만들어 내는 디자이너에게 가해진 모든 공격을 생각나게 만들었다. 그처럼 무서운 사건이 그처럼 생생하게, 순전히 형식적인 의미에서는 아름답게까지 보일 수 있다면, 우리는 미적 즐거움을 어떻게 믿을 수 있는가? 표면이 어떤 더 위대한 실체에 기여할 때를 제외하고는 비릿 같은 디자이너들이 스스로의 작업을 어떻게 정당화시킬 수 있겠는가? 그 공격은 "내가 무의미한 과제를 하고, 무의미한 내용을 예쁘게 포장해 왔던 그 모든 시간들에 대해 생각하게 만들었다. 이제부터는 그런 식으로 작

뉴욕 세계무역센터의 테러 장면

업하지 않을 것"이라고 비럿은 기록했다.

그는 더 잘 알게 되었다. 세계무역센터의 붕괴는 허구 안에서 연민과 공포를 유발시키기 위해 계획된 세심하게 구성된 영화 장면이 아니었다. 그것은 수천 명을 죽인 현실 속에서의 학살이었고, 완전한 실체였다. 그 공격은 포장이 아니었고, 표면이 아니었으며, 행위예술은 더더욱 아니었다. 그것은 의미와 정치적 목적까지 가졌다. 그 놀라운 이미지들은 보는 사람들로 하여금 그것들을 만든 공격자들을 칭찬하지 않고 비난하게 만들었다. 그 살인자들의 주장에 동감하는 사람들만 그 이미지들에 대해 만족할 것이다. 미학은 학살을 정당화해 주는 초강력 무기가 아님이 입증되었다. 오히려, 그 후의 매체들이 보여 주는 이미지들은 사건의 공포와 슬픔을 포착하려고 시도했다. 그런 이미지들은 말 이상의 것들을 보여 주므로 가치는 있지만, 그것들이 행위 그 자체는 아니었다.

그 공포의 순간에 비럿은 자기 작업의 의미와 가치를 상실했는데, 그것은 미적 즐거움의 가치를 부정하고 미적 즐거움을 언제나 사악함과 연결시키는 청교도적인 사고방식에 빠져 있었기 때문이었다. 무의미하지만 사악하지 않은 내용을 아름답게 표현하는 것은 해로운 일이 아니다. 오히려 그런 창의성은 세계를 풍요롭게 만들고, 그로 인해 사람들이 즐거워하는 일이 가치 있음을 확인해 준다. 콜라와 대량학살은 경우가 전혀 다르다.

비럿은 그 다음 날 다음과 같이 기록했다. "모든 억압적인 정치 체제의 징후 중에 하나는 의미 있는 차이, 예컨대 불만의 소리 같은 것이 아니라, 옷처럼 겉으로는 '의미 없는' 것들도 통제하려는 욕구의 발생이다. 코카콜라와 펩시콜라 간의 차이를 만들어 내는 것은 공허한 놀이가 아니라 자유사회를 입증하는 많은 신호들 중의 하나다." 화장을 하고 머리 모양을 가꾸면 감옥에 가두겠다는 탈레반의 위협을 지하 미용실에서 무릅썼고, 손질이 금지되었던 손톱에 매니큐어를 칠함으로써 카불 시의 해방을 축하했던 아프가니스탄의 여성들은 이 말에 동의할 것이다. 표면이 의미를 가질 수도 있지만, 그 자체만으로도 가치가 있다.

The Substance of Style

# 의미 있는 외모

Meaningful Looks

텍사스 주 플레이노, 그러니까 댈러스 북쪽 36킬로미터 지점에 급속히 성장한 교외 지역에 있는 윌로 벤드라는 쇼핑몰에서의 토요일 오후였다. 이 새로운 쇼핑몰은 오늘날의 미적 명령의 두드러지고 풍부하며 상세한 사례로, "기계적인 쇼핑"보다 훨씬 더 매력적인 환경을 만들려고 시도한 초원 스타일의 쇼핑몰이다. 부드러운 가죽 좌석은 오래 머물고 싶도록 만들고, 물푸레나무와 벚나무, 구리와 동판 그리고 유리 같은 재료들은 호사스런 느낌을 제공한다. 팔각형인 푸드 코트의 천장은 하늘의 빛을 직접 받을 수 있고, 멋지고 매력적인 장식들, 다양한 별 모양들, 산봉우리들 그리고 선인장들이 저부조로 새겨져서 원형으로 둘러싸고 있다. 쇼핑몰은 주 출입구 위의 아치 모양의 벽화에서부터 윤이 나는 석회암 바닥에 상감 세공된 나뭇잎들에 이르기까지 구석구석 빠짐없이 치장되어 있다.

그러나 문을 연 지 6주쯤 지난 이 특별한 토요일의 윌로 벤드

토미 힐피거 로고와 풀오버 스웨터

에서 가장 놀라운 미적 요소는 그곳을 디자인한 사람들의 세심한 노력과는 전혀 관계없는 것이었다. 그날의 통합적인 주제는 고객의 의상이었다. 거의 모든 사람들이 토미 힐피거(Tommy Hilfiger)나 랄프 로렌(Ralph Lauren) 상표의 빨간색, 흰색 및 청색의 풀오버 스웨터와 폴로 셔츠를 입었던 것이다.

그날은 2001년 9월 15일이었다. 애국심을 자극하는 제품들은 매장에 내놓기가 무섭게 팔려 나갔다. 모든 사람들이 옷장 속의 검정색, 갈색, 오렌지색, 물색 및 핑크색 옷들 외의 특정한 색채 배합에 관심을 집중했다. 일주일 전에는 미국적인 느낌이 약간 나는 일차 색들의 대담한 덩어리로 보였던 패턴이, 갑자기 일치 단결, 비애, 자부심, 분노, 도전 및 애국심을 상징하게 되었다. 게다가 이 기술 수준 높은 교외 지역에 사는 동남 아시아계 이민자들이 입고 있던 그런 색깔의 옷들도, '나는 우리들 중의 하나지, 그들 중의 하나가 아니다.' 라는 부가적인 의미를 전달하고 있었다.

인간이라는 존재는 시각적, 촉각적 피조물일 뿐만 아니라, 패턴을 뽑아내고 기억을 통해 지식을 넓히는 사회적, 인지적인 피조물이기도 하다. 우리는 의사소통을 위해 형식을 사용하고, 익숙한 미적 요소들로부터 의미를 추론한다. 그래픽 디자인은 "조화와 균형, 색채와 빛, 규모와 긴장, 형식과 내용을 결합시키는 시각적 언어이며, 동시에 관용적인 언어, 즉 계기와 재담과 상징과 암시의 언어, 지성과 시각 둘 다에 도전하는 문화적 언급과 지각적 추론의 언어"라고 전문가들은 말한다.

이날의 빨간색, 흰색 및 청색의 사회적 의미는 최근에 공유한 경험을 통해 이해되었다. 그 색깔들은 취향의 단순한 표현이 아니라 의미심장한 것이며, 영국이나 프랑스 또는 미국의 남부 주 동맹을 상징하지 않는 것은 물론이고 텍사스나 그 부근의 남부 감리교 대학들의 색깔이라고 오해받지도 않는다. 우리는 그것들이 성조기를 가리킨다는 것을 잘 알고 있다. 그렇다면 그 깃발, 즉 그 그래픽적 대상은 과연 무엇을 의미하는가? 그리고 그것이 무엇을 의미하는지는 9월 1일의 그것과 9월 15일의 그것이 똑같지 않음은 물론이다.

취향이 개인마다 다르다고 하더라도, 미적 즐거움은 일반적으로 생물학적 보편성에 의해 지정된 반응 범위 내에서 작동한다. 그런데 의미에는 그런 기준이 없다. 완전히 주관적인 것으로 경험과 연상에서 나오기 때문이다. 같은 형식이 다른 관찰자나 환경에서는 다른 것을 의미할 수도 있고, 아무것도 의미하지 않을 수도 있다. 고대 로마인들에게 청색은 나약함과 야만스러움, 그러니까 북유럽의 문명화되지 않은 부족들의 전쟁 치장을 의미했고, 중세 말기의 기독교인들에게 청색은 성모마리아의 색깔을 의미했다. 12세기 프랑스에서의 청색은 군주국을 나타냈고, 6세기 후인 18세기에는 혁명을 상징했다. 오늘날 유럽에서는 청색이 보수 정당들을 나타내는 반면, 미국의 방송 진행자들은 민주당원이 했음직한 말을 언급하는 데 청색을 사용한다. 연속선상에 있는 한 가지 색으로서의 청색 자체는 의미가 없고, 문화적 맥락 속에 있어야만 IBM에서부터 미국에 이르기까지의 모든 것들을 의미할 수 있다. 청색은 역사적이고 문화적인 맥락에서만 의미를 갖기에 그것의 '진정한' 의미란 없다.

올바른 가치가 개인의 주관적인 기호가 아니라 '장인정신, 재료의 특성 및 희소성' 같은 객관적인 기준에서 온다고 믿는 비평가들에게 있어서, 외양과 느낌의 의미 변화는 개인의 덧없는 즐거움만큼이나 혼란스럽다. 의미가 미적 가치의 한 가지 근원인 것은 분명하지만, 지속되거나 발전한다고 생각할 수는 없기에 미적 가치는 진정하지 않다는 것이다. 그래서 그들은 진정한 의미, 즉 진정한 가치에는 객관적인 척도가 있어야 한다고 생각한다.

그러나 미적 의미는 조용히 멈추어 있는 것이 아니다. 미학적 가치의 상당 부분은 사실 그것의 유연성에 있다. 즉, 새로운 의미를 위해 형식의 기쁨에 주목하거나, 형식이 담고 있는 함축적 의미를 제거하고—가끔은 새로운 연상을 불러일으키기도 하는—미학 그 자체를 즐기는 우리의 능력에 달려 있다. 원래는 중립적이었던 형식들이 새로운 의미나 복구된 의미를 가질 수 있는 것과 마찬가지로, 한때 의미 있었던 요소들이 점차 널리 사용됨에 따라, 그것들이 주는 즐거움 이외의 의미는 거의 없는 형식적인 주제로 서서히 발전할 수 있다. 즐거움은 미적 요소들로부터 상징적 의미를 흡수해 버리는 경향이 있지만, 그것들 사이의 새로운 연결은 언제나 가능하다.

색에 대해 타당한 것은 다른 미적 요소들에 대해서도 마찬가지고, 심지어는 마음속에서 특별한 의미를 가지고 독창적으로 만들어진 것에 대해서도 그러하다. 그러나 그것들의 함축적 의미는 시간이 지나면서 변한다. 고딕 건축 양식의 부활로 인한 영국 빅토리아 여왕 시대(1837~1901)의 중세 스타일로의 회귀는 부르주아에 대한, 그러니까 산업화된 생활 양식에 대한 거부를 의미했다. 일부 옹호자들은 중세 마을들에서 그랬을 것이라고 추정된 종교와 사회적 조화를 강조했고, 다른 사람들은 수공업 제품의 진정성과 표현성을 강조했다. 강조점이나 세부 사항과는 무관하게 부활된 고딕 양식의 건축은 19세기의 경제적, 사회적, 과학적 및 기술적 경향을 비난한 지적 비평들의 구체적인 모습이었다. 즉, 그 양식은 이념적 주장의 눈에 보이는 가시적인 신호였다.

그러나 몇십 년이 지난 후에 그 스타일은, 고급 건축 패션으로 이해됨에 따라 역사와 학문에 대한 일반적인 존경을 표하는 것이 되었다. "새 건물들을 튜더 왕조(1485~1603) 시대의 고딕 스타일의 단순 구조로 지음으로써, 프린스턴 대학교에 옥스퍼드 대학교와 케임브리지 대학교의 역사를 덧붙인 것처럼 보이게 되었다. 건물들의 설계를 영어권 민족에서의 학습의 역사적 전통에 대한 모든 사람들의 상상력을 자극하는 고딕 스타일로 하는 것만으로도 프린스턴의 역사를 천 년이나 더 할 수 있었다."고 1902년 당시

고딕 양식의 프랑스 샤르트르 대성당

프린스턴 대학교의 총장이었던 우드로 윌슨은 말했다.

이전에 지배적이었던 고전주의적 스타일보다 더 융통성 있는 고딕 스타일로 부활된 건축 양식은 그 시기에 팽창하던 대학교의 건물로 적합했고, 대서양 양안의 과학 실험실로도 그러했다. 20세기 초에 지은 프린스턴 대학교의 주요 건물들이 고딕 건축의 상징적 의미를 담고 있기는 하지만, 그 학교의 가장 유명한 고딕 건물인 학생회 건물로 인해 그런 결합이 그릇된 것임이 드러났다. 블레어 홀(Blair Hall)이 근대 산업 기술의 전형인 기차의 역사였을 뿐만 아니라, 이름 역시 그 건물을 기증한 철도 기업가에게서 따온 것이었기 때문이다. 이와 비슷하게 19세기 산업자본가들의 돈으로 지은 듀크 대학교와 시카고 대학교 같은 야심적인 신설 대학들 역시 진지한 학문의 전당으로서의 위상을 위해 신고딕 양식으로 지어졌다. 그런 건축 양식으로 학교 건물들을 지은 것에 건물 기증자들의 기업이나 전환기 미국의 역동성을 비난할 의도가 전혀 없었던 것은 물론이다.

오늘날 고딕 양식으로 부활된 건물들의 모습은 중세의 이상에 대한 특별한 언급은 없고 다만 고등교육을 의미할 뿐이다. 오로지 학문적인 암시만 있을 뿐이고, 교회로 지어진 경우에는 종교적인 암시가 있을 뿐이다. 형식의 의미는 이처럼 원래의 의도가 아니라 상황에서 발생된다. 만일 신고딕 양식의 건축이 20세기 초 대학교들의 임무

프린스턴 대학교의 학생회 건물인 블레어 홀

에 적합하지 않았고, 그것들이 한창 생겨날 때 건물들을 세울 재원이 없었더라면, 그 스타일은 결코 대중의 마음속에 엘리트 학문을 의미할 수 없었을 것이고, 결국 향수를 달래는 스쳐 가는 유행이었거나 반동적인 전통주의의 비밀스런 상징에 불과했을 것이다. 따라서 그 스타일에 느슨하기는 하지만 보다 더 지속적인 의미를 부여한 것은 미리 결정된 이데올로기가 아니라 경험이었다.

비슷한 일이 라스타파리안 헤어스타일(dreadlocks, 자메이카 흑인이 하는 여러 가닥의 로프 모양으로 땋아 내린 머리 모양. 일명 레게머리)이 부활되고 확산되는 과정에서도 일어났다. 원래는 기묘한 종교적 상징으로, 즉 멸망한, 심지어는 겁 많은 라스타파리안들(Rastafarians, 에티오피아 황제를 신으로 믿는 자메이카 흑인) ― 그래서 보수적인 자메이카 사람들은 그 스타일에 "겁먹은(dread)"이라는 단어를 붙였다 ― 을 의미했던 레게머리는 세월이 지나자 레게음악, 아프리카 온건주의 또는 (라스타파리안과 반대되는 것으로서의) 무종파적 영성의 표시로 변했다. 지난 수십 년 동안 레게머리가 점차 인기를 얻어가면서 이런 상징성조차 서서히 사라져갔다. 신고딕 건물들이 단순히 '학문'에 대한 일반적인 관념을 암시하게 된 것과 마찬가지로, 그 헤어스타일은 점차 창의성, 개성 및 맵시 있음이라는 일반적인 감각만을 의미하게 되었다. 캐스팅 감독과 의상 담당자들은 그 헤어스타일의 배우들에게 최첨단 지성인의 역할(재능 있는 실험실 연구원, 얼리 어답터 등)이나, 낭만적인 이국적 정서를 연기하는 역할(멜로드라마의 남자 주연배우)을 부여한다. 테가 좁은 안경이나 검정색 옷이 그랬듯이 레게머리도 역시 작가들, 미술가들 및 광고회사 간부들의 영향을 받았다.

"최근에 나는 큰 음반 회사를 방문했는데, 컴퓨터 앞에 앉아 있는 그래픽 디자이너, 제작 기술자 및 회계 간부 등 직원의 절반 정도가 레게머리를 하고 있었다. 얼마 전까지만 해도 그런 헤어스타일을 했다면 취직하기 어려웠을 테지만, 이제는 시장 선거에 출마할 수도 있을 것"이라고 원래는 '반항과 존경'의 표시로 그렇게 하고 다녔던 한 예술가는 말한다. 그녀는 그것의 유행으로 인해 원래 의미의 상당 부분이 사라지고 말았다고 애석해했다. "미국의 여러 도시들의 다양한 문화 출신의 매우 다양한 시민들이 그 스타일을 하게 됨으로써 그것의 이면에 있는 영적인 이유들의 일부가 상실되었다."

상징성 때문이 아니라 그것의 모양과 다루기 쉽다는 이유로 그 스타일을 선택한 대부분의 사람들에게는 그런 상실이 별 문제가 아니었을 것이다. 작가인 베로니카 체임버스(Veronica Chambers)는 그녀의 머리채가 불러일으킨 오해들로 인해 즐겁기도 하고 괴롭기도 했다. "내가 그 헤어스타일을 했던 지난 8년간 내게는 다음의 역할들이 부여되었다. 즉, 반항적인 어린이, 라스타파리안 엄마, (수단의) 누비아의 공주, 마약 판매상, 실직한 예술가, 록스타, 세계적인 희극배우 및 겁쟁이. 그러나 이것들 중에 진짜 내 역할은 없는데, 내 머리카락이 나 자신보다 훨씬 더 많은 관심을 끄는 사례가 여러 번 발생했다." 일부에서 생각하는 것과는 달리 체임버스는 "거칠지" 않다. 그녀는 마리화나를 하지도 않고, 캘빈 클라인이나 다시키(dashiki, 아프리카 민족의상으로 선명한 빛깔의 덮어쓰는 옷)를 고집하는 취향도 아니다. 그러나 체임버스는 그녀의 곱슬거리지 않는 밥웍(bobwig, 뒤에 결발이 있는 머리털이 짧은 가발)에 놀란 친구가 내린 결론, 즉 "그 헤어스타일은 정말 당신답다."는 것에 동의한다. 원래의 상징성이 오해되고 있다고 하더라도, 레게머리는 그녀의 정체성에 꼭 필요한 요소인데, 그것은 신고딕 건물이 프린스턴 대학교의 일부인 것과 다르지 않다. 그것들의 가치는 개인적이고 주관적이지만, 그럼에도 불구하고 진정하다.

체임버스는 앨리스 워커(Alice Walker)의 사진을 보고 그 헤어스타일을 했는데, 그 헤어스타일이 남아메리카의 클레오파트라같이 위엄 있게 보였기 때문이라고 한다. 그리고 워커는 보브 말리(Bob Marley)와 피터 토시(Peter Tosh)에게서 영감을 받았다고 하는데, "어떤 사람이 밤에 꿈을 꾸었는데, 머리카락이 베개 위로 가로질러 퍼졌다. 그리고 훨씬 더 복잡해져서, 마치 다른 누군가와 머리카락으로 사랑을 하는 것 같았고, 그 사람의 머리카락으로 사랑을 받는 것" 같은 상상을 했었다고 한다. 레게머리가 체임버스와 워커에게 주는 문화적 의미가 무엇이든지 간에, 그들의 처음의 반응은 인지적인 것이 아니라 직감적인 것, 즉 아름다움과 성이었다. 의미는 그 후에, 그러니까 즐거움 이후에

레게머리를 한 보브 말리

문화적 연상과 개인적 경험을 거쳐 오는 것이다.

외양과 느낌의 시대에는 미적 순환이 점점 더 빨라지고 있으며, 의미와 즐거움 사이의, 그리고 사회적 의미와 개인적 의미 사이의 긴장이 증가되고 있다. 더 많은 미적 가능성들을 보게 되고 단 하나의 '옳거나' 일관성 있는 모양에 대한 순응 압력을 덜 느끼게 될 때, 이전에는 의미 있던 스타일들이 개인적인 즐거움의 근원으로 전환된다. 동시에 우리는 자기 자신이나 자신의 생산물 또는 특정한 장소에 관한 무언가를, 언어적 선언을 통해서만이 아니라, 표면과 실체, 형식과 내용 사이의 새로운 연결을 만들어 내는 과정에서 외양과 느낌을 통해 전달하려고 한다. 우리는 말하는 것만큼 보여 주고 싶어하는데, 미적 선택의 기회가 점점 더 다양해짐에 따라 더 복잡하거나 분화된 의미들, 그러니까 외적 형식과 내적 정체성 사이의 보다 더 독특한 조화가 가능해진다.

오늘날의 미학적 명령은, '반항'과 '순응' 또는 '개인'과 '대중' 사이의 지극히 단순한 이분법을 붕괴시킨다. 그래서 **선택적인 순응**, 즉 점점 더 섬세해지는 변화와 그 변화를 확인해 주는 모양을 암묵적이거나 명시적으로 추구하게 된다. 우리는 사람들 속에서 두드러지거나 조화를 이루는 것 중에서 하나를 선택하기보다는, 의미와 즐거움 사이의, 그리고 집단 제휴와 개인적인 취향 사이의 (의식적이거나 무의식적인) 혼합을 택함으로써, 어떻게든 순응하고 다른 사람들과 달라진다. 친구들은 비슷한 옷을 입고 비슷한 태도를 보여 주게 되는데, 이를 통해 동물학자이자 저술가인 데스몬드 모리스(Desmond Morris)가 말한 "옷차림 흉내"를 발달시킨다. 모리스는 "매우 비슷한 옷을 입고 거리를 걷고 있는 두 명의 여성이 마치 유니폼을 입고 있는 것처럼 보였을 때" 이 현상을 처음으로 인지했다고 한다.

옷차림 흉내는 단지 개인적인 외모에 대해서만이 아니라 모든 종류의 표면에 적용할 수 있다. 그것들은 유기체들 사이에서만이 아니라 모든 곳에 존재할 수 있으며, 서로간의 결합을 통해 새로운 의미를 만들어 낸다. 거의 모든 회사들, 특히 정보관련 벤처 기업들이 1990년대 말에 '쉬이익' 소리가 포함된 로고들을 채택했던 것에 대해 생각해 보자. "긴가민가하던 중에 한 곳이 추가되었고, 그 후 여러 곳에서 채택하게 되었다."라고 한 디자인 컨설턴트가 빈정댔다. 심지어 그것은 앨 고어가 디자인한 고어-리버맨(Gore-Liberman) 캠페인 로고에 진보적인 생각의 희망적인 상징으로 포함되기도 했다. 그러나 초기에 그것을 채택했던 사람들의 의도가 무엇이든, '쉬이익' 소리는 '미래'가 아니라 '1990년대 말'을 의미하는 것이 되었다.

옷차림 흉내는 아마도 장식만큼이나 그 역사가 길겠지만, 반면에 요즘의 문화적 및 스타일적인 선택 기회의 확산은 더 세련된 개성을 가질 기회를 훨씬 더 많이 제공한다. "당신이 어떤 종류의 급진적인 피어싱, 예컨대 양쪽 눈썹을 작은 링들로 완전히 촘촘히 덮는 피어싱을 했다고 하더라도, 그리고 그렇게 하는 것이 당신을 〈포춘〉지 선정 500대 기업의 중간 간부로 채용하지 않은 세상에 대한 단호한 선언을 의미한다고 하더라도, 그것이 전대미문의 사건인 것처럼 생각되지는 않을 것"이라고 빈정대면서, 작가인 뤽 상트(Luc Sante)는 이렇게 글을 맺었다. "그렇게 하면 아마도 당신은 당신의 개성을 분명히 나타내기는커녕, 소수의 동류 집단 사람들과의 친밀한 관계도 이루지 못할 것이다." 정말로 그렇다. 그리고 단순히 자기기만의 문제인 것만도 아니다.

여하튼 그 뜻이 정확히 무언지 알기 어렵다. 눈썹 피어싱이 정말로 반항의 신호인가, 아니면 진심으로 멋있다고 생각해서 하는 것일까? 제휴의 신호라면, '매니큐어 칠한 손톱, 부풀려 곧게 편 헤어스타일과 시어스 타워(Sears Tower)에서 영감 받은 하이힐 구두'로 규정되는 시카고 '도시족' 여성들의 옷차림과 뭐가 다른가? 눈썹 피어싱은 아프기 때문에 매력을 제한시켜서 그것이 원래 가졌던 의미들의 일부만을 유지하지만, 그렇다고 예전의 다른 '반항적인' 외모도 그럴 거라고 말할 수는 없다. 인라인 스케이터나 힙합 스타일의 옷을 입는 청소년들은 성인들이 자신의 옷에 대해, 패션 감각의 표시나 집단 제휴가 아닌 반사회적 태도의 신호로 받아들이면 벌컥 화를 내곤 한다. 특히 변화가 쉬울 때 미적 순환, 즉 의미에서 즐거움으로의 이동이나 사회적 의미에서 개인적 의미로의 이동은 지속적으로 외양과 느낌에 함축된 의미들을 변화시킨다.

미적 선택의 급격한 확산은 즐거움과 개인적 및 사회적 의미의 해석을 어렵게 만들어 같은 의견을 가지게 될 기회를 줄여버린다. 9월 11일의 테러 공격 이후 빨간색, 흰색 및 청색 옷의 해석이 가능했던 것 같은 종류의 보편적인 지식을 공유하는 경우가 거의 없기 때문에 체임버스가 자세히 설명했듯이, 우리는 어떤 미적 신호들에서는 너무 많은 의미를 읽어 내고 그 밖의 다른 것들에서는 너무 조금밖에 이해하지 못하는 경향이 있다. 의미들이 의식적으로 의도되고 적절하게 이해되는 경우조차, 그것들은 명확히 상징적인 일대일 대응이기보다는 일반적인 연상을 유도하는 경향이 있다. 특정한 스타일의 사회적 의미는,

개인적 의미가 커지면, 예컨대 레게머리의 경우처럼 아프리카 중심주의로, '영적'으로, 예술적으로 그리고 마침내는 단순히 약한 비순응주의가 되어 버리면 사라지고 만다. 점차 '나는 그게 좋아(I like that.)'가 '나는 그런 부류야(I am like that.)'가 되어 버린다. 주체성이 점점 힘을 얻게 된다.

힐러리가 예일 대학 졸업생들에게 "당신의 헤어스타일이 주변 사람들에게 매우 중요한 메시지들을 전달할 것이다. 즉, 당신이 누구이고, 당신이 무엇을 뜻하고 있는지를 말할 것"이라고 충고했을 때, 농담조로 말했지만, 다른 한편으로는 영부인으로서의 경험에서 나온 고통스런 교훈을 말한 것이기도 하다. 지속적으로 헤어스타일을 바꿈으로써 특정한 미적 페르소나에 편안하게 안주하지 못했기 때문에, 그녀에 대한 대중의 불신은 더욱 악화되었고, 헤어스타일의 빈번한 변화로 인해 스타일을 알지 못하겠다는 지적을 받았던 것이다. 즉, 정치적 인물의 고정된 모습에 익숙해 있는 대중에게 있어서 헤어스타일의 지속적인 변화는 힐러리의 본모습이 존재하지 않거나 의도적으로 감추는 것을 의미했다. 게다가 영부인은 미적 즐거움의 신호, 그러니까 자신의 즐거움을 위해 다양한 스타일을 실험하고 있었다는 힌트를 주지도 못했던 것이다.

오히려 그녀는 자신이 누군지 몰랐거나, 남편의 정치적 업적에 따라 그때그때의 이미지에 맞추려고 변신을 거듭했던 것으로 보인다. 영부인으로서의 그녀는 홀랜더가 말한 "캐릭터와 자기 인식에 대한 패션의 영원한 테스트"에 실패한 꼴이 되고 말았다. 그러나 상원의원으로 출마했을 때에는 여성 중역들이 선호하는, 세련되고 실제보다 돋보이는 헤어스타일을 포함한 일관성 있는 외모를 보여 주었다. 그러니까 여성용 검정색 재킷과 슬랙스 슈트 및 생생한 색상의 숄을 입은 그녀는 그제야 '나는 그게 좋아.'라고 말하는 것 같았고, 따라서 '나는 그런 부류야.'라고 확신하고 있는 것처럼 보였다. 특정한 취향을 암묵적이지만 확실히 표현함으로써 그녀는 자신의 스타일적인 페르소나와 관련된 의미들의 혼란을 정리할 수 있었다.

정체성은 표면의 의미다. 말로 뭐라고 언급하기 전에 우리는 이미 외양과 느낌을 통해 스스로에 대해 선언한다. '여기 내가 있다. 나는 이런 부류야. 나는 저런 부류가 아냐. 나는 이런 것들과 관련되고, 그런 것들과는 관계없어.' 한 여대생이 미숙한 정장을 포기하고 펑크적인 분위기에 합류했을 때 미적 신호가 어떻게 작동했는지를 설명한다. "나는 머리를 매우 짧게 잘랐고 항상 검정색 옷을 입었다. (검정색 옷을 입음으로써 내 친구들은 나를 쉽게 발견할 수 있었고, 나 역시 그들을 쉽게 찾을 수 있었다…….) 내가 사회 일반에 대해 반항하고 있는 동안, 그러니까 그런 의미에서 비순응주의자가 되어 있는 동안, 나는 또한 내 친구들로 이루어진 보다 작은 집단의 사람들에게 순응하고 있었던 것이다."

미적 정체성은 개인적이면서 사회적이다. 우리가 누구인지와, 누구와 뭉치고 싶거나 아닌지 둘 다를 표현한다. 정체성의 미적 신호들은 단순한 것일 수도 있고, 녹색, 흰색 그리고 빨간색 밴드가 이탈리아 식당을 나타내는 것처럼 분명할 수도 있다. 그것들은 이안 슈레이저(Ian Schrager)의 호텔 스타일만큼 설명하기 어렵거나, 바지의 다리 부분의 모양이나 활자체의 비율처럼 미묘할 수도 있다. 정체성에 대한 그런 진술들이 대충 행해질 수도 있고 때로는 틀리기도 하지만, 미학의 시대에 정체성에 대한 미적 진술은 피할 수 없는 일이다.

똑같은 패턴이 문구류나 사무용품 디자인, 또는 교회 건물이나 회사 로고에도 적용된다. 당신에게 어울려 보이는 것은, 당신을 같은 선택을 하는 다른 사람과 연결시킨다. 은연중의 연결이 바람직한 것일 수도 있고, 또는 그로 인해 거짓 정체성이 만들어져 자신의 미적 신호를 수정하게 될 수도 있다. 그러나 절대적으로 안전한 피난처는 없고, 미학적 태만에는 언제나 오해받을 위험이 따른다. "나는 그게 좋아."처럼 취향에 대한 진술만이 그 자체로 의미 있을 뿐이다.

사람들에게 있어서와 마찬가지로, 장소나 사물에 대한 미학의 가장 기본적인 기능은, 사물 그 자체의 정체성을 나타내기 위해 "내가 여기 있다."고 말하는 것이다. 외양과 느낌은 오로지 문자에 의한 것보다 더 빠른 의사소통을 가능케 한다. 타이드(Tide)는 오렌지 상자로 느껴지고, 맥도날드는 황금색 아치를 생각나게 한다. 비아그라는 청색 알약이고, 프릴로섹(Prilosec)과 넥시움(Nexium)은 자주색 알약이다. 그리고 포르셰는 메르세데스보다 더 스포티하다는 뜻이다. 그래픽 디자이너란 "당신이 어떤 맥락 속에서 그것을 볼 때 그 자체를 두드러지게 해주는 뭔가를 만드는 것"이라고 저명한 디자이

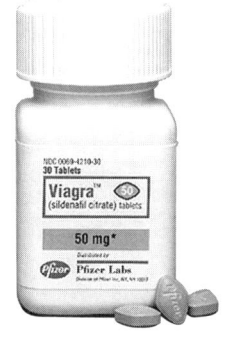

청색 알약인 비아그라

너인 스티븐 도일(Stephen Doyle)이 말한다. 그래서 훌륭한 잡지 표지는 따로 있을 때만이 아니라 잡지 매장에서 경쟁지들을 포함한 여러 잡지들과 섞여 있을 때에도 두드러져 보인다고 한다.

K마트(Kmart)의 매장에 있는, 도일이 포장을 디자인한 마사 스튜어트 에브리데이 사(the Martha Stewart Everyday)의 제품들은 잘 어울리면서도 두드러진다. 포장 스타일과 색상이 제품마다 다양하고, 그래서 종이와 타월이 린넨처럼 보이고, 냄비와 주걱은 부엌 설비처럼 보이며, 종자, 비료 및 살충 분무기는 정원 용품처럼 보인다. 동시에 산세리프체의 폰트, 세련된 색상 그리고 생생한 사진은 모두 '마사 스튜어트'를 말해 준다. 그런 그래픽 요소들은 집을 모더니즘적으로 직접 꾸미고 싶어하는, 그러니까 독특한 개성과 열망을 표현하고 싶어하는 구매자들의 눈길을 끈다.

마사 스튜어트 사의 제품들로 세팅한 테이블

사람에 대해서든 장소나 사물에 대해서든 효율적인 표면은, 자아에 대한 근본적인 느낌을 유지하면서 정체성과 제휴의 층들을 드러낸다. 그래픽적 정체성은 "개성과 비슷하다."고 도일은 말한다. "같은 사람을 정장을 입혀 만찬에 데리고 갈 수 있어야 하고, 그 다음에 바비큐 파티에서도 볼 수 있어야 하며, 실내복을 입은 채 TV 앞에 있도록 만들 수 있어야 한다. 여전히 같은 사람이지만, 다양한 상황에 맞도록 모습을 바꾼 것뿐이다." 변하지 않는 절대적인 트레이드마크와 단 하나의 통일된 색상의 시대는 지나갔다. 지나치게 비개성적이고, 융통성이 없으며, 단조롭게 보여서 외양과 느낌의 시대에 어울리지 않는다는 말이다. 디자이너들이 개인에 대해서 도전해야 할 것은, 시간, 장소 및 환경에 따라 모습이 변하는 것을 허용하면서도 근본적인 정체성인 '자아'에 충실해지는 일이다.

모든 스타벅스가 스타벅스처럼 보이지만, 그럼에도 그 회사는 색상, 마무리, 재료, 조명 및 음악이라는 표현적 요소들을 독자적인 방식으로 결합시킴으로써 모든 스타벅스를 특별하게 만들었다. "사람들은 거리 맞은편에 같은 스토어가 있다는 것에 대해 놀라지만, 그것들은 서로 다른 스토어"라고 그 회사의 업무개발 이사는 말한다. 스타벅스의 디자인 기법은 스토어의 다양한 공간들이나 통행 패턴들을 조화시키는 것 이상이다. 다양한 스토어 환경은 미학적 명령에 따라 새로움, 즉 고정 고객들에게 변화와 개성을 제공한다. 한 스토어의 색상이 "고객에게 어린 시절의 좋지 않았던 추억을 상기시킨다면, 그 사람은 그곳에서 세 블록쯤 떨어져 있는 다른 스타벅스에서 '여기가 더 좋아. 느낌이 더 좋은데.'라고 말할 수 있도록 디자인했다."라고 그녀는 설명한다. 스타벅스는 서로 어울리지 않으면서도 묘하게 조화를 이루는 요소들을 개발함으로써 미적 개성을 유지하면서 동시에 다양한 취향을 만족시키는 것이다.

미적 정체성이 매우 독특하고 정서적 공감을 불러일으켜서 팬들이 모방하려고 애쓰는 브랜드들도 일부 있다. 예컨대, 애플 컴퓨터의 애호가들은 '실물 크기의 매킨토시 컴퓨터 모형'을 상상해 내어 3차원 랜더링 소프트웨어와 그래픽 패키지를 사용해서 사진을 웹사이트에 전시한다. 이처럼 공상적인 제품들의 일부는 재미삼아 만들어진 것이 분명하지만, 다른 것들은 곧 출시될 애플의 신제품을 암시하는 역할을 하기도 한다. 출시 예정인 'G5 스피어(G5 Sphere, 2001년 가을에 애플에서 출시된 신기종 매킨토시 컴퓨터)'에 대한 한 고등학생의 묘사가 워낙 사실적이어서 애플사가 그것을 웹에서 삭제해 달라고 요구한 적도 있다. 애플의 실제 제품들은 사용방식과 구매자가 누구냐에 따라 달라 보이지만, 그럼에도 불구하고 그 제품들은 잠재적인 정체성, 즉 외양과 느낌을 통해 표현된 연속적인 개성을 공유한다. 그리고 많은 애플 사용자들은 그 무생물의 개성에 반영된 자신의 정체성의 중요한 측면들을 본다.

상업적인 제품과 장소가 개성을 가져야 한다는 생각은 소비문화 비평가들을 혼란스럽게 만든다. 그런 까닭에 이웬은 다음과 같이 빈정댔다. "도발적인 표면의 힘은 광고, 포장, 제품 디자인을 통해 통합적인 정체성을 가지고 품질이나 실체의 문제를 가려놓고 눈의 마음(the eye's mind)에 대해 말한다." 그리고 나오미 클라인(Naomi Klein)은 〈로고는 없다(No Logo)〉라는 책에서 브랜드가 통합적인 힘과 조작의 음흉한 신호로서 존재한다고 말하기도 했다.

미적 즐거움 자체의 중요성을 제쳐 놓더라도, 무생물들과 여러 사람이 이용하는 환경의 경우 독특한 미적 정체성들을 제공할 때 더 가치 있어 보인다. 구별되지 않는 제품과 장소로 이루어진 세상은 그다지 즐겁지 않을 뿐만 아니라, 오히려 낯설고 혼란스럽기까지 할 것이다. 미적 신호들이 없다면 원하는 것을 찾거나, 자신의 개성을 보완하기가 더 어려울 것이다. 똑같은 집들이 있다는 이유로 교외 주거지역을 지극히 싫어하고 개인적인 비순응성을 찬미하는 비평가들은, 미적 신호의 도움이나 취향에 대한 설명이 없으면 모든 합성세제 포장 상자와 식당이 다른 것들과 비슷하게 보일 것이라고 믿는다.

  이와 같은 무생물의 미적 개성이 단순히 제품과 장소 자체를 확인하기 위한 것만은 아니다. 그것들은 우리가 자신의 미적 페르소나를 만들고 확인하기 위한, 그러니까 우리가 누군지에 관해 경험하고 설명하기 위한 원료를 제공한다. 스타일의 차이는, 다양한 취향과 개성에 대해 호소하고, 다양한 제휴를 환기시킴으로써 상업적 경험에 가치를 덧붙인다. 이 가치는 신분에 사로잡힌 사회비평가들이 가정한 일차원적인 위계서열보다 더 복잡하다. 예컨대, 나는 최신의, 또는 가장 비싼, 또는 가장 얻기 어려운 스타일을 가졌기 때문에 너보다 더 낫다는 것, 즉 내 은식기들은 골동품 수준이고, 가구들은 고대 양식이며, 내 명함은 우아한 종이로 만들어졌고, 내 양복은 수제품이기 때문에 그렇다는 위계서열적 가치보다 훨씬 더 복잡하다. 게다가 대부분의 미적 신호들은 신분적 위계와 관계가 없는데, 그것들에 의한 차이가 수평적이지 수직적인 것이 아니기 때문이다. 다양하게 낡은 똑같은 카키색이나 흰색의 버튼다운 셔츠로 어떤 청소년이 '대입 준비생'인지, '고딕 애호가'인지, 아니면 '히피족'인지를 구별할 수 있는데, 그런 구별은 제휴의 신호이지 사회적 지위의 신호는 아니기 때문이다.

  스타우드 호텔의 체인인 웨스틴(Westin) 호텔과 쉐라톤(Sheraton)

호텔에 대해 생각해 보자. 이 호텔들은 비슷한 예산을 가지고 여행하는 사업가들의 욕구를 채워 준다. 그러나 사업가들은 예전과는 달리 매우 다양해졌고, 이 두 호텔은 서로 다른 취향의 손님들의 관심을 끈다. 그래서 호텔 측에서는 사업가들에게 더 많은 즐거움을 주기 위해 객실 관리를 철저히 하고, 디자이너들은 브랜드가 지닌 기존의 정체성을 보강하기 위해 늘 차별성을 염두에 두고 있다. 약간 더 젊은 여행객들과 여성들이 주로 이용하는 웨스틴 호텔의 객실 벽에는 도시 풍경을 찍은 흑백 사진들이 걸려 있고, 침대에는 순백색의 린넨 침대 덮개가 있는 등 현대적인 비품들을 갖추었다. 그와는 대조적으로 쉐라톤 호텔의 객실에는 썰매 모양의 침대를 포함해서 전통적인 형식의 가구들이 있으며, 가는 세로줄 무늬의 침대 덮개가 있고, 벽은 '감탄을 불러일으키기 위해' 근육질적인 느낌이 들도록 처리했다.

  새로운 객실들은 눈의 마음에 호소력이 있는가? 대체로 그렇다고 본다. 흰색 이불이나 청색으로 강조한 벽은 그 특징의 '합당한' 기능에 있어서 틀리지 않는다. 그러나 이런 도발적인 표면들은 기만적이라기보다는 오히려 그것들 자체가 경험, 즉 이 호텔 객실과 전통적인 보통 객실 간의 차이의 실체이자 품질이다. 당신이 보는 것이 바로 당신이 얻는 것이다. 당신이 잠자는 사이에 침대보가 가는 세로줄 무늬에서 얼룩이 감추어진 꽃무늬 패턴으로 바뀔 리 없기 때문이다.

  그 호텔 객실들의 돋보이는 미적 정체성은 상업적인 계산, 즉 여행객들에게 집같이 편안한 느낌을 주어야 다시 올 거라는 계산이 깔려 있다. 비평가들은, 여행객들을 기쁘게 해주려는 호텔의 의도보다는 그 이면에 있는 이윤 동기에 관심이 더 많다는 논리에 대해 비웃지만, 호텔 손님의 입장에서는 더 이상 생각해 볼 필요가 없다. 미적 정체성이 없는 곳에서는 아무도 집 같은 느낌을 갖지 않는다. 보통의 단순하게 기능적인 환경은 여행객을, 개성을 가진 하나의 개인이라기보다는 보통의, 누구라도 상관없는 잠자는 기계 정도로 다룬다. 독특한 미적 정체성을 확립함으로써 새 객실의 디자인은 단순히 보기 좋아진 것 이상의 효과를 내는데, 손님들의 정체성을 더욱 명예롭게 해주기도 한다. 이런 맥락에서 표면은 실체이고, 따라서 그 자체만으로도 가치가 있는 것이다.

미적 정체성, 즉 '나는 그게 좋아. 나는 그런 부류야.'는 보편적인 의미에서 말하는 "매력적이군."보다 더 특수하고, 더 개인적이다. 미 자체의 형식이 매우 다양하고, 미적 의미, 미적 신호의 정체성도 미 이상의 문제이며, 특정한 형식에 대한 주관적 가치는 사람에 따라 다르기 때문이다. 예컨대, 웨스틴 호텔의 젊은 여성 손님을 가늘고 긴 줄무늬 침대보가 있는 사교적인 쉐라톤 객실로 옮겨 놓는다면 그곳이 매력적이라고 생각하기는 하겠지만, 어쩐지 약간은 어색하다고 느낄 것이다. 구식의 앵글로 색슨계 백인 신교도인 트위첼은 베벌리힐즈의 사치품 매장들을 한 바퀴 돈 후에 아르마니, 구치, 프라다 같은 스토어들의 '이탈리아식' 분위기, 즉 그곳의 테크노 음악과 검정 옷을 입은 '민족 특유의' 판매원들 속에서 몹시 불편해했다. 그러나 그는 맨해튼의 랄프 로렌 매장의 자의식적인 '영어권의 가장된 사치' 속에서는, 그러니까 '어두운 벽, 동양적인 깔개, 벽을 장식한 스터브스가 그린 말들과 개들, 손상된 가죽 의자 그리고 폐쇄공포증을 불러일으킬 정도의 답답함'에서는 바로 집에 온 듯한 편안함을 느꼈다. 이 모든 디자인은 보편적인 의미에서 매력적이라고 할 수 있지만, 그로부터 얻는 즐거움과 의미는 사람에 따라 크게 다르다. 따라서 웨스틴 호텔이 쉐라톤 호텔보다, 랄프 로렌이 프라다보다 더 뛰어나다고 객관적으로 선언할 수는 없다. 그것들의 미적 가치는 그것들에 대한 개인적인 경험에 달려 있기 때문이다.

미래에는 모두 똑같이 몸에 붙는 유니폼을 입고 비슷한 모양의 고층 건물들에서 살 거라고 했던 예전의 공상과학적 견해들은 오로지 전제정치 하에서만 가능하다. 왜냐하면 특정한 외양과 느낌을 주면서 모든 것에 적용되는 단 하나의 스타일이란 존재할 수 없기 때문이다. 이와는 달리 현대의 미학적 풍부함, 즉 3만 5,000가지 색상의 플라스틱 제품들, 1,500종류의 서랍장 손잡이들, 3만 가지의 폰트들 그리고 여태까지 존재한 거의 모든 문화에서 따온 주제들에서의 선택은 취향과 상황의 다양성에 기여한다. 그리고 그런 선택들은 언제나 정체성들 간의 제휴라는 특정한 신호들을 담고 있다. 미적 요소들은 바로 그렇게 결합됨으로써 개인적인 특별함—내 모습, 이 브랜드—과 집단 제휴 둘 다를 표현하는 것이다. 즉, 당신이 이런 스타일을 좋아한다면, 취향이 같은 다른 사람들과 다른 것들도 공유할 것이라는 말이다. 그래서 우리 호텔에서 집 같은 편안함을 느낄 것이고, 우리 잡지가 재미있을 것이다.

최고로 가치 있는 수준에서의 미적 의미들은, 자아에 대한 느낌을 개인적으로 확인하기 위해 사회적(객관적) 신호들을 넘어선다. "내가 속해 있는 환경은 내 모습의 일부"라고 유명한 식당 지배인인 미코 로드리게스(Mico Rodriguez)가 말한다. 그는 '초라

한 술집'의 전형적인 모습이었던 미 코시나(Mi Cosina)에 있는 자신의 체인점 텍스–멕스(Tex-Mex)를, 건축가 루이스 바라간과 리카르도 리고레타의 산뜻한 외양와 뛰어난 색상 그리고 1950년대 멕시코시티의 낭만에서 영감을 받은 현대적인 스타일로 디자인했다. 그의 훌륭한 고급 레스토랑들은 우아한 느낌과 안락한 분위기를 만들어 내기 위해 색상, 열정 및 기발한 생각을 덧붙인 정교한 현대적 디자인을 특징으로 한다.

이런 식당들은 맛있는 음식을 제공하는 동시에, 고객들이 자신의 정체성들을 드러낼 수 있는 분위기도 제공함으로써, 고객들에게는 그 식당이 개인적인 표현을 위한 배경일 뿐만 아니라 필수적인 부분이 되었다. 로드리게스는 가장 보람을 느꼈던 순간에 대해 말한다. "히스패닉계 의사인 한 영리한 친구가 내게, '미코, 당신의 식당이 바로 내가 살고 싶은 방식입니다.' 라고 말했을 때 눈물이 났어요. 그 말은 결국, '나는 살아가면서 해야 할 일을 할 것이다. 즉, 열심히 일할 것이고, 내 집 주변을 아름다운 것으로 치장할 수도 있을 것이다. 그러나 나는 당신이 만든 그런 환경 속에서 존재에 대한 이런 이미지를 가진다.' 라고 말하는 것이기 때문입니다."

나는 진정한 자아에 대해, 현실에서 유리된 한 세트의 사고 능력이 아니라, 시각적이고 촉각적인 피조물이라는 '이미지를 가지는데', 그 결과 나의 진정한 정체성은 내 몸, 내 주변 공간 및 그곳에 있는 물건들의 감각적인 측면들에서 반영된다. 사람들은 나를 바라보고 내가 진짜로 누군지에 관해 진실한 어떤 것을 볼 수 있고, 나 역시 내 상황과 내 주변의 것들 속에 반영된 나 자신을 볼 수 있다. 표면과 실체는 잘 어울릴 것이다. 정체성을 포착하고 전달하는 것, 즉 말로 표현할 수 없는 자아에 대한 느낌을 촉감적이고 진정한 것으로 전환시키는 것, 이것이 바로 미적 의미의 목적이다.

할리우드에서 만든 수많은 화면 덕분에 우리 모두는 남부 캘리포니아의 모습, 즉 푸른 하늘과 야자수, 그리고 석양이 깃든 바닷가의 실루엣 등에 익숙하다. 이런 이미지들이 할리우드에서 만들어 낸 환상인 것만은 물론 아니다. 실제로 남부 캘리포니아 곳곳에 야자수가 있으며, 그 지역 사람들에게 그 나무는 이런저런 영화들에서 표현되는 진부한 내용이 아니라, 정서적으로 공감이 느껴지는 고향의 상징이다. 그 나무들 역시 경험에 의해 의미가 부여된 것이다.

그러나 야자수는 열대 식물이라서 L.A.나 샌디에이고 같은 메마른 지역보다는 비가 훨씬 더 많이 오는 곳에서 잘 자란다. 남부 캘리포니아를 상징하는 그 나무들은, 물을 끌어들이지 않았

캘리포니아의 야자수 길
풍경

다면 사막이었을 그곳을 오아시스처럼 보이도록 하기 위해 그곳을 개발한 사람들이 심은 것이다. 상징이 작용했고, 그래서 물을 끌어들인 것이고, 그 결과 사람들은 파라다이스를 찾아 서부로 이동했다. 그 나무들과 그것들이 가지는 의미는, 그 지역의 정체성을 말할 때 야자수를 빼놓을 수 없을 정도가 될 때까지 오랜 세월에 걸친 성과물이다. 그래서 토착식물협회의 어떤 전문가는 야자수를 남부 캘리포니아의 일부라고 인정하기도 한다. "모든 곳의 모든 토착 식물들을 제거해야 한다고 하더라도, 그 크고 오래된 야자수들은 보호해야 한다. 왜냐하면 지금 그것들은 우리 역사의 일부이기 때문이다." 가릴 목적으로 심어진 관엽식물이 지금은 진정한 사회적, 개인적 의미를 갖게 되었다.

  이런 역설이 사람, 장소 그리고 사물을 보고 느끼는 방식에 관한 관념적인 이론에 꼭 들어맞는 것은 아니다. 많은 창작자와 비평가들이 미적 의미가 유동적이고 주관적이라는 견해를 전혀 만족스러워 하지 않기 때문이다. 그래서 그들은 미학의 의미 있는 측면들을 판단하기 위한 영구적인 기준, 즉 다양하고 변덕스러운 개인들의 선호에 의존하지 않는 기준, 한마디로 말해서 객관적이고 이상적인 **진정성**(authenticity)을 확립하고 싶어한다. 예컨대 〈아키텍처럴 레코드(Architectural Record)〉지의 편집장은, "건축가에게 있어서 어떤 작품이 진정하다고 말하는 것은 최고의 칭찬을 의미한다."고 말한다.

  이런 분석가들에게 있어서 진정성은 의미의 정당성을 확립시켜 준다. 그것으로 가치 있는 장식과 미적으로 수치스런 것의 구별이 가능해지고, 어떤 요소가 어떤 환경에 어울리는지, 그리고 어떤 변화가 역사나 품질 또는 예술에 대한 공격인지를 결정할 수 있기 때문이다. 이런 관점에서 볼 때, 진정한 인공물, 환경 또는 개인적인 스타일은 표면과 실체를 약간은 권위적이지만 분명히 시각적인 방식으로 연결시켜 준다. 그런데 진정성의 정확한 뜻은 무엇인가? 이 개념은 의미가 매우 다양할 뿐만 아니라, 간혹 모순적인 경우도 있기 때문에 자세히 검토할 필요가 있다. 예컨대, 도서관에서 '진정성'을 검색하면 위조와 복제, 식민지 시대 이후의 민족 정체성에 대한 탐구, 컨트리 음악의 상업화, 개인적 완전함에 대한 실존주의적 개념들 그리고 이슬람 근본주의같이 매우 다양한 주제에 관한 책들이 뜨기 때문이다. 미학에 있어서 진정성에 대한 가장 상식적이고 영향력 있는 의미들은 다음과 같다.

### 1) 순수성으로서의 진정성

종교적 실천이든, 종족적 정체성이든, 아니면 '진품 재료'에 대해서 사용되든, 이런 의미에서의 진정성 개념은 희석되거나, 늘릴 수 있거나 또는 재결합하는 것을 기본적으로 형식의 타락이라고 본다. 건물이든 신앙이든 원래의 형식이 진정하고 정통한 것이며, 응용과 진화는 수상한 것이라는 말이다. '민속 전승(folklore)'은 전통적인 민중의 진정한 목소리지만, '모조 전승(fakelore)'은 어린이들을 위해 이야기들을 뜯어고친 것이다. 예로 사리넨(Eero Saarinen)이 설계한 TWA 공항 터미널을 비행기 탑승이 아닌 다른 용도로 전환시키는 것에 대해 어떤 건축 평론가가, "이 비범한 구조물의 진정성을 감소시키는 짓"이라고 우려했을 때, 그녀의 진정성은 바로 이런 뜻이었다.

'위조의 시대'인 요즈음, 가상현실에서부터 "국립라디오방송에서 정확히 미시시피 델타 출신의 늙은 흑인 남자 스타일로 노래 부르는 백인 여성 블루스 가수"까지 진정하지 않은 것들이 범람하고 있다고 한 비평가가 말한다. 이에 비해 자연은 "언제나 진실하고", 따라서 "자연을 담은 사진은 진정성을 포착한 우리 문화의 일부"라고 한다. 이처럼 순수성이라는 기준은 자연적인 것과 기능적인 것에 특별한 권위를 수여한다. 이 기준에 의하면, 머리카락이 원래 서로 얽히는 사람에게는 레게머리가 진정한 것이고, 일부러 머리카락을 땋거나 파마를 하는 것은 거짓이다. 그리고 비행기에는 유선형이 진정하지만, 토스터기에 대해서는 그렇지 않다는 말이다.

기능이 진정한 것이라면, 패션은 분명히 그것이 핵심이 되는 맥락에서조차 진정하지 않다. 예컨대, 나이키 사의 디자이너였던 사람의 다음과 같은 말이 바로 그런 견해를 담고 있다. "나이키 제품들에 대해서는 **패션**이라는 단어를 사용할 수 없다. 왜냐하면 그 단어를 사용하는 것은 그들이 설정한 진정성의 기준에 간섭하는 꼴이기 때문이다. 그 신발은 모든 스포츠에 대해 진정해야 하고, 궁극적인 용도는 성능에 관한 것이어야 한다."는 것이다. 자연과 기능은 객관적이고 순수하기 때문이다.

나이키 사의 런닝화 광고

## 2) 전통, 즉 언제나 행해져 온 방식으로서의 진정성

순수성으로서의 진정성과 밀접한 이 관념은 근원적인 실재에 대한 주장이 아니라 관습에 근거를 두고 있다. 켄트(kente, 가나의 전통 의상)나 빈디(bindi, 인도 여인들이 뺨이나 이마에 붙이는 전통 액세서리) 같은 종족 스타일을 그 종족 집단의 사람이 입었을 경우에는 진정하지만, 그 외의 사람들이 입으면 진정하지 않다는 말이다. "미시시피 델타 출신의 늙은 흑인 남자"가 진정한 블루스 가수지, 국립라디오방송에서 노래하는 젊은 백인 여성은 아니라는 말이고, 목재 테이블은 진정하지만, 내열 합성수지 테이블은 그렇지 않다는 것이다. 그리고 돌로 문장을 박은 벽은 진정하지만, 장식용 돌로 외관을 치장한 것은 그렇지 않다고 한다. 고전주의 건축가인 레온 크리어가, "박물관들이 공장처럼 보이고 교회들이 공장의 창고처럼 보인다면 취향의 기본적인 가치는 위기에 빠진 것"이라고 말했을 때, 그는 진정한 형식에 대한 이런 관념을 염두에 두고 있었던 것이다.

## 3) '후광', 즉 역사의 신호를 보여 주는 것으로서의 진정성

이 개념은 순수성의 기준에 직격탄을 날린다. 이 정의에 의하면 진정성은 시간의 경과, 즉 사용, 적응 그리고 경험에 따라 남겨진 변화와 불완전함에 있다고 한다. 따라서 나오미 울프에 의하면 '자신의 나이, 생김새, 자아, 생활'에 대해 충실한 여성의 머리카락은 희끗희끗하고, 살이 쪘으며, 얼굴에 주름이 있는 것이 진정한 것이고, 그렇지 않고 염색이나, 다이어트 또는 성형수술을 하는 일은 진정하지 않은 게 된다. 진정한 외모는 여성을 적절한 시간과 장소에 놓이게 하고, 생활 속 경험의 일부를 드러낸다. 마찬가지로 원형으로 복구되지 않은 고대의 궤는 진정하지만, 원작을 재생하거나 다시 손질한 것은 그렇지 않다. 골동품 접시는 진정하지만, 옛 스타일의 새로운 버전들은 그렇지 않다. 건축비평가인 아다 헉스터블(Ada Huxtable)이 "'진정한 재생'이라는 용어가 정말로 싫다."고 말했을 때, 그녀가 말한 진정성은 바로 이런 뜻이었다.

'후광'이라는 개념은 "기계복제 시대의 예술작품"(1935)이라는 유명한 논문에서 나왔는데, 저자인 발터 벤야민(Walter Benjamin)은 어떤 고유한 예술작품의 '후광(aura)'에 대해, 똑같은 복제품이 많이 만들어져서 시간이 지나도 변하지 않고 보존될 수 있을 때 상실되는 것이라고 규정했다. (그는 특히 영화제작에 관해 혼란스러워 했다.) "어떤 것의 진정성은, 그것의 실질적인 지속에서부터 그것의 역사적 경험에 대한 증언에 이르기까지, 그것이 시작될 때부터 전해질 수 있는 모든 것의 핵심"이라고 벤야민은 말한다. 이런 견해에 의하면 복제와는 달리 고유한 예술작품에는, "여러 번 바뀌었을 소유권의 변화만이 아니라, 오랜 세월 물리적 조건 속에서 겪었을 수도 있는 변화들"을 포함한 자체의 역사가 담겨 있다고 한다.

후광으로서의 진정성은 간혹 역사주의적 관념, 즉 모든 스타일에는 그에 적합한 시기와 장소가 있다는 생각을 유발하곤 한다. "진품은 사실적인 것이고, 따라서 재생품은 그렇지 않다. 제아무리 기술이 뛰어나고, 진지한 의도를 가졌더라도, 복제는 단지 복제일 뿐"이라고 헉스터블은 말한다. "복제품을 진품과 동일시하는 것은 궤변의 극치고, 진품의 진실한 기원과 시대를 하찮고 무의미하게 만드는 일이다. 그 둘의 가치가 같다고 암시하는 것은 당대의 패러다임 안에서의 창조 행위를 부정하는 일이고, 그 시대의 문화적 생성 능력을 말살시키는 짓이다. 사라진 것은 원래의 정신, 손, 재료 그리고 눈이다."

미국 국무성의 역사 보존 지침이 "형식, 재료, 스타일을 똑같이 복제하는 일, 그리고 역사적 건물에 새 부착물을 달아서 새 작품이 역사적 건물의 일부인 것처럼 보이게 장식하거나, 특히 드라이브-인-뱅크나 차고처럼 우리 시대에 사용되는 것을 위해 새로운 부착물로 어떤 역사적 스타일이나 시기를 모방하는 것"을 금지시킨 것도 바로 이런 이유에서다. 진정성의 이런 정의에 의하면, 미적 동기들은 특정한 상황에서 특정한 용도를 위해 개발되어야 하고, 새로운 시기나 새로운 목적을 위해서는 빌려 쓸 수 없다. 따라서 후광으로서의 진정성은 반대편의 순수성으로서의 진정성으로 진화한다.

이 다양한 정의의 공통점은 비인격적이라는 점이다. 그것들 모두 비평의 주제들을 만들어 내거나, 사용하거나, 또는 정통해 있는 사람들의 의도나 목적과는 거의 무관한 규칙에 의거해서 진정성을 규정한다는 말이다. 객관적인 기준은 본질적으로 외부에서 추론되지만, 미적 의미는 내부로부터, 즉 개인의 심리에서 물질적 실증으로 진행된다. 다른 사람들의 성형수술 경험을 취재한 적이 있고, 그 자신도 경험이 있는 조안 크론(Joan Kron)은, "얼굴로 거짓 표현을 한다고 느끼는 사람들이 있다."고 말하는데, 그것은 울프의 이론으로는 설명할 수 없는 비진정성의 관념이다.

　세월이나 유전 인자의 영향이 어떤 개인의 자기 이미지보다 정말로 더 진정할까? 미켈란젤로가 그린 시스티나 성당의 천장화에 세월의 때가 묻어 있는 것이 더 진정한가, 아니면 그가 의도한 색상들이 보이도록 깨끗이 닦아 내야 더 진정한가? 어떤 정의를 받아들이는가에 따라 선택이 달라질 것이다. 라스베이거스나 디즈니랜드의 특징인 적극적인 모조품은 어떤가? 그런 유흥지들에서 발생하는 일들은 모두 진정한 표현이다. 그럼에도 그것들을 위조품으로 규정하려면 어떻게 해야 하는가? 문제가 되는 대상에 대해 우리가 원하는 즐거움과 의미를 고려하지 않고는 그런 질문에 대해 만족스런 답변을 할 수 없다.

미켈란젤로가 그린 시스티나 성당의 천장화

진정성에 대한 요구는, 표면에 속지 않으려고 지나칠 정도로 객관적인 정의를 추구하려는 욕구에서 나온다. 그런 추구는 기만 또는 위조를 재결합, 재할당 및 변화와 융합시키는데, 그렇게 되면 미적 상징이라는 유희에서 주체와 관객, 즉 공급원과 수용자 모두가 사라지고 만다. 결국 '진정성'은 그런 비평가의 취향을 강화시키기 위한 수사학적 무기에 불과한 것이 되고 만다.

사람들이 자신과 주변의 사물을 규정하는 데 외양과 느낌을 실제로 어떻게 사용하는지를 제대로 알고 싶다면, 개인적인 목적이 제거된 비인격적 기준을 세우기보다는, 주관적인 정의들에 대해 주목해야 한다. 우리는 무엇이 **우리의 목적에 진정한지**, 표면과 실체, 즉 형식과 정체성이 어떻게 조화를 이루는지를 스스로 결정할 수 있다. 그래서 우리는 내면으로부터 진정성을 규정할 수 있는데, 이런 접근 방식은 비인격적인 권위라는 이상을 개인적이고 지엽적인 지식으로 대체하는 도전이다. 이렇게 정의된 진정성의 정의들은 다음과 같다.

### 1) 형식적 조화, 균형 또는 기쁨으로서의 진정성

이 개념은 의미보다는 즐거움에 관한 것이다. 헉스터블을 곤혹스럽게 만든 '진정한 재생'이라는 표현이 가능한 것은, 그것이 과거로부터 발전되어 온 형식들, 즉 우리가 그것에서 받는 감각적 기쁨에 대해 높은 평가를 하는 형식들을 구체화시킨 것이기 때문이다. 따라서 어떤 재생품이 '진정하다'는 것은 그것이 앞선 시기의 시행착오를 통해 발전되어 온 미적 지혜를 담고 있다는 것을 뜻한다. 우리가 오래된 인공물을 즐긴다면, 그것이 오래되었다거나 그렇지 않은 것이기 때문이 아니라, 그것이 형식적인 아름다움을 담고 있기 때문인 것이다. 이와는 반대로 진정하지 않은 재생품은, 주로 예산 때문이기는 하지만 역사적인 요소들 중에서 일부는 채택하고 나머지는 버리는 경우다. 따라서 겉은 다른 스타일로 꾸몄지만 동일한 모양의 집단 주택단지들, 예컨대 크래프츠맨 방갈로(Craftsman), 아메리칸 팜하우스(American farmhouse), 튜더(Tudor)는 역사적으로 진정하지 않다. 그리고 그런 비진정성의 이유는 그 집들이 역사적 기록을 만들어 내기 때문이 아니라, 디자인의 구성요소들이 균형을 잃었기 때문이다. 예컨대 그 집들의 지붕선과 매싱(massing, 건물의 규모나 체적)이 미장과 어울리지 않기 때문이다. 그러나 만일 이와 같은 '진정하지 않은' 결합이 정말로 즐겁다면, 그것은 이제 새로운 그리고 새롭게 진정한 스타일이 될 것이다.

이 즐거움 지향적 정의는 성형외과 의사들이 가끔 당황하곤 하는 이유를 설명해준다. 보기 싫다는 것이다. 피부는 너무 팽팽하고, 눈은 특이하기 때문이다. 마이클 잭슨의 얼굴은 외계인처럼 보이고, 코끝은 실수였다. 안면 근육을 경직시킨다는 이유로 주름제거 치료를 거부하는 사람들은, 나이를 나타내는 것으로서의 주름이 아니라, 이마로 표현하는 즐거움이 더 중요하다고 주장하고 있는 것이다. 싱싱한 아름다움을 정밀하게 재생시켜 주는 화장술이 순수성으로서의 진정성이나 후광으로서의 진정성을 주는 것은 아니지만, 형식적 즐거움으로서의 진정성은 제공한다. 화장을 하면

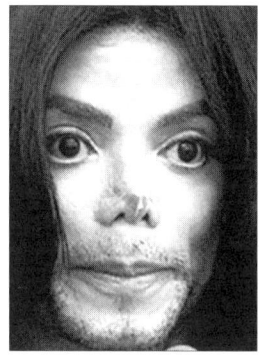

마이클 잭슨의 성형 후 모습

예뻐 보이고, 그리고 간혹 눈치 채지 못하는 경우도 있다.

### 2) 시간이나 장소와의 연결로서의 진정성

 이 정의는 진정성이라는 단어의 가장 일반적인 용법 중의 하나고, 동시에 가장 많이 비판받고 있는 것 중의 하나다. 와이오밍 주에 사는 샤이엔 족 출신의 어떤 공무원이 "도심 지역을 진정하게 만드는 데 도움이 되는" 역사적 사실을 자세히 말하면서 주차장을 위한 계획을 권할 때, 그는 바로 이런 의미에서 진정성을 말하고 있는 것이다. 옛날 샤이엔 족에게는 물론 주차장이 없었지만, 그럼에도 이 주차장 디자인은 그 마을의 스타일에 적합하며, 샤이엔 족의 역사를 환기시키고 정체성을 표현한다는 것이다. 마찬가지로, 1930년대에 유행한 식민지 시대를 상기시키는 건물과 가구도 빅토리안 시대와 에드워드 7세 시대의 지나치게 장식적인 스타일, 즉 형식적 즐거움으로서의 진정성에 대한 훌륭한 대안이지만, 그런 재생품들 역시 산뜻한 모더니즘적 형식과는 달리 미국의 전통을 긍정적으로 보았고 역사와 연결시켜 주었다.

### 3) 자기 표현으로서의 진정성

 시간과 장소의 연결에서 진정한 것은, 실제로는 그것이 정체성에 기여하는 방식이다. 식민지 시대의 복제품으로 식당을 꾸민 20세기 중반의 주부들은, 시간여행이나 고고학에 참여했다기보다는 일종의 자기 표현으로, '나는 그게 좋고, 그런 부류'라고 주장하는 것이다. 그래서 프린스턴 대학교는 옥스퍼드 대학교 및 케임브리지 대학교와 연결되는 건축 양식을 택한 것이고,

그래서 일본의 젊은 여성들이 아프리카 출신 미국 여성들을 연상케 하는 '강력함과 성적 매력' 그리고 독립심을 주장하기 위해 레게머리 가발을 하고, 피부를 구릿빛으로 만들고 힙합 패션을 입는 것이다. 이런 정체성의 신호들 중에서 어느 것도 순수성이나, 관습 또는 후광으로서의 진정성과 일치하지는 않지만, 그러나 그 신호들은 내적 진실의 진정한 표현이다.

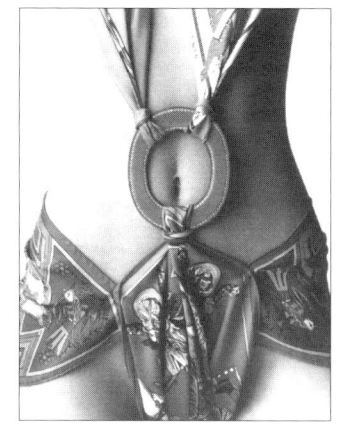
정체성을 나타내는 자기 표현의 한 단면

객관적인 것에서 주관적인 것으로 전환시킨다고 해서 진정성의 개념을 완전히 포기한다는 것은 아니다. 우리는 여전히 의도적인 기만의 가능성과 진실한 표현의 가능성을 인정하지만, 그렇다고 해서 위조품과 진품을 혼동하지는 않는다. 그럼에도 진정성의 개념을 내적인 것에서 외적인 것으로 규정하는 것은 미리 결정된 기준을 특정한 시간, 공간 및 환경에 적합한 기준으로 바꾸기 위함이다. 21세기 미국의 교회 건물이 종교적 사명을 진정으로 나타내기 위해서는 18세기 영국이나 14세기 프랑스의 어떤 교회처럼 보여서는 안 된다. 여가 시간을 위해 건설된 지역은 또 다른 환락지들을 모방할 수 있을 뿐이다. 캘리포니아의 한 오피스 빌딩은 그 정면이 벽돌처럼 보이지만, 실제로는 지진 발생시에 붕괴되지 않는 재질을 이용해 벽면을 마감했다. 그렇다, 플라스틱이 유리만큼 진정할 수 있다면 바로 이런 이유에서다.

우리의 미학 시대의 특징 중의 하나는 외적 권위에 의한 진정성을 인정하지 않는 것이다. 예컨대, 도덕주의적 형식 비평은 취향의 많은 결정 요소들 중에서도 시대에 뒤진 것이다. 1995년에 현대미술관(the Museum of Modern Art)은 낡은 디자인 기준을 거부하면서 예상치 못한 특징들을 가진 '색다른 재료들'을 찬미하는 전시회를 열었다. "오늘날의 디자인에서는 더 이상 어떤 재료의 '진실함'에 집착하지 않는다."고 큐레이터인 파올라 안토넬리(Paola Antonelli)는 썼다. "새로운 기술들 덕분에 재료의 물질적 속성들을 바꾸고, 가짓수를 늘리고 그리고 주문에 따라 만들어 줄 수 있게 되었고, 아울러 그것들은 무한한 변화의 가능성을 지닌 새로운 재료들을 창안하는 데 사용되고 있다. 그래서 플라스틱은 유리만큼 투명해질 수 있고, 섬유만큼 유연해질 수 있으며, 알루미늄처럼 금속적일 수 있게 되었다. 또한 나무는 천 같은 실내장식 재료들만큼 부드러워질 수 있게 되었다." 점차 재료에 대한 이해가 늘어나면서 우리는 재료에 대해 새롭고, 유용하며, 즐거운 특성들을 부여할 수 있게 되었다. 그렇다면 재료적 '진실'에 대한 어떤 자의적인 정의가 우리의 인공물들을 제한할 수 있는 근거는 없게

뉴욕의 현대미술관(MOMA)

되는 것이다. '변화 가능성' 자체가 사물들만이 아니라 사람들과 장소들의 진정한 속성이다.

  미학의 의미가 정체성을 신호로 알리는 일이고, 의미가 역사, 경험 및 개성에서 나온다면, 미적 진정성은 진리에 대한 기존의 정의가 아니라 형식과 욕구의 조화에서 나와야만 한다. 따라서 진정성은 '옳게 생각되는' 것, 즉 주관적이고 변경 가능한 기준이지, 자연으로부터 연역될 수 있는 종류의 것은 아니다. 진정한 표면은 비가시적인 것을 가시적으로 만드는 데 기여하는데, 그렇게 하기 위해서는 자연, 관습 또는 물려받은 형식을 바꾸는 일이 필요하다. 이처럼 진정성은 개인적이거나 사회적이지, 객관적인 것은 아니기에, 우리가 발견하는 진정성은 세월이 지남에 따라 바뀔 수도 있는 것이다. 야자수들은 남부 캘리포니아의 진정한 상징이다. 왜냐하면 모든 사람이 그곳을 야자수와 함께 생각하고 우리가 그것에 대해 그런 식으로 생각하고 싶기 때문이다. 즉, 그 야자수는 현재와 과거의 열망을 표현하는데, 이 두 열망은 모두 남부 캘리포니아의 정체성의 일부이기 때문이다.

열망(aspiration)은 정체성의 미묘한 부분으로, 벨 같은 비평가들을 불편하게 만드는 '거짓의 세계'다. 우리가 표현하는 미적 입장과 관련된 정체성은 현재의 정체성이라기보다는 원하는 정체성인 경우가 종종 있다. "당신의 식당이 바로 내가 살고 싶은 방식이다."라든가, "우리는 프린스턴 대학교의 역사에 천 년의 세월을 덧붙였다."는 표현들이 바로 그런 경우다. 이런 선택들은 간혹은 무의식적이기도 하고, 때로는 계산된 결과기도 하지만, 여하튼 이미 가지고 있는 것들을 받아들이기보다는 표면이 실체가 되기를 희망하면서 원하는 정체성을 표현한 것이다.

우리는 표면에 대한 다양한 실험을 통해 우리 자신을 완전히 개조시킬 수 있는데, 이는 전에는 알지 못했거나 종속적이었던 개성의 어떤 측면들을 개발하고 강조함으로써 가능하다. 소설가인 제인 스마일리(Jane Smiley)는 과거의 자신이 아니라 되고 싶은 자아가 어떤 여성인지를 말하는 과정에서, "나는 금발의 미녀는 되고 싶지 않다."고 말한 적이 있었다. 페미니스트 지식인이고 실천적인 중서부지역 출신의 스마일리는 언제나 "허영심을 버릴 것"을 단호하게 주장했다. 그녀는 안경을 썼고, 평범한 흰색 면 속옷을 입었으며, "짧은 머리의 남성적인 헤어스타일"을 했고, 다리나 겨드랑이의 털을 깎은 적도 없었다고 하는데, 이런 외모는 그녀의 확신을 반영한 것이다. "내가 머리카락을 염색한다면, 화장도 하게 될 것이고, 결국 매니큐어에다가, 얼굴 마사지, 팬티스타킹으로 확대되어 마침내 가부장제에 완전히 종속될 것이다." 그러나 이런 논리 자체는 실제로는 옛날의 구태의연한 생각, 즉 여성은 똑똑하거나 예쁜 것 중에서, 정신과 몸 중에서, 실체와 표면 중에서 하나만 선택해야 한다는 생각을 반영한 것이기도 하다.

그러나 스마일리는 40대 초반이 되어 자신의 무관심한 외모가 타인에게 원치 않는 신호를 보내고 있다는 것과, 자기 개성의 중요한 측면들을 가리고 있다는 사실을 깨닫게 되었다. 그녀가 관심을 가지고 있던 남자가 그녀를 여자로 여기지 않았던 것이다. 초조해진 그녀는 심리치료사와 상담을 했고, 화장전문가의 도움을 받게 된다. 결국 그녀는 금발로서의 새로운 삶을 시작했고 겨드랑이 털을 깎기 시작했는데, 그것은 바로 새로운 즐거움과 새로운 의미의 삶을 시작했다는 뜻이다. "가끔 나는 거울 앞에 서서 내 헤어스타일에 감탄한다."고 그녀는 자신의 캐러멜색 모발에 대해 말한다. "나와는 관계없고 동물의 세계에도 대응할 것이 없는, 아름답고, 층이 졌으며, 빛나는 금색의 부드럽고 생생한 모발이다. 나는 절대로 그만두지 않을 것이다."

그 머리카락의 색깔은 인공적이고(그래서 스마일리가 자신과 "관계없다"고 했다), 아직 익숙하지도 않지만, 그것 역시 그녀의 일부로서 절대로 그만두고 싶지 않은 어떤 것이라는 말이다. 자신이 누구인지에 대한 한 가지 표현으로서의 금발머리는 진정하지 않은 것이 아니다. 그냥 다를 뿐이다. 그녀는 자신의 표면을 바꿈으로써 자기 실체의 새로운 차원을 발견했다. 금발로 바꾸어 스스로를 매혹적으로 변화시킴으로써, 그리고 그런 목적에 성공함으로써 그녀는 자신이 행복하고 자신감 있으며 느긋한 로맨스에 빠진 것을 발견했다. 심지어 그녀는 아이들에게도 더 잘한다고 주장할 정도다. "30여 년간 중성적이었고 허튼 짓을 하지 않은 여성이, 분명히 내가 아니거나, 전혀 내가 아니라는 사실이 밝혀졌다."고 결론짓는다.

독특한 디자인의 선글라스

객관적인 진정성이 외양과 느낌의 판단 기준이라면, 스마일리의 헤어스타일, 프린스턴 대학교의 건물들, 남부 캘리포니아의 야자수들 그리고 그 히스패닉계 의사가 좋아한 레스토랑은 '열심히 짜 맞춘 가상'에 불과한 것이 된다. 그들은 거짓말을 하는 것이고, 거짓 태도를 취하는 것이며, 존재하지 않는 (또는 않았던) 자아들로 가장하는 것이다. 그러나 열망은 현실만큼 사실적이고 강력하다. 역사 속에는 지금까지 얻지 못한 공적인 정체성, 즉 자아에 대한 내적 감각을 표현하고픈 욕구를 나타내는 스타일들의 사례가 매우 많다. 그런 까닭에 여성 참정권론자들은 남성적인 패션, 즉 끈으로 된 타이와 와이셔츠 모양의 원피스를 입어야 했던 것이다. 노예제와 인종차별로 인해 공적인 존중을 받지 못한 아프리카 출신 미국인들은 성장을 하고 일요일 예배에 참석함으로써 자신들의 위엄과 자아 가치를 확인했다. 19세기의 유리 세공술의 유행은 반짝거리는 재료의 즐거움과 노동자 계층 주부들의 품위 있는 삶에 대한 열망 둘 다를 반영한 것이지만, 오히려 비평가들은 크리스털을 값싸게 모방한 재료와 그런 열망이 비진정성, 즉 대량 생산과 대량 시장이라는 타락의 신호라며 그것들을 비난했던 것이다.

미적 열망은 불가피하게 어떤 종류의 불만, 그러니까 다른 종류의 생활이나 아마도 다른 자아에 대한 열망을 표현하게 된다. 불만족은 형식에 개의치 않고 개량을 위한 모든 탐구의 연료가 된다. 현재보다 미래가 더 나을 수 있다는 믿음은 결국 현재가 완전하지 않다는 뜻인데, 이런 감정이 긍정이나 부정의 어느 쪽 행동으로 전개될지는 개인의 문제다. 즉, 열망은 희망이나 절망, 즉 자기 발전이나 자기 증오를 고무시킬 수 있다는 말이다.

자신의 빈약한 체격에 대해 만족하지 않는 청소년은 건강을 위한 운동 및 섭생을 시작할 수도 있고, 그렇게 되면 성인이 되었을 때 자신의 육체에 대해 만족하게 될 것이다. 이에 반해 다른 청소년은 위험한 약물을 하거나 자기 혐오를 극복하지 못함으로써 식이요법을 하거나 지나친 훈련을 할 수도 있다. 어떤 주부는 다른 사람들 같았으면 예술작품을 만들거나, 산을 정복하거나 기술적 문제를 해결하는 데서 얻을 수 있는 만족감을, 색상, 질감 및 가구로 가정의 환경을 꾸미면서 경험하고 자부심을 느낄 수도 있다. 다른 주부들은 단순히 부족해지면 구입하는 행위를 함으로써 성취감을 소비로 대신하기도 한다. 물론, 겉으로 봐서는 어느 게 어느 건지 구별하기 어렵기는 하다.

비평가들은 미적 열망이 고통스럽거나, 천박하거나, 주제 넘는 짓일 수밖에 없다고 성급하게 비난한다. 그러므로 그들은 우리에게 더 많은 미적 선택권이나 통제권을 부여하는 어떤 혁신도, 예컨대 여드름 치료제에서 장식적인 냉장고까지의 어떤 혁신도, 점증하는 미적 기대의 가치를 떨어뜨리는 것이라고 생각한다. 그러나 대부분의 사람들에게 외적 정체성과 내적 정체성의 조화는, 어렵기는 하지만 만족스럽고 중요하다. 사람, 장소 및 사물에 대한 외양과 느낌 그리고 그것들이 드러내는 정체성에 대해 어설프게 다루는 것은, 단순히 만족스럽지 않은 일을 하면서 시간을 때우는 것일 수도 있다. 그러나 그것은 훨씬 더 자주 우리의 이상을 확인시켜 주거나, 우리와 타인과의 연결을 나타내거나, 우리에게 문제 해결과 발견의 기쁨을 제공하거나, 또는 단순히 표면 자체를 즐기도록 허용한다. 그 과정이 분출인지 열망인지, 또는 공허한 것인지 즐거운 것인지를 결정하는 것은 미적 실험의 본질적인 특성이라기보다는, 성격과 기회라고 할 수 있다.

  표면의 의미는 거대한 형이상학적인 뜻에서의 의미(Meaning)가 아니다. 미학은 우리의 목적들이 어떠해야 하는지를 말해 주지 않는다. 기껏해야 우리가 생각하는 우리 자신과 세계가 중요하다는 것을 상기시킴으로써, 그런 목적들이 무엇인지 하는 것에 대한 일부를 전달할 뿐이다. 우리는 정체성의 표면적 신호를 정체성 자체와 동등한 것으로 생각하고 외양과 느낌에 엄청난 대가를 지불하곤 한다. 고등학생들은 어울리지 않는 옷을 찾아 입으면서 여전히 순응을 거부한다. 경찰관들은 자신의 헤어스타일을 바꾸기보다는 경찰직을 그만둔다. 집을 소유하고 있는 사람들은 페인트 색상과 정원 스타일로 인해 법적 다툼을 하기도 한다. 피상적인 의미가 우주적 차원에서는 중요하지 않을 수도 있겠지만, 그렇다고 사소한 문제인 것도 아니다. 우리가 매우 중요하다고 인정하거나, 많은 즐거움이 생성되는 모든 것들이 갈등의 원천이 되는 것은 피할 수 없는 일이다.

The Substance of Style

# 디자인의
# 한계

The Boundaries of Design

로스앤젤레스에서 사는 화가 마이크 맥닐리(Mike Mcneilly)는 10층짜리 웨스우드 오피스 빌딩의 벽에 매달려 벽화를 그리던 중 빌딩 검열관으로부터 작업을 중지하라는 명령을 받았다. 그러나 맥닐리는 시의 허락을 받지는 않았지만 빌딩 주인의 부탁을 받았기에 무시하고 작업을 계속했다. 그러자 그들은, "그림을 중지하지 않으면 감옥에 가야 할 거요."라고 단호하게 말했다고 한다. 감방에서 주말을 보내고 싶지는 않았기에 중지했다고 하는데, 그는 비슷한 일로 다섯 번이나 고발되었다고 한다.

그 후 1년 넘게 그 인상적인 기념비, 즉 눈 아랫부분이 그려지지 않은 미완성의 자유의 여신상이 서쪽 윌셔 대로를 내려다보고 있었다. 우연이지만 맥닐리는 미학적 표현과 미학적 통제 사이의 격렬한 갈등의 상징을 그림으로 표현하게 되었던 것이다.

"모든 곳에 디자인이 존재하고, 모든 곳이 지금 디자인되고 있는" 시대에 외양과 느낌을 결정하는 사람은 누구든지 막대한 경제적, 개인적 가치를 결정하게 된다. 우리 주변의 환경이 미학적으로 더욱 즐겁게 되어 감에 따라, 오히려 추하거나 황당해 보이는 것들이 두드러지게 되었다. 따라서 더 나은 디자인을 요구하게 되고, 그렇게 되면 필연적으로 갈등이 유발된다. '디자인'은 일관성 있는 미학에 적합한 일련의 목적들을 담고 있지만, 모든 사람의 목적이 같은 것도 아니고, 즐거움을 주는 요소들도 역시 마찬가지다. 정체성은 매우 다양하고, 다양성과 일관성 중에서 어느 것을 선호하는지를 포함하는 취향들 역시 그렇다. 그렇다면 디자인은 한계가 어디까지인지에 따라 만족스러울 수도 있고, 전제적일 수도 있는데, 그것의 범위는 여러 가능성 중에서 한 가지 정체성을 표현하는 개인주의적인 것에서부터 개별적인 것들을 모두 하나의 통합적인 시각 속에 종속시키는 전체주의적인 것까지 매우 넓다.

미학적인 명령은 우리 모두가 개별적인 미적 이상을 추구해야 한다는 건가, 아니면 일관된 주제를 유지하기 위해 스타일적으로 기묘한 것들을 제거해야 한다는 뜻인가? 둘 다 의미와 즐거움을 발생시키고, 둘 다 미학적 가치를 만들어 내기는 하지만, 중요한 것은 두 가지 모두 유지되어야 한다는 점이다. 따라서 디자인의 독재를 피하기 위해 올바른 한계를 찾을 필요가 있다. 다시 말해서 일관성과 응집성이 주는 기쁨들을 허용하면서도 다원적인 정체성과 취향을 제공하는 미학적인 발견과 다양성을 존속시켜 주는 규칙들을 찾아내야 한다는 말이다.

미학이 표현의 한 가지 형식인 것은 분명하지만, 그렇다고 연설이나 저술에서나 어울리는 자유방임의 상태일 수는 없다. 외양과 느낌이 중요해질수록 오히려 규칙에 더 구속되는 경향이 있는데, 미의 바로 이런 점으로 인해 사람들은 절대주의자가 된다. 즉, 타인의 스타일 선택이나, 미학과 다른 가치들 간의 타협이 수치스런 환경을 만든다고 주장하도록 만드는 것이다. 개인들은 자신을 위해 더 많은 표현적인 자유를 기대할 수도 있겠지만, 그들 역시 타인들의 미학적 선택에 의해 모욕을 당하거나 희생당한다고 느끼곤 하는데, 이런 점은 특히 우리의 미적 시대의 시금석이 되는 장소들에 있어서 그러하다.

주택의 경우 사람들은 이웃의 담장 색깔과, 창문 틀, 심지어 이웃집 아이들의 놀이기구에 대해서까지 짜증을 부린다. "공공사업에 치명적인 일격을 가한 '내 뒤뜰에는 안돼(not in my back yard).'가, '그리고 당신 정원에도 안 돼(and not in yours either).'라는 예상치 못한 장애를 새롭게 만들어 냈다."고 〈뉴욕 타임스〉의 한 기자가 썼다. 이웃집 사람들이 한 부부가 아이들을 위해 뒤뜰에 설치한 그네에 대해 거부감을 표현했기 때문이었다. 구역 내 건축규제 규정에 따라 그네를 나무와 덤불로 가려진 곳에 설치했는데도, 그들은 욕실 창문에서 보인다고 불평하면서 "당신의 뜰을 우리 뜰의 연장이라고 생각하고 싶다."고 싸움을 걸듯 말했다고 한다. 그래서인지 뉴욕의 한 건물 검열관은, "사람들이 전보다 참을성이 확실히 줄어들었다."고 말하기도 했다.

지난 20년간 표준화된 스타일과 규범적인 '패턴 교본'에 따라 건설된 마스터플랜에 의한 주택단지들은 대규모 주택 개발의 전형이 되었는데, 이런 주택단지들은 예측이 가능하다는 이유로 선호되고 있다. 유서 깊은 교외 지역들에도 건축비를 낮추기 위해 획일적인 주택들이 건축되었지만, 시간이 지나면서 집주인들은 자기 집을 인상적으로 개조할 수 있었고 또 그렇게 했다. 이와는 반대로 마스터플랜에 따라 개발된 주택단지는 변화를 억제하려는 경향이 있는데, 구매자들이 특정한 외양과 느낌을 유지하려고 제정된 규칙을 따라야만 하기 때문이다.

건물의 겉모습도 점차 공공의 건강과 안전을 위해 준비된 종류의 정부 심의를 받고 있는 추세다. 1993년의 한 조사에 의하면, 미국 도시와 마을의 83퍼센트에 (역사적인 보존을 위해서가 아니라) 순전히 미학적인 근거에서 건물의 겉모습을 제한하는 일종의 디자인 심의가 행해지고 있었다. 이 중의 75퍼센트, 그러니까 전체 도시와 마을의 60퍼센트는 1980년 이후에 미적 심의안이 제정되었다고 한다. 이 조사를 주도한 브렌다 쉬어(Brenda Scheer)는 이런 현상을 '1930년대의 구역설정 제도'와 비교하는데, 1990년대 후반부터는 이런 트렌드가 가속화되었다고 한다.

일부 지역의 디자인 규정에는 할 수 있는 것과 그렇지 않은 것이 자세히 명시되었다. 또 다른 일부 지역의 규정에는 받아들여질 수 있는 것과 없는 사례들을 그림으로 보여 주면서 **적절하다**거나 **조화롭**다는 등의 일반적인 용어로 설명하기도 한다. 심한 경우에는 입주자들이 싫어하는 것은 무엇이든 디자인평가위원회가 금지시킬 수 있기 때문에 미리 정해진 규정이 없는 단지도 있다고 쉬어는 말한다. 그곳에는 정말로 특이한 금지 항목들로 이루어진 체크리스트가 있다는데, 예컨대 "그곳에서 가장 이상한 것은 윗부분이 둥근 창문이 허용되지 않는다는 점이다. 그리고 지붕은 평평해야지 비스듬하게 만들 수도 없고, 덧문이 있다면 열고 닫을 수 있어야 한다."는 것이다.

이 마을이 유일한 사례는 아니다. 건축평가위원회, 설계위원회 및 시의회는, 지붕 라인과 창문 스타일을 지정하는 것에서부터 어떤 종류의 나무를 심을 수 있는지에 이르기까지 폭넓은 취향 결정권을 가지는 경우가 있다. 정례 모임의 의사록에는 장식을 위한 덤불의 붉은 잎사귀들이 쇼핑센터 간판의 벽돌과 어울리지 않을 거라는 것과 특정한 지역에 단층집을 더 많이 지으라고 개발업자에게 지시하는 담당 공무원들의 의견이 기록되는데, 예컨대 어떤 마을에서는 시 의원이 브래드포드 배나무들이 아름답다고 칭찬했더니 한 공무원이 "일시적인 유행"에 불과하다며 반박한 적도 있다.

미네소타의 에덴 프레이리에서는 당국이 시내의 "시각적인 테마"에 어긋난다는 이유로 카리브식 식당들의 여름철 야자수를 베어 내라고 명령했고, 조지아의 사반나에서는 한 호텔을 리모델링하는데 객실의 크기를 줄이기 위해 반 인치짜리 미장벽돌을 사용하지 말고 완전한 크기의 것을 사용하라고 명령한 적도 있다. 위스콘신의 메퀴언에서는 맥도날드가 고유의 빨강, 노랑, 하양의 구도를 가진 복고풍 외양으로 바꾸려는 계획을 반대하고 그 건물 원래의 베이지와 황갈색을 유지하라고 명령했다. 버지니아의 페어팩스에서는 한 골프 연습장의 주인이 도시계획 공무원이 명령한 300그루의 나무와 관목을 심지 않았기 때문에 감옥에서 97일이나 있어야 했다.

그런데 이런 환경 미학의 문제나 미적 갈등이 집 밖에서만 벌어지는 것은 아니다. 개인적인 외모도 분쟁을 유발하는데, 특히 직장에서 그러하다. 게다가 일탈적인 스타일들에 대한 요즘의 관용적인 분위기로 인해 그런 갈등이 더욱 분명해졌다. 적절한 외모에 대한 사회적 합의가 약하기 때문이고 근로자들이 간혹 상사의 기준보다 더 많은 표현의 자유를 드러내곤 하기 때문이다. 스타일을 경영 전략의 일부로 생각하기에 일종의 '캐스팅 담당자'를 두고 있는 호텔의 경우, 직원들의 외모는 가구의 결이나 배경음악의 박자만큼이나 분위기의 일부일 수 있다. 고유한 분위기를 만들기 위해 스타벅스는 외양과 느낌, 음악 그리고 향기까지 통제한다. 그리고 직원들에게 유니폼을 입히고, 문신을 가리고, 피어싱을 제거하라고 요구하는데, 이런 규칙의 존재 자체가 한때 도를 지나쳤던 장신구들이 얼마나 일상적이었는지를 보여 주기도 한다. "저는 그것을 단지 의전적인 규약 정도로 받아들입니다. 업무상 필요하기 때문이죠."라고 팔목밴드로 문신을 가린 스타벅스의 7년차 고참 직원이 말한다.

이러한 미적 갈등에 있어 결정해야 할 문제는 표현의 자유가 좋은지 안 좋은지가 아니라, 디자인의 한계가 어디까지인가 하는 점이다. 어느 미학이 어떤 목적에 어울리는지를 과연 누가 결정할 수 있겠는가 하는 점이다. 어떤 사용자가 직원에게 원치 않는 스타일을 받아들이라고 강요하는 것은, 어떤 의미에서는 신문에 편집 관점과 일치하지 않는 기사를 실으라고 강요하는 것과 같고, 사주의 의지와 다르게 잡지를 다시 디자인하라거나 영화를 다시 편집하라고 하는 것과 마찬가지다. 기자와 그래픽 디자이너 그리고 영화감독은 표현의 자유를 가지고 있지만, 그렇다고 해서 자신의 일을 위해 기업을 이용할 수는 없는 일이다. 그들은 다른 관점과 재능을 제공하는 사람들과 경쟁해야 하고, 아울러 사용자가 고객의 요구에 맞추기 위해 자신의 창조물을 바꾸거나, 합당하지 않은 일을 요구한다고 여겨지면 일을 그만두어야 한다. 그들에게도 사용자들이 내린 나쁜 판단에 대해 공적으로 불평을 제기할 권리가 있는 것은 물론이다.

그런 분쟁들에서는, 서로에 대해 잘 알지도 못하면서 행해지는 흑백논리보다는 주고받는 협상이 더 자연스럽게 받아들여진다. 능력 있는 관리자들이라면 단순히 외모만을 문제삼아 능력 있는 직원들을 쫓아내고 싶어하지는 않을 터인데, 이것이 바로 '직장 평상복' 차림이 확산되고 있으며, 맥도날드에서 고급 호텔에 이르기까지 거의 모든 곳에서 더 세련되고 개성적인 유니폼을 채택하는 한 가지 이유다. 그럼에도 일부의 갈등들은 여전히 피할 수 없을 것이다. 앞으로도 더 많은 생산 과정에 미학적인 측면들이 포함될 것이고, 이에 따라서 표현의 자유에 대한 주장과 '창조적인 차이'에 대한 논쟁이 새로운 영역들로 퍼져나갈 것이다.

직원을 채용하는 것 자체가 어떤 측면에서는 디자인적인 결정이라서, 누가 그 장소에 어울릴지, 또는 고객의 마음을 더 끌 수 있을지 등의 의미를 함축하고 있는 경우도 있다. 가장 중요한 고려사항은 물론 개성과 인격 같은 품성이겠지만, 그러나 연극의 캐스팅과 마찬가지로 한 업무 역할의 '캐스팅'에는 외모, 즉 단지 옷이나 헤어스타일이 어떤지만이 아니라 첫인상이 어떤지 하는 것도 고려되는 것이다. 그런 고려사항들이 공개되면 논쟁을 불러일으킬 수 있는데, 인종차별과 성적 차별을 법적으로 강요한 역사를 겪은 우리들은 표면적인 선호를 반영하는 것처럼 보이는 그 어떤 고용 선택도 비난하는 경향이 있다.

영국에서라면, 호텔의 인사담당자가 인터뷰하러 온 사람에게, "그 부서는 젊고, 매우 친절한 사람을 찾으며, [그리고] 호텔의 전체적인 컨셉과 일치하는 사람을 고용한다."고 말해 주면 될지도 모른다. 그러나 미국에서 특정한 유형의 사람을 고용하는 일은 법률을 위반하게 되는 경우가 있는데, 디자인을 특정한 어떤 구직자를 선호하는 타당한 근거로 인정하지 않기 때문이다. 유명한 호텔 경영자인 이안 슈레이저는 L.A.에 있는 몬드리안 호텔을 맡은 후에, 경영혁신 과정에서 현관 직원들을 해고하고 '외모가 멋진' 직원들을 새로 고용했다. 그런데 문제는 새 직원들은 모두 백인이었는데, 해고된 직원 중에는 백인이 한 명밖에 없었다는 점이었다. 결과적으로는 미 연방 고용기회균등위원회를 통한 소송으로 호텔측이 해고된 직원들에게 각각 12만 달러씩 지불하는 것으로 해결되었다.

'멋지다'는 말은 당연히 모든 인종에 해당되는 것이기에, 몬드리안 호텔이 무슨 근거로 그런 결정을 했는지는 의심스럽다. 그러나 그 호텔이 늙은 현관직원들을 해고하고 멋진 외모를 가진 여러 인종의 직원들을 새로 고용했다면 어떠했을까? 아마 그랬어도 소용없었을 것이다. 멋쟁이들이 아닌 보통의 서민들로 이루어진 배심원단이라면 해고된 직원들에게 동정심을 느꼈을 것이라고 원고측 변호사가 말했기 때문이다. 고용주측의 변호

필립 스탁이 설계한
L.A. 몬드리안 호텔
의 내부 모습

사들조차 차별로 인한 벌금을 피하기 위해서는 새로 뽑은 직원들도, "나이가 다양했어야 하고, '멋지다'는 말이 젊은이를 의미했다면 문제가 있는 것"이라고 말했을 정도였다. 몬드리안 호텔 사건을 맡은 고용기회균등위원회측 변호사는 한걸음 더 나아가, 단지 "유연하다거나, 매우 건강해" 보인다는 이유로 누군가를 고용하는 것도 장애인보호법의 위반이라고 주장하는데, 그것은 물론 사지 절단이나 얼굴 손상 혹은 외관상의 결함을 가진 사람들을 보호하기 위함이다.

물론 그것과 "브로드웨이 뮤지컬 '피터팬'의 팅커벨 역을 날씬하고 매우 건강해 보이는 젊은이에게 맡기는 것"은 다른 문제라고 그녀는 말한다. 그러나 "그 직업이 테이블 시중을 들거나, 가방을 나르거나, 또는 체크인하고 다양한 정보를 객실에 제대로 전달하는 일인 경우에는 문제가 있다."는 말이다.

사람마다 다양한 외모와 개인적인 스타일은, 인종과 성별 같은 신분적인 범주보다는 개성이나 체력 또는 창의성 같은 것들과 더 비슷하다. 매력적이거나 이지적인 사람이 취업 시장에서 유리하다면, 잘생기거나 멋진 사람도 그래야 하지 않겠는가? 매력적인 성격이나 지능은 좋은 외모와 마찬가지로 공평하게 분배되는 것이 아니기 때문이다. 그러나 그 변호사는 개인적인 외모가 연극 같은 몇몇 예술 분야를 제외하고는 합당한 가치의 원천이 아니라고 생각한다. 이 말은 호텔리어라는 "직업의 핵심"과 외양과 느낌은 무관하다는 뜻이 되고, 결국 전혀 고려할 가치조차 없다는 주장이 된다. 그렇다면 호텔은 그곳을 미학적으로 즐거운 환경으로 만들거나, 어떤 종류의 장소인지를 나타내기 위해서 직원을 활용해서는 안 된다는 말이 되는데, 이런 논리에 따르면 형식은 기능의 일부가 아니며, 따라서 법률은 미학적 명령을 인정해서는 안 되는 것이다.

피트니스 클럽은 아름다운 몸을 중심으로 광고를 하고 직원을 채용한다. 이런 사업은 미학적인 영감을 파는 것으로, 피트니스 클럽 회원의 폭발적 증가가 건강에 대한 관심만이 아니라 멋지게 보이려는 경쟁에 의해 이루어진다는 뜻이다. 그래서 재저사이즈(Jazzercise)라는 회사가 몸무게 110킬로그램인 여성을 에어로빅 강사로 채용하지 않으면서, 그녀에게 "지원자는 반드시 지방보다 근육의 비율이 더 높아야 하며, 보통 사람들보다 더 날씬해 보여야 한다."고 말한 것은 놀랄 만한 일이 아니다. 키가 170센티미터니까 제니퍼 포트닉(Jennifer Portnick)은 대략 45킬로그램 정도 더 무겁기 때문에, 취직하고 싶으면 '더 적합한 외모'를 만들어야만 했다.

포트닉은 샌프란시스코 인권위원회에 불만을 제기했는데, 그녀의 주장은 고용기회균등위원회 변호사의 것과 같았다. 즉, 에어로빅 강사에게 외모는 자기 일의 일부가 아니며, "그 직업의 핵심"은 에어로빅을 지도하는 거지 날씬하게 보이는 게 아니라고 주장했던 것이다. 결과적으로 포트닉이 고소했던 재저사이즈는 그녀에게 불법적인 차별을 한 셈이 되었다. 샌프란시스코 시에 '비만과 작은 키에 대한 조례'가 있기 때문에 그녀는 유리한 입장이었다. 그 법령에 의하면 사용자는 체중이 "진실한 직업적인 자격요건"이라는 것을 증명해야 했고, 그렇지 못하면 "체중을 건강의 척도로 사용해서는 안 된다."는 것이다. 게다가 뚱뚱한 직원들이 고객들을 쫓아 버리는지 여부조차 조사할 수도 없었다. 즉, "다른 직원이나 고객의 요청, 취향 혹은 선호가 차별을 정당화하는 것으로 주장될 수는 없다."는 규정이 있기 때문이었다. 결국

에어로빅 강사로 재저사이즈 사에 지원을 했다가 거절당한 제니퍼 포트닉

재저사이즈는 법원의 명령으로 내규를 개정해야만 했다.

 흥미로운 것은 법률적인 공방이 아니라 언론이 거의 전적으로 포트닉에 대해 동정적이었다는 점이다. 아름다운 신체는 기쁨과 열망뿐만 아니라 분노도 일으키는데, 그 소송에 대한 보도는 그런 불안을 반영했던 것이다. 외모가 에어로빅을 지도하는 것과 무관하다고 생각할 수 있다면 얼마나 다행스러운 일인가! 그러나 언론이 포트닉의 비만이 그 직업에 전혀 문제될 게 없다고 인도주의적인 주장을 하는 것과, 단순히 재저사이즈가 잔인하다거나 공정하지 않다고 말하는 것만으로는 샌프란시스코 시의 조례를 정당화하기에 충분치 않았다. 그래서 언론은 그 법이 사용자에게 손해가 아니고, 심지어는 이익이 된다고 선언하고 싶었고, 실제로 재저사이즈의 미학적인 전략이 사업적으로 무의미하다고, 즉 보통 생각하는 것과는 달리 뚱뚱한 강사들이 있어서 사업이 실제로 더 잘될 거라고 주장하기도 했다. 이런 식으로 언론에서는 계속해서 비만 강사들이 고객을 끌어들일 거라

고 선언하면서 그 회사의 판단력과 정체성을 비판했다.

이처럼 우리는 미학적인 판단을 하려는 열망으로 인해 다른 사람들의 다양한 미학적인 가치들을 이해하지 못할 수도 있다. 실험과 경험의 시행착오를 믿기보다는, 미리 생각해서 결정한 다음 대조적인 이론이나 다른 취향을 잊거나 무시하기 때문이다. 우리는 자신의 미학적인 선호를 다른 사람들도 좋아할 거라고 생각하곤 하며, 아울러 미학적으로 풍요로운 시대에 살고 있음에도 가끔 우리의 취향이 보편적이지 않을 수도 있다는 사실을 잊곤 한다. 라이프스타일만이 아니라 정체성도 다양하기 때문에 내게 딱 맞는 집이나 이웃집의 배치가 반드시 당신에게도 적합해야 할 필요는 없다. 특히 그처럼 근시안적인 미학적 판단은, 판단을 내리는 주체가 자신의 취향을 강요할 정치적 능력이 있을 때, 게다가 그런 강요를 막을 수 있는 법적인 장치도 없는 경우에 심각한 문제가 된다.

사우스캐롤라이나 주 찰스턴의 교외지역인 마운트 플레즌트 시에서 행해진 디자인 심의 의사록의 일부 내용에 대해 살펴보자. 한 건축가가 타운센터라는 쇼핑센터 내에 세워질 식당에 대한 계획을 제시하고 있는데, 다른 세부사항들과 함께 다음과 같이 설명한다. "그 식당의 안쪽에는 주문 설계된 마호가니와 유리로 된 선반이 있는 매우 근사한 바가 있으며, 가게 전면은 질감과 빛을 느끼도록 하고 시각적으로 흥미롭게 하려고 유리창 대신 근사한 유리블록(glass block, 유리로 만든 건축용 블록. 건물의 외벽이나 칸막이용으로 쓰이는데 채광이나 방음에 효과가 있다.)을 설치했습니다." 기획팀이 설계에 대해 논평한 다음에, 비평위원회의 위원들이 끼어든다.

[첫번째 위원이 말했다.] 세라믹 타일 띠는 제거해야 할 것 같은데, 벽돌 세공은 아주 멋지다. 그 벽돌의 색상은 벽돌 질감보다는 세공이 느껴질 수 있어야 한다……. 그는 그 유리 블록에 대하여 물었다. [건축가] 그것은 빛이 바를 통과할 수 있도록 하기 위해 바 자체의 디자인과 연결된 것이라고 말했다. [그 위원은] 유리블록이 타운센터에 사용된 적이 있었는지 생각나지는 않지만, 괜찮게 느껴진다고 말했다. 문에 있는 유리블록은 그다지 매력적이지 않다. [또 다른 위원이] 멋있어 보인다고 말했다……. [세번째 위원이 말했다.] 세 가지가 관심이 있는데, 문의 어떤 쪽엔가 있는 유리블록, 왼쪽 엘리베이터에는 창문 뒤쪽으로부터 아무런 세부장식이 없다는 것 그리고 뒤쪽 엘리베이터가 커다란 녹색 상자 모양이라는 점이다……. 아마 녹색이 은색보다 더 낫겠지만, 그가 선택할 수 있는 것은 아닐 것이다.

타일, 벽돌, 유리블록, 그리고 녹색 페인트에 관한 위원들의 개인적인 느낌을 표현하고 있는 이런 비평들은, 이웃에 피해를 끼치지 않기 위한 '나무를 심어 쓰레기통 가리기' 같은 간단한 규칙과는 완전히 다르다.

마운트 플레즌트에는 명시적인 디자인 규칙, 예컨대 네온은 사용할 수 없다는 등의 규정들이

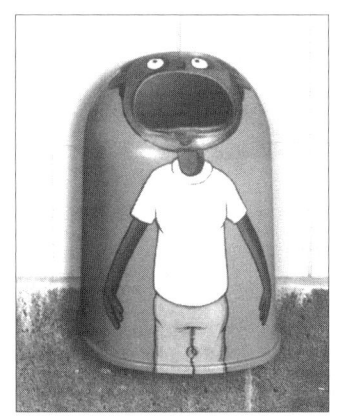

재미있는 디자인의 쓰레기통

많지만, 위원회의 결정으로 바꿀 수도 있다. 만약 위원들이 유리블록이나 세라믹 타일을 좋아하지 않는다면, 그 도시에 특정 재료에 대해 반대하는 규정이 없어도 그들은 그렇게 말한다. 계획을 승인받고 싶은 건축가는 위원회에 맞추기 위해 고객의 예산, 취향, 미학적인 정체성을 수정할 것이다. 만약 그 사람이 같은 위원회에 미래 지향적인 설계도를 제출한다면 더더욱 그럴 것이다.

"디자인 심의는 건축 설계사들을 합법적인 전략가로, 그리고 정치적인 모략가로 바꿔 놓는데, 그로 인해 예술가의 재능과 혁신은 억압된다. 또한 다른 형태의 절대적인 권력처럼 그것을 휘두르는 사람들도 타락하게 되어 있고 그들이 관장하는 과정도 망치게 된다."고 건축가 데니즈 브라운(Denise Brown)은 말한다. 심의를 하는 동안 처음에 세웠던 디자인의 목표는 사라지기 쉽고, 외부인들의 미학적인 판단에 휘둘리게 된다. 결국, "질감과 빛과 시각적인 흥미를 주기 위한 유리블록" 대신 거슬리지는 않지만 흥미롭지도 않은 보통의 평판 유리로 결론이 난다. 그래서 브라운은 이렇게 말한다. "간단히 말하면, 디자인 심의는 디자인에서 질을 확보하는 문제를 예술적으로가 아니라 법률적으로 해결하는 일이다."

이처럼 강요된 동질화로 인해 쉬어는 디자인 심의 규정의 많은 부분에 문제가 있다는 생각을 하게 되었다. 보스턴 시의 도시계획을 담당하던 시절 그녀와 부하 직원들은 공적인 관리감독권을 가지고 있기에, 마음에 들지 않는 계획은 수정하라고 돌려보내기도 하고, 자신들의 이상적인 디자인에 합치하는 개발업자들에게 상을 주기도 했는데, 시간이 흐르면서 그 지역의 건축가들이 그녀의 취지를 이해하게 되었다고 한다. 그녀는 "우리들이 받아들이는 것들에 대해 지역의 건축가들이 익숙해지기 시작하면서 제출되는 계획들이 점점 더 마음에 들었고, 나중에는 비슷해졌다."는 것이다. 그리고 "몇 년이 지난 후, 도시 경관에 대한 내 견해가 견고해지고 공식화되는 것을 보고 매우 기뻤다."고 한다.

그러나 어느 날 갑자기 쉬어는 "마음에 드는 비슷한" 건물들로 이루어진 도시가 과연 좋은 것인지에 대한 의문이 들기 시작했다고 한다. 도시계획가들의 획일적인 시각을 반영함으로써 그 도시를 암암리에 단일한 디자인 프로젝트로 바꾸고 있다고 느껴졌던 것이다. 나쁜 건축을 피하기 위해 제정된 디자인 심의가, 건축가의 판단과 우선권을 비평가의 것으로 대체함으로써 수정을 요구하는 권유가 되었고, 그래서 그것은 건축의 다양성을 거부하고 창조성을 억누르는 과정이 되고 말았던 것이다. "어느 날" 쉬어가 말한다.

평범한 어떤 주택단지를 심의하고 있었는데, 최근에 건축학과를 졸업한 직원 중의 한 명이 신입 시절이었으면 맥락과 독창성이 감각적이라고 기쁘게 환영했을 도면을 가지고 뭐가 못마땅한지 땀을 흘리고 있었다. 현관이나 지붕의 세부 내용이 마음에 들지 않았는데, 벽돌의 크기가 '문제'였던 것이다. 바로 이때 내 머릿속이 환해지는 느낌이 들었는데, 이것은 기나긴 탐색 과정의 시작이었다.

미학적인 실험이 공적인 허가를 받아야 할 때에는 아주 조금만 평범하지 않아도 걸러지게 된다. (그래서 유리블록이 거부된 것이다.) 혁신이 전통적인 감수성에 거슬리기 때문일 수도 있겠고, 짐작하듯 그저 설명하기 어렵기 때문일 수도 있다. 결과적으로 "그 나라 전역에 걸쳐, 모든 주와 대부분의 도시들에서 모험적인 디자인이 완곡하게 제거되거나 철저하게 차단되고 있다. 여기서 관심의 초점은 '간섭을 싫어하는' 건축가의 자유가 아니라, 그 도시, 아니 모든 환경의 디자인들이 강렬하고 자극적으로 될 잠재적인 가능성"이라고 쉬운 주장한다.

도시계획 당국은 마음대로 수정할 수 있는 힘이 없을 때조차 자기 지식의 한계를 넘어서는 경향이 있다. 말하자면, 그들은 소유주가 가진 그 건축물의 조직적인 내용과 목적에 대해 이해하려 하지도 않고 관심도 없으며, 부지, 용도 그리고 예산의 세세한 문제들을 해결하려고 고민하지도 않는다. 그리고 그들은 건물주의 취향이나 그 디자인이 목적으로 하는 영향에 대한 암묵적인 이해를 공유하지 못할 수도 있다. 게다가 그들이 수정을 지시할 때 추가되는 비용이나 그 밖의 노력을 함께 부담하지 않는 것도 물론이다. 그 결과는, 예컨대 프린스턴 대학교의 제1학생회관의 사례처럼 이상하고 터무니없는 것일 수도 있다.

1990년대 후반에 모든 편의를 제공하는 학생회관을 지으려고 결정한 프린스턴 대학교는, 이미 그 캠퍼스에서

옛 구조에 새로운 의미를 부여해 조성된 프린스턴 대학 팔머 홀 전경

네 동의 건물을 신축했고 많은 건물을 리모델링했던 경험이 있는 벤추리, 스콧 브라운 앤 어소시에이트 사(Venturi, Scott Brown and Associates)에 일을 맡겼다. 스콧 브라운과 프린스턴 졸업생인 로버트 벤추리(Robert Venturi)는 그 캠퍼스의 전통적인 고딕 양식의 형태와 색상 그리고 장식적인 열정을, 현대 건축의 기계적이고 기하학적인 배열과 통합시켜서 갈채를 받은 적이 있었는데, 예컨대 그들이 지은 건물들이 "현대 건축가라고 해서 역사에 등을 돌려서는 안 된다는 것을 증명했다."고 선언한 비평가도 있을 정도였다.

물리학부가 사용해 온 프린스턴의 팔머 홀은 오래된 낡은 건물이었다. 그러나 그 건물을 새로운 용도로 사용하기 위해 아무도 생각하지 못했던 새로운 건축학적 해결책을 택했다. 그 학생회관의 친숙하지 않은 아케이드는 모형을 본 사람들의 상상력의 도전을 받았고, 디자인 심의를 힘들게 마칠 수 있었다. 오로지 대학 당국과 건축가들의 의지가 강했기 때문에 그 아케이드는 살아남았다.

디자인의 한계가 어디까지인지를 모르기 때문에, 실험을 못하게 하고 새로운 즐거움과 의미의 원천들을 분쇄시키는 위험에도 불구하고, 우리는 미학적인 명령을 동질화와 균형을 위한 정당화로 바꾸었다. 미학적인 발견 과정은 고정적이고 변하지 않는 표준이 되기에는 지나치게 예측 불가능하며, 심지어는 일정한 취향과 정체성을 가진 개인의 경우에도 ― 패션의 지속력이 보여 주듯이 — 시간이 지남에 따라 약간의 다양성을 원하기도 한다. 냉난방 장치에서 CAD에 이르기까지 신기술들은 새로운 스타일을 만들어 내고, 다른 한편 문화적이고 이념적인 변화는 새로운 정체성이 형성되어 새로운 미학적인 표현을 하게 한다. 결국, 최상의 유일한 방법은 없고, 오히려 변치 않는 '좋은 디자인' 모델은 미학적인 의미와 기쁨이 진화되는 과정을 위협한다. 그래서 미학적인 실수를 회피하려는 것은 실수 자체만큼이나 해로울 수 있다.

"독일이나 스위스에 가서 시골 마을을 돌아다닌다면, 모든 집들이 [단지] 약간의 차이만 있을 뿐 거의 똑같다는 것을 알게 될 것이다. 간혹 제라늄 꽃 장식을 한 집들도 있는데, 매우 아름다우며 휴가지로는 멋진 곳"이라고 로지텍 사의 창립자인 자파코스타가 말한다. 이런 나라들에서는 실제로 좋은 디자인이라는 미명하에 개성과 실험을 통제함으로써 경관을 엄격하게 규제한다.

그러나 이탈리아는 상황이 다른데, 우연인지 그곳은 규제받지 않는 창조적인 디자인 산업들로 유명하다. "사람들이 실제로 살면서 일하고 있는 이탈리아의 시골 마을에서는 똑같아 보이는 집을 전혀 발견할 수가 없는데, 이는 지속적인 실험의 결과다. 그래서 집들 중에 99퍼센트는 보기 **흉하다**, 정말로 꼴사납다."고 자파코스타는 말한다. 그리고 이처럼 실패를 참아 주고 실험을 허용하는 문화가 바로 미학적인 약진을 이루어 내는 문화라고 주장한다. 그러면서 그는 친구인 한 디자인 교수의 말을 인용했다. "이탈리아 디자인의 위대함의 기반은 추함에 대한 관용이다."

물론, 누군가는 그처럼 질서정연하게 장식된 제라늄이 즐거울 수도 있고, 실제로 독일의 디자인 자체는 높은 수준으로 유명하다. 그러나 다양성과 실험을 최대한 허용한다고 하더라도, 단 하나의 표준으로는 모두를 만족시킬 수 없다. 다시 말해서 해결해야 할 과제는 디자인의 제거가 아니라, 그 한계를 명확히 하는 일이다. 우리는 모든 사람들에게 '모든 것이 가능한' 세계(그 자체가 특정한 디자인의 선택이다.)를 강요하기보다는, 디자인을 추종자들과 조화시키는 것, 즉 일관된 미학을 공유하고 있는 목적과 일치시키기를 원한다. 디자인의 한계를 너무 넓히는 일은 다음과 같은 호소력 없는 두 가지 대안을 함축하고 있다. 즉, 젊은이들이 정체성이 없다는 이유로 기피하는 백화점처럼, "'모든 이'를 위해서는 어떤 것을 제공하지만 특정한 어떤 이에게는 아무것도 제공하지 않는" 너무 작은(little) 디자인이 되거나, 단 하나의 세련된 미학을 어울리지 않는 사람들에게 강요하는 너무 좁은(narrow) 디자인이 되는 것이다.

권력을 가진 당국이, 예컨대 유리블록을 쓰지 못하게 하거나, 모든 체형들을 대표하는 에어로빅 강사들을 써야 한다는 등의 규정을 가지고 독특한 미학적 정체성을 배제하는 방식으로 갈등을 피하려고 하는 것은, 우리를 너무 작은 디자인이라는 동질적인 세계 속으로 몰아넣는 것으로, 아무도 공격받지는 않지만 누구도 즐겁지 않게 된다. 이와는 달리 좁은 디자인은 단 하나의 분명한 정체성을 강요함으로써 제한된 범위의 스타일들을 제외하고는 받아들이지 않는다.

어떤 디자인이 좋은 디자인인지 판단할 수 있는 기준은 없다. 따라서 그것에 대한 통제는, 예측 가능한 규칙이라기보다는 개인적인 기질을 반영하는 원색적인 권력의 주장에 의존하는 경향이 있다. 비전문적인 시민들로 구성된 디자인심의위원회가 "아무도 거스르지 않기"라는 온건한 명령(너무 작은 디자인)으로 건축가들을 미쳐 버리게 만드는 반면, 전문적인 비평가들은 쉽게 자신이 좋아하는 전문적인 교리들(너무 좁은 디자인)을 시행토록 할 능력이 있다. 워싱턴 미술심의위원회는 심지어 미국건축가협회가 제시한 협회 본부 설계를 거부하기도 했는데, 포스트모던한 스타일이 위원회의 모더니즘적 시각들을 거슬렀기 때문이라고 한다.

그렇다고 해서 미학적 과잉이 전혀 해롭지 않다고 말하는 것은 아니다. 외양과 느낌이 주관적으로 가치 있다면, 그만큼 주관적으로 해로울 수도 있기 때문이다. 경제학자들은 혜택을 입지 않는 제3자에게 본의 아니게 비용을 부담시키게 되는 '외부효과'라는 관점에서 오염에 관해 이야기하는데, 제3자가 부담하는 비용은 전문가들이 객관적인 피해를 측정할 수 있는지의 여부와는 무관하게 현실적인 일이다.

바드 칼리지(Bard College)가 프랭크 게리(Frank Gehry)에게 공연예술센터의 설계를 의뢰했을 때 허드슨 밸리 주민들은 항의했다. 스테인리스 스틸 건물의 번쩍거리는 모습이 산책길에서 역사적인 장소로 보존되어 온 1804 맨션에서의 전망을 망칠 거라고 예상되었기 때문이다. 그러자 대학은 길어질 게 뻔한 법정 투쟁을 피하기 위해 약 1,000만 달러의 건축비를 더 들여 캠퍼스 안쪽으로 멀리 옮겨 짓기로 했다. 내가 미학적 분쟁에 관한 어느 칼럼에서 그 사건을 언급했는데, 내 글의 편집자는 게리의 디자인을 다음과 같이 통렬하게 비난했다. "그 건물은 반경 23킬로미터 내의 재산 가치를 훼손시켰을 모더니즘의 기형물이었다. 이 일에서 문제가 되는 외부효과가 없다는 말인가? 그럼에도 [바드 칼리지의 학장이자 교향악단 지휘자인] 레온 보스테인이 그런 것을 보게 강요한다면, 다음번에는 아마도 내게 그랜드 센트럴(Grand Central)의 대기실에서 쉰베르크의 곡을 들으라고 강요할 것이다."

반경 23킬로미터라는 표현은 과장이지만(건물 한 동으로 그렇게 넓은 지역에 영향을 줄 수 있다는 것은 상상하기 어렵다), 미학적인 선택이 부작용을 일으킨다는 전체적인 맥락은 정당하다. 감성이 다른 사람들에게 피해를 주기 때문이다. 대부분의 미학적인 갈등이 외부효과로부터 유발된다는 것은 놀라운 일이 아니다. 우리는 경험해 보지 못한 미학적인 선택에 대해서는 그렇게 많이 신경 쓰지 않기 때문이다. 즉, 당신의 보기 흉한 집은 이웃 사람들을 괴롭히지만, 당신의 보기 흉한 소파는 그렇지 않은 것이다.

그러나 사람들이 사회 속에서 행하는 모든 것, 그러니까 자기 자식들을 키우는 것에서부터 신을 숭배하는 방식에 이르기까지 미학적인 간접 영향이 발생하는데, 그 중의 많은 것이 주관적으로 해롭다. 단지 홀로 고립되어 살아가는 은둔자만이 다른 사람들에게 아무런 영향도 끼치지 않을 뿐이다. 일부 사람들은 벗겨진 페인트나 어수선한 벽보, 낯선 건축물뿐만 아니라 나쁜 피부나, 혐오스러운 넓적다리, 격자무늬 취향까지도 부정적인 미학적 외부효과에 포함시킨다. 취향은 주관적이고, 그리고 미학적인 정체성은 대개 개인적이기 때문이다. 미학적인 간접 영향이 정말로 범죄적인 폭력의 일종인가, 아니면 보다 모호한 어떤 것인가? 정말로 규제를 하거나, 세금을 매겨야 하는가, 아니면 제3자를 불쾌하게 만드는 모든 행위를 제지해야 하는가?

경제학자인 로널드 코스(Ronald Coase)가 1960년에 쓴 것으로 1991년에 노벨 경제학상 수상에 기여한 "사회적 비용의 문제(The

Problem of Social Cost)"라는 유명한 논문에서 바로 그 예민한 문제를 다루었다. 그는 중요하지만 직관에는 반하는 듯한 이야기, 즉 공해는 물리적인 침해나 악행 같은 단순한 문제가 아니라 가치 있는 행위의 부산물이라는 주장을 한다. 그래서 단순히 공해의 근본 원인을 제거하는 것으로는 가치의 소멸이나 감소로 인해 자신에게 손해가 올 수도 있고, 스스로를 공해의 희생자라고 주장하는 것은 손해에 대한 보답을 요구하고 있는 것이라고 한다. 그러니까 게리가 설계한 건물을 짓는다면 그것을 기형적이라고 생각하는 관찰자들에게 해를 줄 수도 있지만, 짓지 않는다면 대학 역시 손해를 입을 것이라는 논리를 펴고 있는 것이다.

코스는 사회적 비용의 문제가 선악의 문제가 아니라, 비용과 혜택이라는 손익의 문제라고 한다. 따라서 그는 "해로운 영향을 주는 행위들을 다룰 때 직면하는 문제는, 단순히 그 일에 관련된 사람들만의 문제가 아니라, 더욱 중요한 것은 해로움을 방지해서 얻는 것과 그렇게 해서 다른 누군가가 당하게 될 손실 중에서 어느 것이 더 큰지를 따지는 것"이라고 한다.

만약 포틀랜드의 한 주민이 차고의 문을 거리에서 보이도록 크게 만든 집을 짓는다면, 그 집의 그런 정면을 우호적이지 않다고 여기는 사람들은 손해를 입는다. 그러나 만약 그렇게 설계하지 못하게 되어 있으면, 차고를 두 개 만들기에 적합하지 않은 부지들이 많아지거나, 집을 짓는 사람이 주거공간이 작아진 집을 설계할 수밖에 없어서 차고들을 원하는 주택 구매자들이 피해를 입는다. 코스의 시각에서 생각해 본다면, 이 문제는 어떤 손해가 더 큰지 그리고 그것을 피할 방법은 있는지 하는 것이다. 그래서 누군가의 시야를 침범하는 일은 방지되어야 할 행위라고 단순히 주장하는 것은 옳지 않고, 양측의 손익을 따져 봐야 한다고 말한다.

이처럼 코스는, 시장에서의 거래에 비용이 들지 않는다는 전제하에 공해 문제를 다루는 최종 단계는—법적 판결이 어떻게 내려지든지 간에—상호간의 손익을 따지는 문제라는 것을 깨달았다. 즉, 어떤 공장이 오염을 유발시켜도 조업할 권리가 있다면, 탁한 공기를 마시고 싶지 않은 사람들은 공장이 오염을 유발하지 않도록 돈을 쓸 것이고, 반대로 그 사람들에게 오염에 시달리지 않을 법적 권리가 있다면, 공장은 그들에게 그 권리를 보류하도록 돈을 지불할 수 있다는 것이다. 그래서 어떤 경우가 됐건, 오염 문제는 모든 사람을 최대한 행복하게 만드는 수준에서 결정되는 것이 가능하다는 말이다. 이런 통찰력은 코스 법칙(the Coase Theorem)으로 알려지게 되었다.

많은 경우에 있어서, 모든 손익과 모든 해결책을 고려한다면, 미학적인 갈등에 대처하는 가장 경제적인 방식은 아마도 이탈리아 식이라고 부를 수 있는 것, 즉 좋아하지 않는 것을 외면하는 일이다. 외면한다는 최소한의 비용은 소유주의 큰 이익에 비해서 그리고 일부 사례에서처럼 다른 사람들의 큰 이익에 비해서도 적어 보인다. 외면하기가 최소한의 비용이라는 것은 특히 미학적인 관용의 비용이 시간이 지남에 따라 적어지는 경향—이 점은 보다 객관적인 유형인 공해와는 또 다른 차이점이다—때문에 진실이다. 감각기관들은 같은 수준의 지속적인 자극보다는 변화에 대해 더 민감하게 반응하며, 무의식적으로 환경에 대한 우리의 기대를 순응시킨다. 이게 바로 나쁜 냄새를 금방 알아채지 못하는 이유이며, 시끄러운 공연장에서는 보통 수준의 말소리가 아주 작게 느껴지는 까닭이다. 이미 형성된 환경에서는 조화를 이루지 않던 요소들의 부조화가 점차 느껴지지 않게 되면서 배경의 일부가 되는 경향이 있다는 말이다. 그리고 체계적인 장점도 하나 있는데, 다른 사람들의 미학적인 선택의 결과인 사소한 부정적인 과잉을 참아 줌으로써, 우리도 개인적인 표현과 미학적인 혁신의 이익을 즐길 수 있다는 점이다.

명확하지만은 않은 이런 종류의 계산은, 주택 소유자들이 일반적으로 자신의 취향에 따라 정원과 집의 외부를 장식할 폭넓은 권리를 정당화시켜 준다. 즉, 그들에게 큰 이익이지만, 동의하지는 않아도 외면할 수는 있는 이웃에게는 작은 손실이기 때문이다. 심지어 피해가 '외면하기' 정도로는 해결하기 어려울 정도로 근본적인 경우에도, 다른 가치 있는 행위들을 못하게 하는 것보다는 과잉을 개선하는 것이 비용이 덜 드는 경우가 있다. 예를 들면, 이동전화 서비스의 사회적인 가치가 매우 높기 때문에, 미국 법률은 지역사회들이 이동전화 중계탑을 완전히 금지하지는 못하도록 하고 있다. 결과적으로 통신 회사들이 원하는 곳에 탑을 세울 권리는 없지만, 주민들이 그 탑들을 완전히 없앨 수도 없다. 그래서 이동전화 중계탑들을 숨기도록 규정하거나, 방해가 덜 되는 장소에 설치하거나, 혹은 인접 주민들에 대한 합리적인 배상을 요구하는 등의 비용이 덜 드는 과잉 해결 방법을 찾아야만 한다.

이동전화 중계탑이나 포틀랜드의 차고 규제에서의 갈등은, 미학적인 고려와 다른 가치들 사이의 문제였다. 만약 그 탑들이 미학적인 것 이외의 이익을 제공하지 않았다면, 아무도 그것을 원치 않았을 것이다. 마찬가지로 거리에 접한 커다란 차고 문이 있는 집이 더 좋아 보인다고 생각하는 사람은 아무도 없다. 그런 설계는 어떤 주택을 부지에 맞추는 데 효율적인 방식일 뿐이다. 우리는 공장의 매연처럼 이동전화 중계탑이나 '차고가 돌출된 주택'이 부정적인 과잉을 창출한다는 사실에 일반적으로 동의한다. 주관적인 판단이기는 하지만, 폭넓게 공유되는 생각이다. 기술적 제약이나 재정적 제한이 없는 세상에서는, 거의 모든 사람들이 무엇을 해야 할지에 동의할 것이다. 결국 분쟁은 이상적인 것이 무엇인가가 아니라 비용과 혜택의 상대적인 문제에 관한 것이 된다.

그런 근원적인 합의 때문에, 전혀 미학적이지 않은 혜택을 유지하다가 점진적으로 미학을 개선시킴으로써 간혹 절충안이 발견되는 경우가 있다. 건축비는 저렴하지만 단순한 커다란 상자 모양의 상점은, 월마트가 고객들이 있는 도시지역 쪽으로 옮겨갈 때 그랬듯이 조경이나 건축적인 장식을 위해 조금 더 지출함으로써 주변 사람들의 걱정을 누그러뜨릴 수 있었다. 이동전화 중계탑에 대한 해결책처럼, 이런 접근법은 일반적으로 그 상점이 영업권을 가지고 있을 때에만 효과가 있다.(코스 식 협상의 정치적 버전) 만약 감정이 상한 이웃들이 그 상점을 완전히 봉쇄할 수 있다면, 혹은 단 한 명의 반대자라도 그 문제를 법정으로 가져갈 수 있다면, 대부분의 사람들을 불편하게 만든다고 하더라도 그 스토어는 세워질 수 없을지도 모른다. 그러나 융통성이 충분히 있기에, 미학이 다른 가치들과 갈등을 일으키는 경우에도 양측은 어떤 해결책을 끌어낼 수 있을 것이다.

다른 사례들에서의 논쟁은 보다 근본적이다. 재정적이나 기술적인 제약이 없는 세상이라고 하더라도 무엇이 이상적인 것인

건축의 일반적인 규정에서 벗어나는 듯한 프랭크 로이드 라이트의 구겐하임 미술관 전경

지에 대한 합의는 매우 어렵다. 취향들이 쉽게 충돌해서 협상을 불가능하지는 않지만 어렵게 만들기 때문이다. 포틀랜드가 전면에 창문이 많지 않은 주택들을 규제한다면, 그것은 일부 사람들이 매우 좋아하는 현대 건축을 불법이라고 선언하는 것이다. 포틀랜드 시의 심의관들은 보통 프랭크 로이드 라이트(Frank Lloyd Wright)의 작품을 불법적인 것의 예로 드는데, 컬트 류가 받는 듯한 애착을 받고 있으며 프리미엄까지 붙어 있는 에이클러(eichler) 주택들을 포함한 20세기 중반의 많은 스타일들도 그런 평가를 받고 있다. 차고에 대한 규정이 있는 사례와는 달리, 자원이 무제한적으로 있다고 하더라도 이러한 취향의 갈등은 사라지지 않을 것이다. 결국 미학이 미학과 충돌할 때에는 어느 한 디자인이 이겨 내서 지배적인 양식이 되어야만 한다.

궁극적으로, 미학적인 갈등을 완화시키는 유일한 방법은 디자인의 한계를 정하는 것이다. 그런데 이것은 인간이 매우 다양하다는 사실을 인정하는 일이고, 개인들이 존중하거나 그래야 하는 미학적인 원리를 연역해 내는 일이 불가능하다는 것을 인정하는 일이기도 하다. 우리는 애덤 스미스의 이론을 받아들여야 한다. 전문화의 중요성을 받아들이고 사람들이 많은 큰 시장(large market)이 같은 종류의 상품으로 이루어진 거대 시장(mass market)일 필요가 없다는 것을 이해해야 한다는 말이다. 좋은 디자인의 한계는 옷을 입거나, 에어로빅 수업을 지도하거나, 식당을 경영하거나, 혹은 주택단지를 지을 유일한 최선의 방식을 찾으려고 애쓰지도 않을 것이며, 다원주의적일 것이고, 한계 자체가 얼마나 커야 하는지에 대한 것을 포함한 발견과 경쟁을 허용할 것이다. 그래서 많은 사람들을 즐겁게 하는 니치 디자인은 시간이 흐를수록 점점 확대되고, 인기를 잃은 니치는 수축될 것이다.

다자인 한계는 하나의 조직이나(즉, 한 식당 체인의 도로표지와 인테리어 디자인, 어느 회사의 복장 규정, 종교적인 의복), 비공식적인 단체(친구들의 의상 흉내, 하위문화의 장식, 팬 집단의 단체 로고들) 혹은 지리적인 영역(주택단지, 쇼핑 구역, 사무실 지역) 모두에 적용된다. 그리고 그것은 규정이 분명하고 구성원들이 자발적으로 따라줄 때, 구성원들이 마음대로 떠날 수 있을 만큼 단위가 작고 다양한 디자인 양식이 서로 경쟁할 때 가장 잘 작동된다.

개발된 환경 내에서 단위가 작아야 한다는 것은, 어떤 지역이 획일적으로 디자인되어서는 안 된다는 뜻이고, 세부적인 규정이 있든, 포괄적으로 구성되었든 아니면 아무런 제한이 없든 여하튼 그곳을 자체의 디자인 규정이 있는 작고 독립된 구역들의 집합으로 간주한다는 뜻이다. 그래야 그곳의 규칙들이 마음에 들지 않는다면 어렵지 않게 다른 곳으로 옮겨갈 수 있기 때문이다. 그 지역의 총체적인 질서는, 그처럼 경쟁하는 단위들의 개별적인 결정과 그것들을 선택하는 개인들에 의해 이루어진다. 그리고 시간이 지나가면 이전에는 채워지지 않은 요구들을 만족시키기 위해 새로운 세트의 디자인 규칙들이 개발될 것이다.

자유로운 사회에서 사는 우리들은 대부분의 미학적인 영역에서 그 같은 다원주의적 경쟁을 당연하게 여긴다. 법률로 복장을 지시하려고 애쓰는 곳은 오로지 억압적인 사회들뿐이다. 경쟁이 없는 중앙집중적인 계획 경제 체제에서만 사람들에게 특정한 가구나 음식을 결정해 준다. 초록색 톤의 스타벅스가 마음에 들지 않는다면, 두 구역 떨어진 청색 톤의 스타벅스나, 연두색과 오렌지색 찻집 또는 파퓨럭스 스타일의 식당으로 갈 수도 있다. 거실을 고가구처럼 꾸민 가구들과 민속 공예품, 골동품들과 페르시아 양탄자들, 혹은 차분한 현대식 소파와 초콜릿-오트밀색 벽들로 장식할 수도 있다. 케이블 TV의 집안 개조 쇼에 등록하지만 않는다면, 디자인 절대자의 명령을 받아들이지 않아도 되며, 마음대로 스타일들을 바꾸거나 섞을 수도 있다. 몇 번의 잘 알려진 논란이 있었지만, 직원들의 복장 규정은 그렇게 큰 문제가 되지 않는다. 사용자도 많고 직업도 많기 때문이다. 예컨대, 레게머리를 했던 경관들 중 한 명은 곧 이웃 경찰국으로 자리를 옮겼고, 다른 한 사람은 학교 교사가 되었던 것이다.

그러나 주택단지를 개발하는 좋은 방법이 많다는 견해는 인정하기 어렵다. 루이빌 시에서는 건축적 자유를 지지하는 언변이 좋은 몇몇 사람이 이웃의 "독일식 '동굴 스타일'" 주택들을 비웃으면서 벽돌에 대한 그들의 애정을 조롱했다. 법적인 분쟁이 기술적인 문제에 매달려 있는 동안, "장소 감각이 전혀 없다."고 주장하는 사람들과, "달라지려고 노력한 것에 대해 갈채를 보내야 한다."고 말하는 사람들 사이에서, 그러니까 연속성이 좋다고 믿는 사람들과 그 집주인들을 포함해서 '전통에 대해 의심' 하는 사람들 사이에서 논쟁이 벌어졌던 것이다. 레게머리가 '진짜로' 무엇을 의미하는지의 문제처럼, 이 분쟁 역시 사실에 입각해서는 해결될 수 없다. 그것은 가치의 충돌이기 때문이다.

가치의 충돌은 이처럼 이념적으로 제기된 분쟁들에서 전형적인 일이다. 조성된 환경에 대한 비판자들은 점진적인 개선을 제안하거나, 대안을 제시하지 않고, 대개 세상을 단 하나의 올바른 삶의 방식이라는 누군가의 시각으로 다시 설계하려고 노력한다. 디자이너들은 간혹 올바른 환경이 사람들을 더 좋게, 그러니까 좋은 사회에 대한 디자이너의 관점에서 '더 좋게' 만들 것이라고 믿곤 한다. 만약 우리가 도시의 매연과 번잡함에서 벗어나, 20세기의 전원도시 운동이 주장했던 것처럼 들판이 있는 한갓진 교외에 주택단지를 건설한다면 노사가 평화롭게 살 것이고, 만약 우리가 베란다가 있는 새 집들을 짓는다면 요즘의 신도시주의자들이 생각하듯이 좋았던 옛날처럼 서로 잘 지낼 것이며(에어컨을 베란다에 내놓는 일이 바람직한지 여부에 대해 신경 쓸 것도 없다.), 커다란 차고를 불법으로 금지시키면 사람들은 자동차들을 포기할 것이고, 평범하지 않은 집들을 짓는다면 사람들은 관용적으로 참아 줄 것이며, 만약 우리가 한 도시를 정확히 내가 살고 싶은 방식으로 만든다면, 모든 사람들이 나를 좋아할 것이라는 식으로 생각하곤 한다는 말이다.

이미 건설된 환경에서는 진정한 디자인 다원주의를 발견하기 어려운데, 나는 캘리포니아의 어빈에 있는 한 도시계획 회사에서 원하던 장소를 발견했다. 그곳은 바로 엄격하게 통제된 디자인의 전형인 오렌지 카운티였다. 정말로 깨끗한 사무실 지역인 에지 시티, 마스터플랜으로 개발된 주택단지들 그리고 광고판과 빙글빙글 도는 네온광고가 없는 곳이다. 그곳은 너무나 깔끔해서, 캘리포니아 대학에서 학생들을 가르치기 시작했을 때 그곳에 살았던 내 남편은 주유소도 찾을 수 없을 정도였다고 한다.

날씨가 좋은 4월의 어느 날 나는 스티브 켈렌버그와 대화를 나누러 어빈으로 갔다. 그는 일 년에 1,000세대 이상의 주택을 짓는 대규모 개발의 마스터플랜을 세우는 일을 하는데, 이처럼 '생산성 높고 자금회전이 빠른' 사업들은, 붐을 이루고 있는 선벨트(the Sunbelt, 미국 남부를 동서로 뻗은 온난 지대)의 교외 지역들에 주택을 공급하는 미국 주택 건설의 현재와 미래를 대변하기도 한다. 그런데 나는 켈렌버그에게서, 마스터플랜을 가지고 만든 마을의 입주자 중의 63퍼센트가 더 많은 다양성을 바라는 반면, 단지 32퍼센트만이 자신의 주택단지가 일관성 있어 보이기를 원한다는 조사 결과가 있다는 말을 들었다.

그게 바로 내가 듣고 싶은 말이었다. 더 많은 다양성을 선호하는 도시 거주자들처럼 나는 마스터플랜에 따라 만든 마을들에 대해 회의적이다, 비록 그런 곳들의 인기가 매우 높다는 것을 알고 있기는 하지만. 심지어 내가 사는 그 작은 18가구의 복합건물에도 우스꽝스럽지만 따라야 하는 규정, 예컨대 출입문 앞에 화분 금지, 중간색이 아닌 창문 가리개 금지, 크리스마스 전후를 제외하고는 출입문 장식 금지 같은 규정들이 있다는 것은 말도 안 되는 일이지만, 그곳은 적어도 집들이 다닥다닥 붙어 있어서 미학적 과잉의 비용이 높기 때문에 그렇다는 평계가 있기는 하다. 그러나 나로서는 교외에 지은 널따랗지만 획일적인 주택단지에서 살고 싶어하는 사람들을 도저히 이해할 수 없다.

그러나 사람들은 정말로 다르다.

켈렌버그는 자유주의적 이상주의만큼 엄격한 실용주의에서도 똑같이 발생하는 받아들일 수 있는 한계에 대해 여러 차례 말한다. 만약 상업용 주거 환경을 디자인하는 사업에 몸담고 있다면, 구매자들이 가치를 두는 것에 대해 소홀할 수 없고, 당연히 자신의 이상향을 구매자들에게 강요할 수는 없다. 그럼에도 고집스럽게 강요한다면 당신과 성향이 다른 사람들은 다른 곳을 선택할 것이라는 말이다.

나와는 달리, 일부 사람들은 가격에 관계없이 다양성보다는 획일성을 선호한다. 거리의 모든 집들이 서로 매우 비슷해 보이거나, 오랜 시간이 지나도 자기 집을 거의 바꿀 수 없음에도, 대부분의 사람들은 그 점에 대해 나쁘게 생각하지는 않는다. 오히려 일부 사람들은 그런 종류의 예측 가능성을 **좋아하기도 하는데**, 자기 집이 획일적인 주택단지 안에 있다는 것에서 안정감을 느낄 수 있기 때문이다. 그러나 가격이 문제가 아니라면, 모든 사람들이 내가 고르는 것과 같은 것을 원치는 않을 것이다.

켈렌버그는 "우리는 주민들을 지나치게 일반화시키는 경향, 다시 말해서 '모든 사람이 규정에 맞는 색깔이 아니면 자기 집에 칠을 할 수 없고, 언제나 차고 문을 닫고 있어야 하는 그런 동네에 살고 싶어한다.'고 말하는 놀라운 성향이 있다."고 말한다. "실제로 그런 종류의 통제되고, 예측 가능한 환경을 원하는 사람들이 많다는 것은 사실입니다. 가끔 주택단지의 가치를 하락시키는 좋지 않은 경험들을 하기 때문이죠. 하지만, 그런 곳을 놀라울 정도로 억압적인 체제라고 여기면서 **거저 준다고 해도** 살지 않겠다는 사람들도 있습니다. 집이란 유기적이고, 유동적이며, 자신을 표현할 수 있는 환경이어야 한다고 믿기 때문입니다."

**사람들은 다르다.**

"어빈에는 그곳에서의 삶을 사랑하는 사람들도 있고, 그리고 어빈으로 왔다가 싫증이 나서 5년 후쯤에 떠나는 사람들도 있는데, 그들은 디자인에 대해 거의 규제하지 않는 인근의 비치 시나 산타아나 시로 갑니다."라고 그는 말한다. 다양한 사회 속에서 많은 규제를 원하는 사람들도 일부 있겠지만, "그것이 모든 사람에게 적용되는 올바른 방식이 아닌 것은 분명하다." 어느 것도 양자택일의 문제는 아니다.

**사람들은 다르다.**

통계 조사자들이 조사 내용을 오도하는 경우도 있다. 어떤 사람들은 다양성에 대한 관심이 매우 많고, 다른 일부 사람들은 정말로 일관성을 원한다. 그리고 그 사이에 많은 사람들이 있다. 일부 사람들은 확실히 이웃사람들과 어울리고 싶어하지만, 다른 일부 사람들은 단지 대형 TV와 함께 지내거나, 이미 아는 친구들하고만 교제하기를 원한다. 어떤 사람들은 차를 타지 않고 걸어가도 될 정도로 상점이 가까워야 한다고 생각하지만, 다른 사람들은 차를 타고 쉽게 다녀올 수 있으면 괜찮다고 한다. 그리고 이런 차이는 인구통계적인 차이, 즉 나이, 수입, 교육 등의 차이가 아니라, 정체성과 태도의 차이이고, 그래서 가격이 같다면 동일한 규모의 가정들이 거의 모든 종류의 주택단지 디자인을 다양하게 원한다는 사실을 알게 될 것이다.

이런 통계 수치들의 진정한 의미는, 주택 시장이라는 분야가 구매자의 요구를 만족시키지 못해 왔다는 사실에 있다. 대규모

개발업자들이 오랫동안 예측 가능한 환경을 원하는 주택 구매자들과 부자에게나 어울리는 최상급의 주택에만 집중했기 때문이었다. 그래서 오랫동안 외면당해 온 집단들이 좋아할 만한 다양한 종류의 디자인을 제공하면 그들은 후한 보상을 할 것이다. 미학적인 가치의 새로운 공급처를 발견하는 이 실용적인 시행착오 과정은, 유일한 최선의 삶의 방식에 대한 이념적인 탐구만큼 웅장하지도 않고, 아마도 가슴을 뛰게 만들지도 않겠지만, 적어도 불화는 덜 일으키고 덜 해로울 것이다.

이제 그런 시도의 가장 최근의 성과물을 어빈 남쪽 자동차로 30분쯤 걸리는 새롭게 개발된 거대한 라데라 랜치(Radera Ranch) 주택단지의 멋진 거리들에서 만날 수 있다. 그곳의 거리에는 선조들의 솔트박스(saltbox, 소금통 모양의 목조가옥으로 전면은 2층이고 후면은 단층이다.) 주택들의 특징이었던 경사가 심한 지붕을 가진 푸른 회색빛 케이프 코드 주택이(Cape Cod home, 케이프 코드 지역에서 발달된 박공벽이 지붕까지 이어지는 건축양식), 지붕의 경사가 심하지 않은 최신형의 베이지색과 갈색으로 칠해진 크래프츠맨

각기 다른 디자인을 뽐내는 주택들(왼쪽 상단부터 시계방향으로 케이프 코드 주택, 솔트박스 주택, 스페인 식민지풍의 주택)

디자인의 한계 | 233

방갈로(Craftsman, 주위에 베란다가 있는 작은 목조 단층집)와 나란히 있다. 거리를 따라 아래로 내려가면 붉은 타일로 된 지붕을 가진 스페인 식민지풍 건물을 만날 수 있고, 모퉁이를 돌아가면 1920년대 L.A.의 환상적인 주택들을 상기시키는 작은 탑이 있는 치장 벽토를 바른 집이 있다. 많은 차고가 포틀랜드 규정을 위반하면서 거리를 향하고 있지만, 풍경에 거슬리지 않도록 대부분은 뒤로 물러나 있다. 친목을 위한 공간인 베란다와 마당 그리고 인도도 있는데, 그 인도와 차도 사이에는 캘리포니아 남부 지역의 어떤 새로운 마을에도 거의 대부분 설치되지 않은 것, 즉 현재는 미약하지만 주택단지의 햇수가 지남에 따라 멋진 매력과 시원한 그늘을 기약하는 나무들이 심어진 작은 파크웨이(parkway, 도로 양쪽이나 중앙에 풀과 나무를 심어 놓은 부분이 있는 넓은 도로)가 있다.

그 개발지구에서는 일 년에 1,200채의 주택이 근처의 보다 전통적인 주택단지에 비해 평방미터당 10퍼센트에서 14퍼센트 정도 더 높은 가격에 판매된다. 품질이 더 좋은 조경과 건축에 비용이 더 많이 든다는 사실을 감안하더라도, "그곳은 그곳에 살려고 더 많은 비용을 기꺼이 지불할 사람들이 있다는 것으로만 설명되는 기본적인 가치가 다른 곳보다 7퍼센트 내지 10퍼센트 정도 더 높다."고 켈렌버그는 말한다.

**사람들은 다르다.**

특화는 장사가 된다. "모든 게 똑같아 보이는 것을 원치 않는, 자기 집이 개성적이기를 바라는, 다양한 주택단지들을 원하는, 어떤 지역의 유산에서 벗어난 것처럼 보이는 디자인을 원하는, 이웃들과의 만남에 관심이 있는, 사회적 공간으로 디자인된 거리를 다닐 즐거움을 누리고 싶어하는, 그리고 참여할 수 있는 사회적 공간들과 기회들을 가지고 싶어하는 시장들이 정말로 많기 때문"이라고 그는 말한다.

라데라 랜치의 설계는 공동체를 강조했고 거리를 사회적 공간으로 이해한 점에서 신도시주의의 영향을 많이 받았다. 그러나 켈렌버그는, "자신 이외의 모든 것을 거부하는 것이 유일한 사명인" 신도시주의를 모든 것에 적합한 이론이라고 생각하지는 않았다. 오히려 선호되고 있는 많은 주택단지들이 신도시주의적이지 않다고 말한다. 라데라 랜치의 디자인도 신도시주의적이라기보다는 특화, 정확히 말하면 특화 내에서의 특화다. 즉, 그곳은 다양한 개성과 라이프스타일에 어울리도록 네 가지 스타일의 주택들로 개발되었다. 그래서 만약 뭔가 다른 것을 원한다면 바로 옆집으로 가면 되는 것이다. 이처럼 모든 사람들을 위해 다양한 스타일을 갖추고 있는데, 그래도 원하는 것이 없다면 어느 영리한 개발업자가 그 간격을 채워 줄 것이 분명하다.

모든 사람이 똑같은 디자인 안에서 살아야만 하는 것은 아니라고 깨닫게 되면, 지성인들 사이에 악명이 높은 마스터플랜에 의해 만들어진 공동체의 외관상의 동질성은 현실 세상의 다원주의로 바뀌게 된다. 공동체 디자인과 조직관리 구조는 옛것과 경쟁할 새로운 모델들을 제공하면서 지속적으로 발전되고 있다. 이런 다원주의적 접근법은 도시계획이 어떻게 작동해야 하는지에 대한 기술주의적 개념들을 뒤집을 수도 있는데, 이것이 미국에서 마을들이 실제로 발전해 가는 방식이다. 1970년에서 2002년까지, 미국 주택소유자협회에 가입한 주택단지의 수는—콘도미니엄과 조합식 아파트를 포함해서—1퍼센트에서

17퍼센트로 늘어났는데, 일부 지역의 경우에는 새로운 주택단지의 절반 이상이 협회에 가입했다.

규모가 큰 지역 정부에 대한 대안이나 보충으로, 몇몇 경제학자들과 법학자들은 주택단지들 전체에 대해서든 혹은 일부에 대해서든, 사적인 협회에 속하지 않은 주택 소유자들이 협회를 구성하도록 하는 방안을 논하기 시작했다. 어떤 계획서에는 이전에는 시에서 제공하던 쓰레기 수거 같은 서비스와 담당지역제 같은 규제들의 사설화가 포함되기도 하고, 다른 제안서에는 작은 구역의 사람들이 특별히 높게 평가하는 서비스들을 해결하기 위해 특별 경비를 지급하는 식의 도시 관리에 대한 특화된 보충만을 원하기도 한다. 예컨대, 한 학자는 이렇게 말한다. "만약 예술가들이 자신의 작업실을 도시의 특정 구역에 집중시키고자 한다면, 그런 구역 개선 지구는 거리 조각품에 더 많은 지출을 할 수도 있는데, 실제로 하나의 구역 개선 지구를 형성할 수 있다는 전망은 무엇보다도 미술가들에게 한데 뭉칠 수 있는 용기를 줄 것이다."

마스터플랜에 따라 건설된 공동체들에는 미학적인 갈등이 많은데, 심지어는 최선의 환경이랄 수 있는 자율적인 작은 지구들에서도 그렇다고 한다. 소규모의 맨션아파트에 살아본 적이 있는 사람이라면 알고 있듯이 매우 작은 집단에서도 의견의 일치는 어려운데, 관리 규약이 논쟁을 해결하기 위한 실마리를 제공할 수는 있다. 미리 무엇을 기대할 수 있는지를 알게 해주어, 갈등이 벌어진 이후에 미학적인 규칙이 강요되었을 때 발생하는 불쾌한 놀라움들과 쓰라린 갈등들을 피하게 하기 때문이다. 따라서 기대할 수 있는 최선의 것은 완벽함이 아니라 공정함, 예측 가능성, 그리고 개인적인 선호에 들어맞는 규칙들을 발견하는 일이다. 게다가 영역이 좁은 작은 지구는 다른 모든 것이 실패한다 해도 상황을 개선시킬 뿐만 아니라 경쟁을 통해 더 나은 디자인 패키지를 제공하고 있다는 가능성을 가지고 직접 모여서 표결에 붙일 수 있다는 이점도 있다.

사람들의 가입이나 탈퇴, 즉 선호하는 디자인 규칙을 발견하기가 어려울수록, 일반적인 규칙이 더욱 필요해진다. 네 구역으로 된 하나의 특별 지구의 규칙들은 도시 전체로 보았을 때는 매우 부적절한 내용이 포함될 수도 있기에, 예컨대 많은 작은 도시들로 이루어진 오렌지 카운티 같은 거대도시는 시 수준의 다양한 디자인 관리규범들을 제공할 수도 있을 것이다.

거대 지역에서 구조에 대한 전체적인 감각을 가지면서 다양한 여러 취향들을 조화시키는 한 가지 방법은, 이처럼 규칙을 매우 포괄적으로 만드는 것이다. 근무복, 검은색 옷 그리고 '근무 평상복'에 대한 규정들간의 차이를 생각해 보자. 세 가지 모두 조직의 정체성을 형성하지만, 뒤의 것일수록 더 넓은 범위의 외모와 개성을 보장함으로써 개인적인 선택과 유연성을 더 많이 허용한다. 다양한 집단의 직원들을 끌어들이고, 독립적이거나 창의적인 개인들이 흥미를 잃지 않도록 하기 위해, 혹은 단순히 패션이 바뀔 때 첨단을 유지하기 위해, 복장 규정을 가능한 한 유별나지 않게 만드는 게 더 좋을 수도 있다.

낯선 스타일들을 받아들임으로써, 친숙하지 않은 것이 친숙해져서 미학적인 음미가 가능해지듯이 시간이 지남에 따라 의미 있는 가치를 만들어 낼 수도 있다. 그러나 스티븐스가 주장했듯이, 시간의 검증은 두 가지 방식으로 이루어진다. 한때는 논쟁의 대상이었던 인공물들에 대해 진심으로 좋아하게 되거나, 기껏해야 무시되는 것 두 가지다. 그러나 되돌아보면서 궁금해하기도 한다. "도대체 무슨 생각을 하고 있었던 거지?" 야수파적(Brutalist)이라고 불린 건축물들을 사람들이 정말로 좋다고 믿었을까? 20년 전에 갈채 받았던 포틀랜드 빌딩은 〈메트로폴리스〉지가 2002년에 작성한 "20세기 최악의 디자인 아이디어들"의 목록에 포함되었는데, 이런 평가 자체도 미래의 어느 시점에서는 재평가 될 수 있는 것은 물론이다. 지금부터 한 세대가 지나면, 게리의 건물들을 아름다운 예술품으로 보거나, 아니면 큰돈을 처들인 쓸모없는 건물이라고 여길지도 모른다. 아니면 그것들에서 완전히 다른 어떤 것을 발견할 수도 있는데, 예컨대 형식적인 가치들과는 무관하게 단순히 세기 전환기의 열정이 떠오르게 만드는 향수어린 건물들이라고 평가받을 수도 있는 것이다.

포틀랜드 시의 마이클 그레이브스가 설계한 포틀랜드 빌딩

시간은 형식에 의미를 부여한다. 트윈 타워스가 붕괴된 후, 많은 보고서들이 세계무역센터에 일어났던 격변을 재검토했다. 〈뉴욕 타임스〉의 비평가인 폴 골드버거(Paul Goldbeger)는 1979년에 다음과 같이 말하면서 그 건물을 "거대한 규모로 부풀려진 지루함"이라고 평가했다.

지금 현재 트윈 타워스는, 엠파이어스테이트 빌딩의 모형만큼이나 선물가게에서 친숙한 상징물이다. 우리 모두는 여하튼 그 건물에 적응하게 되었다, 신이시여. 그리고 멀리서 보았을 때 그 거대한 두 형체가 미니멀 조각처럼 서로 겨루는 방식에서 약간의 즐거움을 느꼈던 순간이 있었다는 것도 인정한다. 그러나 그 건물은 여전히 애도할 사건이다. 결코 생기지 말았어야 했고, 실질적인 필요성도 없었다. 그 건물이 우리의 도시에 주는 의미는, 위대해질 수 있는 기회를 평범함으로 후퇴시켰다는 점이다.

9월 11일 직후, 나는 골드버거가 자신의 모진 평가를 다소 원만하게 회고하는 라디오 인터뷰를 들었다. 시간이 지나면서 뉴요커들이 그 건물을 마음에 들어하기 시작했다는 점을 인정했으며, 파괴됨으로써 영원한 정서적인 공명을 간직할 수 있게 되었다는 것도 인정했던 것이다.

사라진 타워스가 증명하듯이, 개인적으로나 집단적으로 우리는 자신을 중요한 장소나 경험과 연관시키는 기념비를 소중히 간직하게 된다. 이런 가치 자체는 간혹 갈등을 유발하는데, 그 이유는 그런 특별한 장소를 다른 사람들이 소유하기 때문이다.

구기(Googie, 1950년대와 60년대 초에 유행한 우주시대를 생각나게 하는 건축물들)라고 불리는 파퓨럭스 시대의 건축물들을 보존하려고 애쓰는 L.A.의 한 행동주의자는 "현실을 직시하자."고 말한다. "L.A.에 있는 공공장소들은 개인 소유지만, 선박 커피숍들은 다른 어떤 건물이나 L.A. 박물관보다도 더 많은 영향을 주었다." 는 것이다. 그것은 L.A.뿐만 아니라 미국의 대부분 지역에서도 그러한데, 미국의 가장 유명한 기념비들에는 개인 소유거나 간혹 상업적인 소유주가 있는 사무실 건물들, 호텔들, 극장들, 교회들, 맨션들, 그리고 대학 건물들이 포함되기도 한다. 심지어는 마운트 버논(Mount Vernon, 포토맥 강변에 있는 조지 워싱턴의 주택)도 1858년까지는 워싱턴 일가에 속한 개인 소유 주택이었는데, 주택의 파손 상태를 보고 놀란 한 부인이 당시에 마운트 버논 부인회를 조직해서 주택을 구입하고 원상복구를 시켰던 것이다.(그 민간 협회는 계속해서 그 재산을 소유하고 지원하고 있으며, 정부의 기금은 전혀 받고 있지 않다.)

미학적인 규제에 대해 연구한 법학자 존 코스토니스는 형식적인 아름다움이 아니라 정서적인 애착이 상징적인 건물들을 보존하려는 공적인 노력을 원활하게 만든다고 주장한다. 미학적인 규제는, "우리의 삶에 항상성, 자기 확신, 에로티시즘, 향수 그리고 환상을 불어넣는 상징물들이 풍부한 일종의 무대로서의 환경에 대한 우리의 지각에 대한 응답"이라는 그의 심리학적 통찰이 믿음직해 보이지만, 건물 주인들이 공감할 것 같지는 않다. 그들에게 있어서 시간은 단지 가치를 떨어뜨리고 비용을 증가시키는 역효과를 가지고 있을 뿐인 경우가 많지만, 제3자들은 점차 늘어나는 유지보수 비용을 대거나 다른 용도로 사용했을 경우에 생겼을 이익을 손해 보지 않고서도 지속성이라는 정서적인 혜택을 즐기기만 하면 되기 때문이다.

1958년에 한 은행이 건축한, 금으로 도금한 지오데식 돔 (geodesic dome, 다각형 격자들을 짜 맞춘 돔)이 특징인 오클라호마의 골드 돔(Gold Dome)에 대해 생각해 보자. 뱅크 원(Bank One)이 그 은행과 합병함으로써 건물을 소유하게 되어 수리하려고 했더니, 새로운 냉방시설, 지붕 수리 그리고 석면방화커튼 철거를 포함해서 약 200만 달러의 견적이 나왔고, 게다가 2,500평방미터나 되는 넓이는 뱅크 원이 필요로 하는 면적의 여섯 배나 되었다. 자동인출기가 있고 슈퍼마켓에 지점이 있는 이 시대에 은행은 더 이상 거대한 전시장일 필요가 없었기 때문이다. 그래서 뱅크 원은 그 건물을 헐고 작은 지점과 체인점 약국을 짓겠다고 발표했는데, 이 발표를 들은 지역 주민들은 거의 공포에 질린 듯한 반응을 했다. 샌프란시스코의 트랜스아메리카 피라미드나 시애틀의 스페이스 니들처럼, 그 골드 돔 역시 오클라호마 시를 대표해 왔기에, 사적인 혜택은 축소되고 비용은 증가함에도 하나의 상징으로서 갖는 공적 의미가 컸기 때문이다.

오클라호마의 골드 돔

이제 사람들이 개인적인 선택에서 외양과 느낌에 관해 점점 더 많이 신경 쓰는 시대가 되었기 때문에, 미학적인 규제가 대중의 노골적인 추함을 통제할 필요가 줄어들었다. 디자인 심의를 정치적으로 가능하게 하고 확산시키기도 했던 바로 그 취향의 변화가, 상업적으로 필수적인 것이 무엇인지에 대한 정의를 천천히 그러나 확실히 바꾸고 있다. 만약 소유주의 필요에 따라서 건물을 짓고, 고치고 파괴할 자유를 가졌다면, 멋진 실내 치장과 같은 수준의 멋진 외적 환경을 갖게 되었을 것이 분명하다. 미학적인 미래에 대해 우리가 가장 두려워하는 점은 디자인이 너무 적어서가 아니라 지나치게 많지 않을까 하는 것이다.

The Substance of Style

# 똑똑
## 하면서도
### 멋진

Smart and Pretty

미학적인 명령은 여기까지 왔다. 물론 그런 사실에 대한 지표들은 경제 상황에 따라 약간 다르게 나타날 것이다. 예컨대 로고, 광고 및 웹사이트를 필요로 하는 새로운 회사들의 설립이 줄어들었다는 것은 그래픽 디자이너의 일이 적어지는 것을 의미하고, 신상품의 생산이 줄어들었다는 것은 산업디자이너의 일이 줄어드는 것을 뜻하고, 새로운 호텔이나 식당들의 창업이 줄어들었다는 것은 인테리어 디자이너들에 대한 수요가 전만 못하다는 말이지만, 그럼에도 그 명령은 근본적으로는 강력한 영향력을 가지는 현상이다. 모든 창업, 상품 생산 및 공공장소들은 미학적인 손길을 요구하고 있으며, 개인적인 외모는 새로운 형식의 관심을 요구하면서 기쁨과 의미의 새로운 근원이 되고 있다. 미학의 확산은 우리에게 이전보다 더 많은 선택, 기회 및 책임을 갖도록 만들었고, 그에 따라 우리는 외양과 느낌이 사람, 장소 및 물건의 정체성을 형성하고 표현하는 데 도움이 될 것으로 기대한다. 한때 좋았던 것도 더 이상은 그렇지 않게 되는데, 결국 기능만으로는 충분히 만족할 수 없는 시대가 된 것이다.

시카고의 리버 노스에 있는 허바드 스트리트 그릴(Hubbard Street Grill)이 8년 만에 문을 닫았을 때, 주인인 데이비드 샤이(David Schy)는 그 이유를 스파고, 캘리포니아 피자 키친, 록 바텀 레스토랑 앤 브루어리 같은 고급 체인점들과의 경쟁 탓으로 돌렸다. 샤이가 아무리 음식을 잘 만든다 해도, 그의 식당은 체인점들의 능력을 당해 낼 재간이 없었다. 체인점들은 광고 같은 고정 비용을 여러 대리점들이 공동으로 지출함으로써 줄일 수 있을 뿐만 아니라, 대량 구매로 인해 재료에서 보험에 이르기까지 훨씬 낮은 단가로 협상할 수 있기 때문이다.

그러나 〈월스트리트 저널〉의 소개글도 그 식당의 미학적인 맹점을 드러내는 데 일조했다. "샤이 씨가 식당을 인수해서 새로 개업했을 때 한쪽 벽에 벽화를 그리고 간판을 새로 제작한 것말고는 전혀 치장을 하지 않았다. 심지어 테이블이나 의자도 새로 사지 않고 이전 가게에서 물려받았다."고 자세히 설명했던 것이다. 결론적으로 말하면, 샤이는 자기 식당에 미학적인 정체성을 부여하지 못했다. 경쟁이 심화되면서 메뉴를 계속 늘리기는 했지만, 그것으로는 식당의 분위기를 바꿀 수 없었다. 게다가 그는 식당 사업의 핵심을 음식이라고 생각했기에, 전국적인 체인들이나 미코 로드리게스와 같은 번창하는 지역 체인들과는 달리, 식당의 외양과 느낌을 낭비나 다름없는 추가 지출로 여겼던 것이다. 그래서 그는 "사람들이 음식 맛이 형편없는데도 실내장식이 자기 분위기와 어울린다는 이유로 인테리어에 300만 달러나 처바른 식당에 가고 있다."고 비난했던 것이다.

그러나 누구에게 들어 봐도 경쟁자들의 음식은 좋았다. 샤이가 자기 식당의 음식의 질을 높인 것은 사실이지만, 자동차의 품질이 전반적으로 믿을 만해진 것처럼 모든 식당의 음식의 질은 크게 향상되었고, 결국 손님들은 외양과 느낌을 가지고 판단을 내리게 된 것이다. 실제로 시카고의 고객들은 형편없는 음식과 맛있는 음식 사이에서 선택한 게 아니라, 매력적인 분위기에서의 좋은 음식과 그렇지 않은 곳에서의 더 좋은 음식 사이에서 선택했던 것이다. 허바드 스트리트 그릴이 문을 닫던 날, 한 고객이 그 레스토랑에 대해 다음과 같이 한마디로 요약했다. "실내 장식은 역겨웠고, 매우 시끄러웠지만, 음식은 훌륭했다." 식사라는 경험의 나머지 부분을 무시하고 식당의 품질을 한 가지 차원에서 규정함으로써, 샤이는 더 많은 것을 기대하는 사람들을 다른 곳으로 가게 만들었던 것이다.

허바드 스트리트 그릴의 사례가 보여 주듯이, 미학적인 능력은 승자뿐만 아니라 패자, 이익만이 아니라 손해도 보게 만든다. 외양과 느낌은 우리의 삶에 가치를 덧붙이지만, 그 가치가 공짜로 오는 것은 아니다. 스타일의 비용은 상대적으로 줄어들었지만, 그것은 여전히 다양한 많은 재화들 중의 하나다. 보다 더 미학적인 가치를 선택하는 것은 다른 대안을 보류한다는 뜻이기 때문이다. 다른 모든 시대와 마찬가지로, 외양과 느낌의 시대에도 역시 협상이 필요하다. 무엇을 선택할 것인가 고민하고, 그리고 비용이 덜 드는 미학을 찾는 일이 점차 미학적으로 되어 가는 세상에서의 우리의 삶의 모습일 것이다. 따라서 우리의 과제는 다른 가치들을 소홀히 하지 않으면서도, 외양과 느낌을 진정한 가치가 아니라고 거부하지도 않고 그렇다고 근원적인 재화로 여기지도 않으면서 미학적인 시대의 즐거움과 가능성을 찾아내는 일이다.

우리가 직면하는 협상들의 종류를 설명하면서 교육 전문 작가인 조안 제이콥스(Joanne Jacobs)는 학교가 아이들에게 비판적인 글쓰기보다는 파워포인트를 가르치며, 기본적인 사실들을 오해하게 만들 정도로 뛰어나게 매력적인 발표에만 상을 주고 있다고 비난한다. 그녀는 "멍청하지만 멋진(Dumb, But Pretty)"이라는 글에서, "비록 뛰어난 도식이 갈릴레오의 이론과 어긋난다고 하더라도, 과학 실험 보고서는 그래픽적으로 돋보일 수 있는 또 하나의 기회"라고 말한다. 디자인의 품질이 성적에 중요하기 때문에 학생들이 전통적인 학문적 탐구가 아니라 미학에 시간을 많이 쓰고 있다는 점에 대해 우려하고 있는 것이다.

내 딸의 7학년 대수학 전단계 과목 점수의 일부는 주말 숙제의 표지 디자인에 의해 결정되었다. 문제를 풀어 가는 것만으로는 충분치 않았다. 즉, 문제를 풀고, 어떻게 풀었는지를 설명하고, 그렇게 접근한 이유는 무엇이며, 다른 접근법은 없는지, 자신의 접근법이 옳은 근거는 무엇인지 그리고 그 문제에 관한 '느낌'은 무엇인지······. 이 모든 것으로도 충분치 않았고, 높은 점수를 받으려면 멋지게 보여야 했다.

기술적인 화려함의 우선순위가 가장 높다. 〈많이 팔렸지만 제대로 쓰이지 않는: 교실의 컴퓨터들〉이라는 책에서 래리 큐반(Larry Cuban)은 문학 교사인 앨리슨 파이로(Alison Piro)가 테크놀로지를 사용토록 한 것에 대해 칭찬한다. 그는 학생들에게 "유토피아를 다룬 몇몇 문학 작품을 읽고 조별로 유토피아를 만들어 내고 관객, 즉 급우들에게 '판매'할 영화를 아비드(AVID, 노트북용 미디어 실시간 편집) 소프트웨어를 사용해서 제작하도록 했다."고 한다.

아비드 편집 프로그램

학생들은 "그 기술을 익힐 때까지 방습지와 필기도구들을 사용하면서 3일 정도 미디어 센터에 있었다."고 파이로는 설명한다. "그리고 나서 우리는 레이저 디스크, 비디오 및 인터넷에서 이미지를 찾으며 하루 온종일을 보냈다. 그 다음에는 아비드로 작업을 하면서 다시 만 3일과 토요일을 소비했다."

시각적인 자료들을 모으고 소프트웨어를 다룰 줄 알게 되는데 모두 8일이나 걸렸다. 그리고 각 조의 비디오들을 보는 데에도 많은 시간이 들었다. 화려하고 재미있었을 테지만, 이게 과연 이처럼 많은 시간을 들일 가치가 있는 일이었을까?

과학적 오해 문제는 제쳐 놓더라도 참으로 끔찍한 이야기들이 아닐 수 없다. 문제를 제대로 풀지 않고서는 대수학 전단계 과목에서 높은 점수를 받을 수 없고, 보기 좋은 표지는 그 다음으로 중요한 문제다. 맛있는 음식과 매력적인 실내장식을 기대하는 식당 손님처럼, 높은 점수는 "멍청하지만 멋진(dumb but pretty)" 것이 아니라 "똑똑하면서도 멋진(smart and pretty)" 것에 대한 보상이다. 수학과 그래픽을 모두 잘하는 학생들의 점수가 수

학만 잘하는 학생들보다 더 좋았을 거라고 생각되는데, 다행히 도 내가 7학년이었을 때는 적용되지 않던 기준이다. 그러나 역사 과목에서 수필을 잘 썼다고 상을 주거나, 체육 시간에 작문 시험을 보거나, 혹은 과학경시대회 프로젝트에 손재간을 요구하는 것과 마찬가지로 본질적으로 잘못된 것으로 보인다.

"똑똑하면서도 멋진"이라는 기준은, 학문적이지 않은 세상에서 어떤 일이 일어나고 있는지를 반영하는데, 그곳에서는 미학적인 능력이 한계점에서 영향을 끼친다. 그들 자신이 높은 학문적인 성취를 이루지 못한 교사들에게 특별한 유혹이 되는 내용을 스타일로 교체하는 것은 경계해야 하겠지만, 점증하고 있는 중요성을 부정하면서 미학을 무시하거나 모욕하는 것 역시 어리석은 일이다. 책의 표지 디자인은 내용을 쓰는 것에 비하면 사소하거나 '흥미로운' 일 정도로만 보일 수도 있지만, 실제로 출판을 할 때 표지 디자이너는 작품을 충분히 이해해서 그 핵심을 한눈에 포착할 수 있는 형태로 표현해야 하는 결코 쉽지 않은 작업을 하고 있다. 당연히 저자들도 표지 디자이너들이 중요하지 않다고 생각하지 않는다.

매력적인 발표가 멍청한 내용일 거라고 가정하는 것은, 십대 소녀들에게 똑똑함과 아름다움 중에서 선택해야 한다고 말하면서 많은 이들이 후자를 택하도록 유도하는 오류를 반복하는 것과 다르지 않다. 미학이 점점 더 두드러질수록, 그런 잘못된 이분법을 피하는 것이 더 중요해진다. 매력적인 표면이 반드시 실체의 결여를 의미하는 것은 아니다. 우리가 하는 협상은 전부가 아니면 아무것도 아닌 그런 선택이 아니다. 그것들은 한계점에서의 결정, 즉 바로 다음 순서로 가치를 두는 것은 무엇인지에 대한 결정인 것이다. 그래픽을 잘했다고 상을 주면서도 당연히 올바른 답을 요구하는 대수학 전단계 수업 담당 교사처럼, 미학적인 기량들을 발달시키면서도 학문적인 기준을 유지시킬 수 있는 것이다.

 미학은 그 자체가 내용은 아니지만 적어도 의사소통의 질을 향상시킨다. 즉, 실제적인 의미에 주목하도록 하고 정서적 깊이를 더해 주는 핵심적인 도구가 되는데, 이 도구는 최근의 컴퓨터 덕분에 미학적으로 재능이 있는 사람뿐만 아니라 누구든지 사용할 수 있게 되었다. 미학적인 기량은 학습에 대한 '재미있는' 대체물이나, 혹은 보고서들을 읽기 싫어하는 교사들이 채점하기 쉬운 과제 이상일 수 있다. 좋은 학교 교육이란, 타고난 능력과 자기 주도적인 학습에 의존하는 것이 아니라, 학생들이 일정 수준의 필기와 타이핑(혹은 바느질과 목공술)을 숙달한 후에 기본적인 도구들과 기술들을 완전히 익히도록 가르치면서 미학적인 기량을 배양하는 일일 것이다. 일부 학생들이 다른 학생들보다 재능이 더 많을 수는 있겠지만, 기본적인 과제를 완수하는 데 예술가 수준의 능력이 필요한 것은 아니다. 교사가 학생들이 자신에 대해 잘 생각하도록 만드는 만큼 공부시키는 데 신경을 쓰고 있다고 가정한다면, 학생들이 수사적인 효과를 위해 이런 기량들을 얼마나 잘 펼칠 수 있는지 하는 것도 지적 숙련에 대한 기준이 된다.

 미학의 중요성이 커짐에 따라 일부 능력들에 대한 보상이 바뀌게 된다. 언어적인 능력은 새로운 매체와의 경쟁에 직면하는데, 그 새로운 매체는 전통적으로 타고난 재능을 더 많이 요구할 뿐만 아니라 지적인 성취를 위한 새로운 기회들도 제공한다.

글은 잘 못쓰지만 통찰력이 있는 학생이라면, 자신의 아이디어를 전달할 비언어적인 기량에 의존해서 효과적인 멀티미디어 프레젠테이션을 만들어 낼 수도 있기 때문이다. 문장력을 높게 평가하는 일부 사람들에게는 이런 변화가 일견 손해처럼 보이겠지만, 그런 결론은 글쓰기라는 기량이 기적적으로만 습득되거나, 아니면 의사소통을 완전히 실패하게 되는 경우에만 해당되고, 수업 시간에 여전히 기초적인 사실들과 개념들을 배우도록 학생들에게 요구하는지의 여부에 달려 있다.

미학적인 기량은 실질적이다. 그래서 분석적이지 않으면서도 세계를 인식하고 이해하는 데 도움을 준다. 그리고 공학도를 지망하는 학생들을 위한 고급수학처럼, 그것은 디자인 관련 직업을 가지고 싶은 학생들에게는 핵심적인 필수과목이다. 한 젊은 산업디자이너는 학교에서 미학을 많이 강조하는 것을 높게 평가한다. 그가 학교에 다닐 때와 비교해 현재의 교육이 어떻게 바뀌었다고 생각하느냐는 질문에 대해, "나는 어린이들이 전통적인 학습 내용에 예술을 접목시키는 방법을 배우고 있다고 생각한다."고 그녀는 말한다. "그 체계는 더 포괄적이며 다방면에 걸쳐 있다. 브루클린 다리에 관해 배울 때, 학생들은 역사뿐만 아니라, 공학, 드로잉, 문학 등을 함께 배운다. 내가 학생이었던 시절에 예술은 재미있는 선택과목이었지 필수과목은 아니었다. 하지만 예술 과목은 내가 가장 원했던 것이었다."

만약 한 과학 교사가 갈릴레오를 반박하는 도표를 인정한다면, 비난받아 마땅한 것은 그래픽 디자인이 아니라 교사의 무지다. 갈릴레오 자신도 단순히 위대한 과학자, 수학자, 작가가 아니라, 자신이 관측한 내용들을 그림물감으로 기록했던 숙련된 장인이었다. 낭만주의가 예술을 소수의 재능 있는 보헤미안들의 영역으로 선언하기 전에는 드로잉과 회화 모두 일반적인 과학적 도구이자 개인적인 세련됨의 표시였다. 갈릴레오는 설득을 위해 글뿐만 아니라 그림도 이용했다. 그의 작업은 똑똑하면서도 멋졌다.

미학적인 명령은 기준을 낮추지 않는다. 정확하게 이해되기만 하면 한때는 궁정의 엘리트들의 전유물이었던 미학적인 기량과 즐거움 및 기대를 일반 대중들도 누릴 수 있게 됨으로써 기준을 끌어올린다. 우리의 문제는 외양과 느낌을 그 자체만으로 충분한 것으로 다루지 않고 미학의 부가적인 혜택이라고 이해하는 점이다. 데이비드 흄(David Hume)은 18세기에 도시 중산층에서 확산되던 미학적인 즐거움을 가리키는 용어인 호사(luxury)에 대해 연구했다.

호사는 의미가 분명치 않은 단어라서 나쁜 의미만이 아니라 좋은 의미로도 생각될 수 있지만, 보통은 감각을 매우 세련되게 만족시키는 것을 뜻한다. 그리고 호사의 정도와는 무관하게 시대나, 국가 또는 개인의 상태에 따라 무죄일 수도 있고 비난받을 수도 있다……. 어떤 감각을 만족시키는 것이나 육류, 음료, 의복에서 섬세함을 탐닉하는 것을 사악한 짓이라고 자연스럽게 간주하는 것은, 열광의 광란으로 혼란에 빠져 있지 않는 한 전혀 인정할 수 없다……. 이런 탐닉은 관대함이나 자비 같은 다른 미덕들을 희생하고 추구될 때만 악이며, 그로 인해 자신의 운명을 망치고 알거지가 되었을 때만 사악한 것이다. 그러나 그것이 그 어떤 미덕도 침해하지 않고, 친구들과 가족 그리고 관대함이나 동정심을 발휘하기에 적절한 모든 대상들에게 제공하기에 충분한 주제를 남긴다면, 전적으로 무죄다.

미가 선이나 진리의 수단은 아니지만, 그렇다고 해서 미학적인 즐거움이 퇴폐나 어리석은 시간 낭비의 표시도 아니다. 미학은 마치 군계일학처럼 한계점에서 그 가치가 빛나는 종류의 것으로, 선이성적(prerational)이거나 무이성적(nonrational)이지 비이성적(irrational)이거나 반이성적(antirational)인 것은 아니다. 외양과 느낌은 시각적이고, 촉각적이며, 정서적인 존재인 우리에게 직접적으로 호소하지만, 그렇다고 해서 우리의 인지적인 능력을 무시하는 것은 결코 아니며, 선악에 대한 판단력에 관해서는 더더욱 무시하지 않는다. 따라서 그것에 도취되면 멋지지만 어리석은 세상을 받아들이게 될 거라고 두려워하는 것은 가치 있는 경고다. 그러나 미학적인 풍부함으로 그렇게 될 가능성을 미학이 다른 가치들에 대한 대체물이 아니라 보완물이라는 사실을 잊게 될 때뿐이라는 것을 알아야 한다.

현대인들의 미학적 즐거움에 대한 추구를 나타내는 호사품

그 유토피아 문학 프로젝트에는 한 가지 흥미로운 역설이 담겨 있다. 단순히 영화 제작 비용이 매우 저렴해졌다는 이유로 교사가 학생들에게 영화를 제작하라는 과제를 낼 수 있는가 하는 점이다. AVID 소프트웨어는 예전에는 전문가 아닌 사람들이 사용하기에는 너무 비쌌다. (그리고 여전히 대부분의 공립학교들에서는 손도 대지 않고 있다.) 다른 많은 트렌드들의 경우도 그렇듯이, 이런 미학적인 트렌드가 가능했던 것은 가격의 하락 덕분이다. 그러나 이렇게 값이 싸진 오늘날의 영화제작에도 여전히 비용이 많이 든다. 즉, "시각자료들을 모으고 소프트웨어를 조작하느라 보낸 8일"이라는 시간은 인터넷 탐색과 디지털 편집에 의해 상당히 줄어들기는 했지만 여전히 대단한 투자다. 외양과 느낌을 두드러지게 만드는 미학의 상대적 비용이 떨어지고는 있지만, 그렇다고 비용이 전혀 들지 않는 것은 아니기 때문이다.

　비용을 지불하는 소비자로서든 아니면 거래와 무관한 구경꾼으로서든 우리는 미학적인 투자의 혜택을 즐기고, 이제는 그것을 기대하게 되었다. 그러나 식당 디자인에 대해서든 헤어스타일에 대해서든 그런 투자에는 시간과 돈이 든다. 게다가 그런 투자는 관객의 음미 이외의 어떤 방식으로도 비용을 전혀 돌려주지 않는다. 경쟁적인 시장인 경우 멋진 식당에서 식사를 한다고 해서 식사비 이외에 더 많은 돈을 지불하는 것은 아니며, 그저 다른 식당으로 가지 않을 뿐이다. 그러나 모토롤라가 초록색 호출기로 해냈듯이, 디자인을 새로운 영역에 적용하거나 매력적인 스타일을 새롭게 만들어 냄으로써 미학적인 혁신가들은 보상을 받을 수 있다. 그러나 그들의 성공에는 반드시 모방이 발생되고, 결국에는 초과 이윤의 대부분이 경쟁으로 사라지고 만다.

따라서 모방이 비교적 쉬워서 경쟁이 강화되면 미학적인 혜택은 완전히 소비자에게 돌아간다. 여성들의 신발에 대해 생각해 보자. 정교한 자수가 놓이고 구슬이 달린 신발들은 호사품의 가격으로 팔리곤 했는데, 대체로 켤레당 적어도 100달러 이상이었다. 숙련된 장인들이 아니면 만들 수 없었기에 그 정도 가격이 아니면 살 수 없었다. 그러나 1990년대 후반이 되어 자동화로 인해 제작비용은 줄어들었고, 내구성은 늘어났다. 게다가 고도의 기술이 필요 없어졌기 때문에 중국처럼 노동력이 싼 시장에서 만들어졌다.

그러면 화려한 구두의 제조업자들이 갑자기 엄청난 이윤을 축적하게 되었을까? 전혀 그렇지 않았다. 제화산업의 경쟁은 지나치게 극심해서 곧바로 250달러가 아닌 70달러에 팔리는 자수와 구슬로 장식된 신발들이 등장하기 시작했다. "노동력에서 절약한 이윤이 대부분 소비자들에게 넘어갔기 때문에, 한계이윤은 장식 없는 신발이나 이 신발이나 마찬가지"라고 그 산업에 관한 보고서가 결론을 내렸다. 신발제조업자들로서는 새로운 디자인으로 더 많은 신발을 구매하도록 유혹해서 총매출을 높이는 것이 유일한 희망이다. 경제학자들이 측정한 바에 의하면 신발 산업의 생산성은 약간은 몰라도 많이 증가하지는 않았다. 그러나 소비자들이 같은 가격으로 더 많은 미학적 가치를 누리게 되었으므로 생활수준은 올라갔다. 세상은, 수익성이 더 좋아지지 않으면서도 더 즐겁게 될 수는 있다.

그런데 미학으로 인해 창조된 가치의 많은 부분이 세금 징수와 정책을 만드는 경제적 자료들에 반영되지 않는다. 통계학자들에게 문제가 있는 것은 아니다. 그들은 부주의하지도, 무능하지도 않기 때문이다. 미학 같은 무형의 재화들은 본질적으로 측정하거나, 가치를 따지기가 어려운데, 특히 경쟁으로 인해 그것의 가치가 가격을 높이지 못하는 경우에는 더더욱 그렇다. 정부의 통계조사관들이 컴퓨터 메모리와 자동차의 특장품처럼 쉽게 측정할 수 있는 개선에 대해서는 나름의 조정을 하겠지만, 올해의 70달러짜리 수놓아진 여성용 정장 구두와 작년의 70달러짜리 수수한 여성용 정장 구두는 대등하게 처리할 것이다. (기술적으로는 작년의 신발을 삭제하고 올해의 것을 새로운 상품으로 첨가하겠지만 결과는 같다.) 당신이 국민 소득을 합계하거나 소비자 물가 동향을 측정하는 일을 하고 있다고 하더라도, 아름답게 디자인된 식당에서의 20달러짜리 스테이크 식사는 창고 같은 환경에서의 20달러짜리 스테이크 식사와 똑같이 처리할 것이 분명하다.

물가상승을 고려해 보면, 2001년의 영화 관람료는 1990년대보다 더 싸고 절정기였던 1971년보다 훨씬 더 싸지만, 음향 효과와 특수 효과는 실질적으로 개선되었다. 다른 질적 요소들이 동일하다고 하더라도, 요즘 영화를 보는 사람들이 돈에 비해 더 많은 것을 얻는다. 그러나 상승하는 기술적인 기준의 혜택은 영화관이나 제작자가 아니라 관객에게 돌아가고, 그래서 그런 혜택은 경제적인 통계 수치로는 드러나지 않는다. 그래서 마치 아무런 차이도 없는 것처럼 그 영화표가 그 영화표로 생각되는 것이다.

품질은 좋아지는데 가격이 같다면, 소비자들은 같은 돈으로 더 많은 것을 얻을 수 있기에, 실질 경제는 더 생산적이고, 실제

생활수준은 더 올라간다. 그러나 가격 인상 없는 품질향상은 대체로 경제적인 통계 수치에 영향을 주지 않거나, 그렇게 높아진 수준이 일반화된 후 몇 년간만 나타난다. 그리고 이런 향상은 회사의 이윤을 증대시키지 않으므로 생산성의 측정에도 영향을 끼치지 않는다.

만약 통계 수치와 실제 삶의 간격이 시간이 흘러도 변하지 않는다면, 즉 올라가는 품질과 가격의 관계가 일정하게 유지된다면, 이런 오류는 그다지 중요한 문제가 아닐 것이다. 그럴 경우 자료에서의 트렌드는 여전히 변하지 않는 추세를 보일 것이다. 그러나 만약 다양성 같은 다른 무형적인 이익들과 함께 미학적인 품질 개선이 가속되고 있다면, 측정 문제는 더더욱 어려워진다. 모든 곳에서 품질 향상을 볼 수 있지만, 경제적인 자료에는 반영되지 않기 때문이다. 이와 같은 '생산성의 역설'은 우리가 경제 성장을 이해하는 방식과 보다 밀접하게 관련되어 있다.

측정하기 어려운 품질 향상의 무시는 인플레이션을 과대평가하고 성장을 과소평가한다는 뜻이 되므로 정부의 정책이 왜곡될 가능성이 높다. 그래서 연방준비은행은 경제 성장에 합당한 것 이상으로 신용거래를 압박하게 되고, 그 결과 있지도 않은 물가 상승과 싸우다가 디플레이션 상태에 빠질 수도 있는 것이다. 그러나 연방준비은행은 실제로는 그 같은 통계적인 오류를 허용하는 의사결정에 대해 의견을 덧붙일 권한이 있고, 그곳의 경제학자들은 측정 문제에 대해 늘 예의주시하고 있다. 그러나 이와는 대조적으로 정부의 지출 프로그램은 그런 통계 자료들을 완전한 것으로 취급하는 경향이 있어서, 공식적인 인플레이션 수치에 기반을 둔 모든 종류의 임금을 자동적으로 서서히 올린다.

그 자료에 의한 직접적인 정책적 효과보다 더 중요한 것은 심리적인 효과다. 생활의 기준이 상승하고 있는 중에도 소득은 정체되어 있는 듯이 느껴지는데, 더 높은 미학적인 기준들에 아주 빨리 적응함으로써 예전의 상황이 어땠는지를 기억하지 못하기 때문이다. 그리고 공식적인 자료를 보고 나서 우리가 실제보다 더 가난하다고 결론짓는다. 경제 성장의 매우 큰 한 부분을 이해하지 못하고 진보가 사실상으로는 종결되었다는 비관주의자들의 말을 믿거나, 그렇지 않으면 겉만 번지르르한 기술에 우리의 모든 낙관주의를 집중해서 일상생활에서의 점진적인 개선을 놓치고 마는 것이다.

미학에 투자를 많이 할수록, 경제의 생산성은 낮아지는 듯이 보인다. 프린터로 출력한 이력서와 파워포인트 슬라이드에 부가된 가치들을 측정하는 게 어렵기 때문일 것이다. 그런데 이 점이 바로 시대에 뒤진 관리자들이 그처럼 평범해진 의사소통 도구들을 시시하게 보는 한 가지 이유다. 그러나 그런 투자는 낭비가 아니다. 보는 사람들은, 준비하는 데 시간이 더 많이 들기는 하지만 현대의 소프트웨어가 그래픽 품질을 만들어 냈다고 생각한다. 그래서 타자기로 친 이력서를 제출하거나 손으로 쓴 슬라이드를 사용하면 보는 사람들은 별로 좋지 않게 생각하는 경향이 있다. 성실하지 않다거나, 관심이 부족하다거나, 아니면 기술이 부족하기 때문에 그랬을 거라고 생각하는 것이다. 한때는 사치품이거나, 사업상의 장점이었던 것이, 이제는 단지 살아남기 위한 필수 사항이 되었다.

이런 일은 장소나 물건만이 아니라 개인적인 외모에도 해당된다. 우리는 이제 선조들이라면 상상만 할 수 있었던 아름다워질 수 있는 기술을 가지게 되었다. 다행스런 일이기는 하지만, 피부과를 찾아가든, 운동하러 체육관에 가든, 아니면 모발 손질을 하든, 모든 게 그렇듯이 자기 향상을 위해서는 돈만이 아니라 시간도 필요하다는 점이다. 문학 평론가이고 패션에 관해 글을 쓰기도 하는 "뛰어난 물품 구매자"인 일레인 쇼월터(Elaine Showalter)는, "공적인 생활에서 여성들의 몸단장을 지나치게 강조하는 시대가 되었다."며 불평한다. "그러기 위해서는 정말로 긴 시간이 필요하다. 영화배우들과 모델들은 글자 그대로 매일 몇 시간씩 정성을 들이고 있으며, 나를 포함한 평범한 직장 여성들조차 기본적인 치장은 말할 것도 없고 매니큐어와 페디큐어(pedicure, 발톱 가꾸기), 모발 탈색 등의 이 모든 정신 나간 짓을 위해 지극히 긴 시간을 써야 한다."

우리는 다른 사람들이 더 멋있기를 바라고, 동시에 자신도 더 멋지게 보이도록 노력하는데, 이것은 아마도 우리가 외모에 관심이 있고 하고 싶은 대로 하는 것을 즐기기 때문일 것이며, 그리고 경쟁에서 뒤처지지 않아야 한다고 느끼기 때문일 것이다. 따라서 체념한 쇼월터는 저항은 무익하다고 결론짓는다. 높아져만 가는 기준을 따라잡는 게 매우 고통스럽겠지만, 그 기준은 사람들이 가치를 두는 것이 무엇인지와 우리가 지금 성취할 수 있는 것이 무엇인지를 반영한다. "화장품 회사에 대고 당신의 작은 두 주먹을 흔들어대는 것은 무모한 짓이다. 전혀 도움이 되지 않는다. 그것을 제대로 다룰 수 있어야 한다."고 말하면서, "그리고 그것을 다루는 기술이 더 좋아졌으면 좋겠다. 반드시 해결책이 있을 것"이라고 끝을 맺는다.

**19**90년대 초, 모든 정파의 재난 예언자들은, 미래에는 컴퓨터 프로그래머나 일부 선택된 "지식 노동자들" 외에는 아무도 일자리를 잡지 못할 것이라며 안달했다. 우리는 "두 계급" 사회로 향하고 있다고, 초보수주의자인 팻 뷰캐넌(Pat Buchanan)이 함께 토론한 진보파 출연자의 동의를 촉구하면서 경고한 대담이 〈크로스파이어(Crossfire)〉지에 실렸다. 그러자 〈노동의 종말〉의 저자인 제러미 리프킨(Jeremy Rifkin)이, "미국 대중의 80퍼센트가…… 매우 엘리트적이고, 과학적으로 정교하며, 기술적인 일자리들을 위해 재교육을 받고 훈련을 받게 될 거라고 예상하는 것은 비현실적"이라고 화답한다. 그런데 이들 비관론자들이 생각하고 있는 경제의 유일한 근원적 가치는 감각적이거나 표현적인 게 아니라 물리적이거나 지적인 것으로, 이는 미학적인 명령의 중요성을 간과한 발상이다.

우리들 대부분이 외양과 느낌의 모든 측면을 스스로 숙달해서 해결할 시간과 재능이 없기 때문에, 이런 미학적인 난제는 외부에 맡겨 해결하고 있는 경향이 있다. 그래서 다른 분야들에서처럼 여기서도 전문화 덕분에 우리들 각자는 비용은 줄이고 품질은 높이면서 가장 잘하거나, 가장 즐거운 일에 집중하는 일이 가능해졌다. 한때는 비전문적인 행위였던 것이 전문적인 직업으로 바뀜으로써 기대감은 점점 높아졌는데, 그것은 전문가가 팔방미인보다 기술이 더 뛰어나며 시간이 흐를수록 더욱더 잘하기 때문이다. "회사 규모와는 무관하게, 그 회사 최고재무관리자의 부인이 연간 계획서를 디자인할 것이라는 생각은 이제 농담거리가 되었다."고 어떤 디자인 연구자가 말한다. "그런데 웃기는 애기지만, 60년대에는 실제로 그랬다."는 것이다.

옛날에는 집에서 바느질과 간단한 가구를 직접 만들었지만, 요즘은 소수의 아마추어들만 취미삼아 또는 절약을 위해서 옷을 만들거나 가구를 만들고, 대부분의 경우에는 더 높은 품질의 것을 보다 신속하게 제공하는 전문가들이 만든 옷과 테이블을 구입한다. 지난 수십 년간 같은 방식의 전문화가, 요리와 조경에서 모발 염색과 매니큐어까지의 넓은 영역의 미학적인 직종으로 확산되었다. 이런 일들 중에는 수년간의 전문적인 교육이 필요한 것들도 있지만, 다른 것들은 대개 실습을 하면서 기술을 익히게 된다. 즉, 모발 관리에서 조경에 이르기까지 공식적으로 훈련받을 수 있고 니치와 수입이 동시에 생기는 분야들은 매우 많다. 외과의사와 컴퓨터 과학자들도 해당되는 것은 분명하지만, 그렇다고 해서 미학적인 경제가 그처럼 '매우 엘리트이고, 과학적으로 정교하며, 고도의 기술을 요구하는 일자리들'에만 한정된 것은 물론 아니다.

"나나, 내가 아는 대부분의 여성에게는 평범하게 보이는 것들이, 우리 어머니 세대에게는 불쾌하지는 않겠지만 여전히 낯설고 별스럽게 여겨질 것"이라고 〈뉴욕 시티〉의 한 기자가 썼다. "당신을 위해 쇼핑을 해주고, 개를 산책시켜 주고, 집을 청소해 주고, 요리를 해주고, 모발과 손톱과 발톱에 색깔을 입혀 주고, 얼굴과 발가락에 윤기를 내주고, 마사지를 해주고, 운동시켜 주고, 선탠을 해주는 사람들에게 돈을 지불한다고 가정해 보라. 분명히 정신없이 바빴을 어느 날 죄의식을 가지고 계산을 해보았는데, 24시간 안에 해야 할 이 모든 일을 다른 사람들이 해주려면 대략 16내지 17명이 필요하다는 결론이 나왔다. 상상할 수 있겠는가! 그러나 문제는 내가 그들의 도움 없이 산다는 것이

상상할 수도 없게 되었다는 점이다."

 물론 우리 대부분은 16명보다는 더 적은 수의 도우미들과 함께 꾸려가지만, 그러나 스타일 전문가들과 미학 분야 종사자들에 대한 수요는 분명히 폭발적이다. 잔디를 심고, 잡초를 뽑는 데 귀중한 주말을 소비하는 대신, 몇몇 바쁜 의사들은 완벽하게 손질된 앞뜰을 제공할 조경업자들을 고용해서, 이웃들을 만족시키고 가족과 함께 지내기 위한 시간을 만들어 낸다. 텔레비전 의상 감독이자 잡지 스타일리스트인 한 여성은 의상 분야 중역들을 도와주는 전화를 워낙 많이 받다가, 마침내 조수에게 스타일 상담 업무를 시작하게 했다고 한다. 특별한 의상을 찾던 한 대학원생은 자신의 쇼핑을 담당할 나무랄 데 없는 패션 감각을 가진 사람을 고용하고 싶어한다. 이런 트렌드가 지속된다면, 10년 후에는 그런 식으로 전문가를 고용하는 일이, 심지어는 대학원생들에게도 일상화될 것으로 보인다.

 모든 실내 개조 TV 프로그램들은 집주인들에게 DIY가 가능하다는 생각을 심어 주고 있다. 동시에 그것들은 인테리어 디자이너가 많은 도움이 될 거라는 것과 부자들만 디자인 상담을 할 수 있는 게 아니라는 사실도 깨닫도록 하고 있다. 그리고 그 직업들을 흥미롭게 보이도록 만들어서 젊은 시청자들이 그 직업을 고려해 보도록 만들기도 한다. "공항에서 내게로 달려와 다리를 붙잡는 8세 아동들이 더 많아지고 있어요."라고 교육방송의 '트레이딩 스페이시스'라는 프로그램의 주인공인 한 디자이너가 말한다. "그들은 디자인에 열중해 있습니다."

 미학 전문가의 의견에 대한 요구가 많아지면서, 예술과 기술을 그리고 감정과 이성을 대립시킨 낭만주의자들로부터, 치장을 범죄로 그리고 상업을 타락으로 취급했던 모더니스트들로부터, 그리고 기능과 가치 및 다양성과 낭비를 동격으로 보는 효율성 전문가들로부터 물려받은 문화적인 가정들이 뒤집히고 있다. 외양과 느낌의 시대에 기술과 예술은 결합한다. 상업적인 스타일들의 효율성은 낭비와 망상이 아니라 개인적인 기쁨에 대한 긍정을 나타낸다. 이처럼 새로운 시대는 우리 모두, 그러니까 디자이너들, 공학도들, 회사 중역들 및 일반 대중에게 표면과 실체, 미학과 가치 사이의 관계에 관해 다르게 생각할 것을 제안한다.

디자이너들은 오랫동안 사람들이 자신의 직업을 시시하게 여길 거라는 두려움을 가지고 있었다. 그래서 자기 일을 '멋지지만 멍청하다고' 여겼고, 힘들게 얻은 전문적인 지식들을 평가절하했으며, 스스로 예산 삭감의 일 순위라고 생각했던 것이다. 그러나 **디자인**에 대한 거의 모든 정의는, 그것이 단지 표면에 관한 것이 아니라고 단호하게 선언함으로써 시작한다. "사람들은 디자인을 스타일링이라고 생각하지만, 그렇지 **않다**. 그것은 단순히 껍질을 만들어 내는 것에 관한 것도 아니고, 실질을 매도하는 것도 아니다. 좋은 디자인은, 세상에 없는 어떤 것을 만들어 내기 위해 기술, 인지과학, 인간의 욕구 및 아름다움을 결합시키는 르네상스적인 태도"라고 한 디자인 큐레이터가 말한다. 지극히 일상적인 움직임 속에서 디자인에 대한 그녀의 제대로 된 폭넓은 견해, 즉 디자인은 스타일에 **불과하지** 않다는 그녀의 견해는, "디자인은 스타일이 **아니다**."라는 미학에 대한 명예훼손을 지극히 평범하게 공격한 것이다.

〈미국인테리어디자이너협회지〉의 편집자들은 "인테리어 디자인 쇼의 내용이 가구, 부착물, 그리고 마감재를 거의 넘어서지 않는다."고 TV들의 주택개조 쇼에 관해 불평한다. 그들은 대중이 "인테리어 디자인이 장식 이상"이라는 것, 그러니까 인테리어 디자인이 "사람들이 편안한 느낌을 가지고 자신의 공간에서 적절하게 할 일을 하도록 만들어 주는 것"이라는 사실을 알아주기를 원하기 때문이다. 그러나 공항에서 만난 8살짜리들이나, 함께 있던 어른들을 흥분시키는 인테리어 디자인이, 단순히 전문가들이 정통성과 위신의 유일한 원천이라고 가정하곤 하는 실용주의적인 방식으로 해결되는 것은 아니다. 외양과 느낌의 시대에 사는 우리들은 "적절하게 할 일을 하도록" 만들어 주는 효율적인 공간 이상의 더 많은 것을 원한다. 우리는 스타일링, 장식, 치장을 원한다. 우리는, 마치 공학이 물질적 가치의 유일한 합법적인 원천이라도 되는 듯이 온갖 과장된 표현을 동원해서 중요성을 깎아내리려고 그렇게 애쓰는, 그 모든 즐거움을 만들어 내는 솜씨들 때문에 디자이너들을 원한다.

물론 기능성은 중요하다. 일하기 어려운 부엌이나 또 하나의

한 주택 거실과 소파, 계단의 인테리어(위)
뉴욕 패션박물관의 계단 인테리어(옆)

혼란스러운 "나비 모양의 투표용지(butterfly ballot, 2000년 미국 대통령 선거에서 큰 혼란을 유발한 투표용지. 10명이 넘는 후보 명단을 한 장에 담으려고 투표용지를 너무 조밀하게 디자인함으로써 유권자의 기표에 큰 혼동을 일으킴)", 혹은 직관에 반하는 조종 장치를 가진 차를 원하는 사람은 아무도 없다. 그러나 기능성은 디자인의 첫번째 변명거리라기보다는 근원적인 품질이다. 디자인은 기능뿐만이 아니라 기쁨과 의미를 제공하는 것이기에 미학적으로 전문적인 견해에 관한 요구가 증가하는 것은 더 나은 기능이 아니라 더 많은 기쁨, 즉 우리의 감각을 기쁘게 해주는 지식과 기술들에 대한 욕구의 반영이다. 디자이너들에게 있어서, 외양과 느낌의 시대를 받아들이는 것은 자기 일이 유발시키는 즐거움들에 관한 수동적 자세를 포기하는 것을 의미한다. 물건을 아름답거나 흥미롭게 만드는 것은 그것을 작동하게 만드는 것만큼이나 가치 있고 필수적인 일이기 때문이다.

게다가 물건을 아름답게 만드는 것으로도 그것의 기능성을 높일 수 있다. 산업 디자인에서의 '유용성'에 대한 가장 유명한 옹호자들 중의 한 사람이 최근 미학적인 디자인의 지지자가 되었다. 감정이 업무 수행에 영향을 주는 방식에 관한 신경과학 논문에서, 유용성 이론의 권위자인 도널드 노먼(Donald Norman)은 "이단적인" 견해라고 부르던 것을 옹호하면서 이렇게 말한다. "매력적인 물건이 더 잘 작동한다." 예컨대, 컴퓨터의 컬러 화면

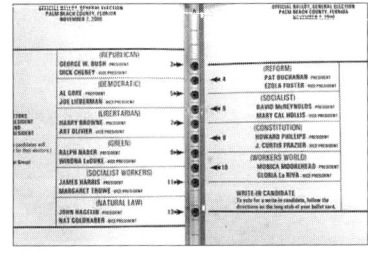

유권자들의 기표에 혼란을 준 나비 모양의 투표 용지

이 워드 프로세서나 이메일의 기능성을 더 좋아지게 하는 것도 아닌데, 이윤 지향적인 사업의 중역들까지도 그것을 강하게 선호하면서 그로 인한 추가 경비를 기꺼이 지불하는 경향이 있다는 것이다. 이런 모순에 대해 노먼은 당혹해 한다.

컴퓨터의 컬러 화면이 처음 등장했을 때 나는 컬러라고 해서 워드 프로세싱과 이메일 등에 별다른 차이가 발생하지 않는다는 것을 알았다. 컬러라고 해서 가독성에 더 유리하지는 않다는 것을 보여 주는 과학적인 연구가 많기 때문이다. 예컨대, 컬러가 아니더라도 읽는 속도에는 관계가 없다고 한다. 그러나 나는 매우 많은 사업가들이 컬러를 고집했기 때문에 따져 볼 필요가 있다는 생각이 들었다. 그래서 나는 컬러 화면을 구해 일주일간 집에서 사용했다. 일주일 후 나는 두 가지를 알 수 있었다. 하나는 내가 옳았다는 것, 즉 컬러라고 해서 특별한 이점이 전혀 없다는 것과, 다른 하나는 내가 그것을 처분하지 않을 것이라는 점이었다.

그 차이는 '정보 처리'가 아니라 '정서', 즉 컬러 모니터가 사람들에게 자기 일에 관해 느낌을 주는 방식에 있다. 정서적인 신호들은 뇌에 있는 신경전달물질에 영향을 줌으로써 이성이 주로 깊이에 우선하도록 하거나(집중적이며, 쉽게 분산되지 않는다.), 아니면 넓이에 우선토록 해서(창조적이지만, 집중력이 쉽게 흐트러진다.) '사고의 매개변수들'을 바꾸어 주는데, 노먼에 의하면 바로 이때 매력적인 디자인이 짜증을 감소시키고 판단력을 높여 주기 때문에 창조적인 문제 해결에 도움을 준다고 한다. 그렇다고 그가 유용성에 대한 자신의 주장을 포기한 것은 물론 아니고, 다만 그것의 정의를 확장한 것이다. 즉, "일상적인 물건들의 미래가 기능을 제대로 하면서도 사용하기 쉽고 즐거움과 기쁨을 주는 그런 것들이 되도록 하라."는 것이다. 우리는 일상의 물건들에도 똑똑하면서도 멋질 것을 요구할 수 있다.

미학적인 직업들에 대한 보상이 증가함에 따라 표현적이지 않은 기술에 종사했던 사람들을 끌어들이고 있다. 이런 변화는 약간의 문제들을 초래하는데, 세상에는 여전히 배관공들과 트럭 운전사들과 회계사들이 필요하기 때문이다. 공공정책 전공 교수인 리처드 플로리다(Richard Florida)는 1990년대에 펜실베이니아 주 경제개발 고문단으로 활동했던 시절을 회상한다.

회의중이었는데, 주 노동산업장관인 덩치 큰 남자가 좌절감에 탁자를 주먹으로 내리쳤다. "우리의 노동력은 균형이 깨졌어요. 이발사들과 미용사들은 너무 많아졌는데, 노동 시장이 요구하는 용접공과 기계공 같은 숙련된 기술자들은 부족해요. "대체 왜 이렇지요?"라며 고문단에 한탄했다.

모발 관리를 나약하며, 그다지 명예롭지 않은 직업이라고 생각하는 사람들은 노동 시장의 그런 불균형이 정말로 이해하기 어려울 것이다. 젊은 사람들이, 특히 남자들이 쇠를 다룰 수도 있는데도 머리카락을 다듬으려는 이유를 궁금해 하면서 학교 교육에 뭔가 문제가 있다고 의심할 수도 있을 것이다.

그러나 그런 불균형은 폭넓게 퍼진 선호의 반영이다. 이 사건 이후 수년 동안 플로리다 교수는 사람들에게 어떤 직업을 택할 건지, 즉 급료가 높으며 안정성 있는 공구점에서 일할 건지 아니면 급료가 적으며 안정성도 낮은 모발 관리를 택할지를 되풀이해서 물었지만, "언제나 대부분의 사람들이 헤어살롱을 택했고, 그것도 항상 같은 이유 때문이었다." 즉, 융통성, 관리 감독으로부터의 자유로움, 자극, 창조성 그리고 고객들의 기쁨에 대한 즉각적인 만족감이 그 이유였다고 한다. "나는 현실 생활에서 헤어 살롱을 선택한 사람들 중의 많은 이가 그것과 비슷한 동기들에 끌렸다고 생각한다. 뿐만 아니라, 선반의 손잡이를 돌리는 대신 문신바늘, DJ 턴테이블 혹은 조경 도구들을 다루고 싶어하는 '손재주가 좋은' 젊은이들이 점점 늘어나고 있다." 이런 미학적인 명령은, 그런 젊은이들이 자신이 더 선호하는 일을 찾을 수 있다는 것과 그 직업들의 명성이 점점 높아질 것이라는 것을 의미한다. 또한 그것은 기계 기술자를 고용하는 게 더 비싸질 거라는 것과 공장 노동이 새롭게 바뀌어야 할 필요가 있다는 것을 뜻하기도 한다.

외양과 느낌의 시대에, '창조적인' 개인들은 더 이상 고립될 필요가 없으며, 자신의 예술을 위해 세속적인 성공을 포기한 낭만적인 영혼이어야 하는 것도 아니다. 그들의 재능은 다른 사람들의 기술에 대한 핵심적인 보완이 될 수도 있다. "매우 폭넓은 범위의 사람들을 만난다. 단순한 기술자여서 막대 모양도 그리지 못하는 사람에서부터 재능 있는 예술가지만 여기에 오기 전에는 한 번도 컴퓨터를 사용해 보지 않은 사람들까지."라고 한 영화 제작사의 디지털 효과 담당이 설명한다. "그리고 그 중간에 과학과 소프트웨어 그리고 예술에 대한 깊은 이해를 가진 소수의 사람들이 있다." 바로 이렇게 할 수 있는 소수의 사람이 특별한 보상을 받는 것은 자연스런 일이지만, 제대로 된 조직이라면 모든 부서에 전능한 인재가 필요한 것은 아니다. 오히려 그런 조직은 미학적인 기량을 포함한 다양한 재능들을 가진 사람들로 팀을 구성할 것이다.

이런 발전 자체도 다음과 같은 문화적인 문제들을 포함하고 있다. 예술가들, 엔지니어들, 그리고 기업의 중역들이 의사소통을 원활히 하려면 과거의 경력에 관해 서로 이야기를 나누어야 한다는 점, 이들 각 집단이 자신의 접근방식이 어떤 문제를 해결하는 데 적합할 뿐만 아니라 정당한 가치의 유일한 근원이고 도덕적으로 우월한 삶의 방식이라는 신념을 기꺼이 포기해야 한다는 것, 미학적인 표현을 비합리적이고 반부르주아적인 반항이거나 방종하고 여성적인 경박함으로 묘사해 온 지 200년이 되었는데 과연 어떻게 미학이 수사적 표현의 주된 도구이자 경제적 가치의 중요한 원천인 세상에 익숙해질 수 있을지 하는 점, 인지적이고 도구제작적인 측면을 단념하지 않으면서도 우리의 시각적이고 촉각적인 본성을 인정할 수 있는가 하는 것 그리고 똑똑하면서도 멋진 세상을 인정하는 것을 다시 배우면 르네상스 시대의 지혜를 되찾을 수 있을지 하는 문제들이다.

전문화가 미학적인 명령에 대처하는 것은 겨우 이 정도까지다. 아무리 많은 컨설턴트를 고용한다고 해도, 개인적인 외모는 조경이나 식당 디자인처럼 외주를 줄 수 있는 것이 아니다. 당신은 누군가에게 당신의 손톱에 색을 칠하거나 모발을 염색하거나 혹은 눈썹을 새로 그리도록 돈을 지불할 수 있지만, 그것들은 여전히 **당신의** 손톱이며, **당신의** 모발이며, **당신의** 눈썹이다. 전문가들이 당신보다 더 빨리 그리고 더 잘할 수는 있겠지만, 그 시간 동안 당신도 거기에 있어야만 한다. 이 지점에서 쇼월터의 열렬한 요구가 시작된다. 즉 기술의 발전으로 인해 수놓은 신발들과 활자로 인쇄한 이력서들을 싸고 쉽게 만들 수 있다면, 기술이 개인적인 아름다움을 짧은 시간과 낮은 비용으로 이루어 줄 수 없는 이유는 무엇인가? **틀림없이 해결책이 있을 것이다!**

미학의 어떤 형태도, 도저히 벗어날 수 없는 정체성의 표시인 개인적인 외모보다 더 중요하지는 않다. 우리는 단순히 시각적이고 촉각적인 존재가 아니라, 다른 사람들이 우리를 보는 육체에 분리될 수 없게 구속되어 있는, 눈에 보이고 손으로 만질 수 있는 피조물이다. 그리고 인간의 의식이 물리적인 형태로부터 발생하고 그 안에서 살고 있다는 것은, 우리의 실존의 커다란 수수께끼며 근본적인 현실이다. 나의 육체가 곧 나 자신이지만, 나 자신에 대한 느낌이 언제나 나의 물리적인 형태와 어울리는 것은 아니기 때문이다. 그래서 우리의 신체는 우리의 정체성을 왜곡하고 우리의 목적을 좌절시키는 정의와 한계들을 강요하기도 한다.

회고록 집필가인 바바라 모스(Babara Moss)는 창백하고 깨끗한 피부와 달걀형 얼굴, 그리고 단정하고 균형 잡힌 외모를 가진 검은 눈의 갈색머리 여성이다. 한 패션 잡지 인터뷰 기사에서 본 그녀는 매우 편안해 보였다. 그러나 그녀의 사랑스럽고 평온한 얼굴은 타고난 것이 아니었다. "열세 살 무렵까지 내 얼굴은 일그러져 있었어요."라고 그녀는 말한다.

내 두개골의 윗부분이 아래턱을 뒤로 압박할 정도로 길어져
서 턱이 더 자랄 수 없었어요. 부풀어 오른 윗잇몸선이 드러나
고, 윗니가 아주 많이 돌출해서 입을 다물 수가 없었어요. 일
부러 입을 벌리지 않고도 아기였던 여동생이 주먹을 집어넣을
수 있었는데, 그건 여동생을 웃게 만드는 놀이였어요…….
나는 뒤틀린 내 얼굴이 할로윈 가면이라서 벗어 버릴 수 있다
면 좋겠다고 생각했어요. 하지만, 새 얼굴은 쉽게 얻을 수가 없
었죠. 부모님이 일곱 명의 아이들과 가난하게 살았으니까요.

20대 후반에 모스는 자신의 외모를 바꾸는 실험적인 수술을
받았다. 의대생들과 촬영 팀이 그 복잡한 수술에 참관하는 것을
조건으로 한 의과대학이 그 비용을 댔기 때문이다. 그녀의 아버
지는 수술 후에 그녀가 자기 자신을 못 알아볼지도 모른다고 경
고했었다고도 한다.

나는 나를 알아볼 거라고 생각했어요. 나는 언제나 바로 그
곳에, 땅 속에 있는 샘물처럼 아래에 있었기 때문이죠. 그래서
수술을 받기 위해 수술대에 옮겨졌을 때 의사에게 말했어요.
"내가 아닌 부분은 모두 잘라내 주세요."라고 말입니다.

한 인터뷰에서 모스는 자신이 늘 지금 현재의 얼굴을 발견하
는 꿈을 꾸었다고 말한다. "딱딱한 가면을 쓰고 있는 것 같아서,
단지 깎아내기만 하면 아래에 있는 진짜 얼굴에 닿을 것 같았어
요. 내가 결국 내 얼굴에 이르렀을 때, 나는 그것이 내 것이라는
걸 알았어요." 일부 비평가들은 그처럼 극적인 외과적인 변화에

대해 "누군가가 외과용 메스로 만들어 낸 철저하게 피상적인 정체성"이라고 말하지만, 일그러진 얼굴로 살아왔던 사람은 결코 그렇게 생각하지 않는다. 이렇게 만들어진 얼굴이야말로 내면적으로 지각된 실체와 마침내 맞아떨어진 표면이기 때문이다.

바람직하지 않은 생물학적 조건을 바꾸는 정당한 근거는 질병으로 인정될 때뿐이라고 주장하는 것은 쓸데없는 말장난에 불과하다. 우리는 의식이 자신의 형태상의 한계를 부정하는 생물학적인 존재라고 말하는 것이 더 정확할 것이다. 모든 한계가 생명을 위협하거나 신체적인 고통을 주는 것은 아니지만, 그렇다고 해서 우리가 그 한계를 바꾸고 싶지 않다는, 즉 우리의 신체를 기능만이 아니라 의미와 즐거움 자체를 위해서, 우리의 외적 자아와 내적 자아가 어울리도록 다시 디자인하고 싶지 않다는 뜻이 아니다. 사실상, 그 어떤 미학적인 기술도 우리의 신체를 정신과 어울리도록 우리 자신의 외모를 더 많이 통제할 수 있게 해주는 것보다 더 환영받지는 못할 것이며, 더 의미 있지도 않을 것이다.

그러나 우리는 그럴 수 있는 능력을 갈망하는 만큼이나, 미적 기술의 진전에 대해 두려워하곤 한다. 우리의 신체가 디자인, 그러니까 우연적인 기회보다 계획적인 미학적 통제에 더 많이 종속되면 될수록, 우리는 우리가 누구이며 어떻게 행동해야 하는지에 대해서뿐만 아니라 우리가 어떻게 보이는지에 대해서도 더 많은 책임을 져야 하기 때문이다. 이런 전망은 유쾌할 수도 있지만, 그만큼 두려울 수도 있다. 우리 대부분은 모스만큼 절박하지 않으며, 세상의 다른 모든 사람이 완벽함을 기대하지 않는다면 우리가 가진 결점에도 불구하고 원래의 얼굴을 가지고

도 살아갈 수 있기 때문이다. 그런데 만약 기준이 계속 올라가고 있다면 어떻게 될까? 우리는 모든 시간과 에너지를 미를 위한 불가능한 추구에 사용토록 운명지어졌단 말인가?

그처럼 온전한 추구가 불가능한 전망인 이유를 이해하려면 미학적인 기술의 두 가지 측면, 즉 무엇이 가능하고 비용은 얼마나 드는지를 따로 살펴봐야 한다. 많은 미학적인 성과가 가능하지만 바람직하지 않다거나, 혹은 정당화하기에는 지나치게 어렵거나 비싸다는 이유로 실행되지 않는 것도 많기 때문이다. 예컨대, 어렵지 않게 푸른 머리색을 가질 수 있고, 콘택트렌즈를 이용해서 붉은 눈을 가질 수도 있지만, 대부분의 사람들은 그렇게 하지 않는다. 그리고 모든 공중 화장실 바닥에 대리석이 깔려 있지 않은 것처럼, 모든 사람들이 성형수술을 할 만큼 잘 살지도 않는다. 이익이 언제나 비용만큼 돌아오지는 않기 때문에 단지 의학적으로 가능하다는 이유만으로 변화가 확산되지는 않을 것이다. 비용이 중요하지만, 욕구도 그만큼 중요하기 때문이다.

그 균형이 어떻게 이루어지는가 하는 것은 자칫 놓치기 쉬운데, 애호가들과 비평가들 모두가 미의 기술을 실제보다 더 평범한 것으로 취급함으로써 부추기는 경향이 있기 때문이다. 〈보그(Vogue)〉지는 "나이 문제(Age Issue)"라는 특집 기사에서 독자들에게 "늙지 않는 사회"가 성형외과 의사의 메스 덕분에 가능해졌다고 말한다.

미용 성형수술은 50대와 60대들에게는 비밀무기였지만, 이제는 그들의 딸이 움켜쥔 미의 도구가 되었다. 신중하게 생각한 후에 결정한 교정을 위한 고통스런 수단이 아니라, 이제 그것은 정교한 개조, 유지 그리고 노화 방지까지 할 수 있는 비교적 귀찮지 않은 방법이 되었다. 그리고 부자들은 그것을 사치라고 여기지도 않고, 간혹 어지간한 수입이 있는 사람들에게도 필수적으로 생각되곤 한다……. 미용 성형수술의 기술이 더 안전해지고, 쉬워짐에 따라, 혹은 일부 여성들이 생각하듯이 절대 안전에 근접함에 따라, 미국 여성들에게 전통적으로 나이 들어 보이게 하던 요인들이 빠르게 사라지고 있다.

〈보그〉는 오해하기 쉬운 대단한 사진들을 곁들여서 외과적인 "개조"를 거의 매니큐어를 바르는 수준으로 생각되도록 했지만, 까다로운 독자인 우리들은 속지 않는다. 그래서 우리 대부분은 "젊음 유지"를 예약하려고 달려가지 않는 것이다.

쇼월터를 화나게 만든 비용 역시 우리의 기대를 제한한다. 우리들 대부분은 성형수술에 대해 심각하게 고려하지 않는데, 고통스럽고, 위험하고, 시간이 들며, 가격이 비싸기 때문이다. 그것은 엄청난 일이며, 게다가 수술 결과가 마음에 들지 여부도 확실하지 않다. 우리는 외과의사들이 우리의 추해져 가는 얼굴을 계속해서 보수하도록 전신마취와 회복을 반복하는 데 우리의 삶을 낭비하지는 않을 것이다. 성형수술이 점점 더 일반화되고 있기는 하지만, 그렇다고 반드시 해야 하는 것은 아니다. 게다가 돈뿐만이 아니라 고통, 위험, 그리고 시간 면에서의 지출이 너무 많은 것도 중요한 점이다.

그러나 미용 성형수술이나 대체 기술이 정말로 "귀찮지 않다"고, 즉 모발 염색만큼이나 고통이 없고, 위험이 적으며, 비싸지 않고, 믿을 만하며, 게다가 수정까지 가능하다고 가정해 보자. 우리의 반응은 분명히 바뀔 것이다. 신체적인 결함을 수정하는 것이 안전하고 쉽다면 자신의 외모에 대해 신경을 거의 쓰지 않는 사람들조차 생각이 바뀔 것이다. 왜냐하면 그렇게 해도 다른 것들을 희생할 필요가 없기 때문이다. 비용이 내려가면, 교묘한 솜씨에 의해 미학적인 빈곤층이 부유층으로 바뀌기 시작하고, 결과적으로 특별한 아름다움의 표징이었던 좋은 치아와 깨끗한 피부는 이제 평범한 관리와 관심의 표시가 되고 만다. 모스의 경우처럼 빈곤이 표시를 남겼지만, 이제 그런 것조차 마음대로 수정할 수 있게 된 것이다. 즉, 기술과 상업이 운명보다 더 공정하게 미를 나눠주게 되는 것이다. 똑똑하면서도 멋질 수 있는 방법이 있다면 우리는 그렇게 할 것이다.

　미적인 기술들이 더 싸지고 더 쉬워질수록 우리는 그것들을 더 많이 이용하게 되겠지만, 동시에 그처럼 비용이 내려간다고 해서 외양과 느낌이 다른 가치들을 모두 몰아낼 수 있는 것도 아니다. 소득이 오르고 있다면 아마도 모든 것을 더 많이 가질 수도 있을 테지만, 그렇게 낙관적인 조건이 아니더라도 다른 것들을 조금만 희생하면 우리는 더 많이 미학적일 수 있다. 이처럼 외양과 느낌의 시대는 상대적인 비용의 변화로 이루어지는데, 그렇다고 해서 미학적인 명령이 우리를 소모시키지는 않을 것이다. 왜냐하면 우리가 우리의 모든 시간과 비용과 관심을 겉모양에 쏟아붓지는 않을 것이기 때문이다.

　물론 미학에 대해 몰입할 수도 있을 것이다. 운동선수들과 지식인들이 평범치 않은 우선순위에 입각해서 그것에 몰두하여 불균형적으로 보일 수도 있는 삶을 살아가듯이, 일부 사람들은 개인적인 아름다움에서 엄청난 의미와 즐거움을 발견하기도 한다. 마케팅 전문가이자 파트타임 수영복 모델인 한 여성은, 마이애미에서의 생활비가 많이 드는 사우스 비치 선탠문화, 치아 표백, 그리고 미용 성형수술의 마무리를 위해서 워싱턴에서의 지적인 생활을 행복하게 포기했다고 말한다. "미끈하고, 탱탱하고, 곡선미가 있으며, 햇볕에 그을린 피부 같은 비싸게 가꾼 스타일이 눈길을 끄는, 아름다움이 일상화된 이런 사회에 속하기 위해서는 그녀 자신이 아름다워져야 한다고 느꼈다."고 한 기자가 자세히 설명한다. 그녀는 거기에 드는 수고나 그런 문화의 가벼움은 신경 쓰지 않는다. 사우스 비치가 자신에게 어울린다고 생각하기 때문이다. "여기 있는 다른 많은 사람들처럼, 그녀는 안으로 걸어 들어가, 경쟁하고, 포즈를 취하는 것을 사랑한다."는 것이다.

　사우스 비치 주민들은 외모에 대한 외골수적인 집중으로 혼란스런 문화적 모델을 만든다. 다른 가치와 관심을 가진 사람들에게는, 그런 문화가 지루하고 피상적으로 보일 것이고, 그런 사람들에 의해 지배되는 사회는 곧바로 정체에 빠질 거라고 생각하게 한다. 그러나 미적 기술의 발전은, 파티를 하거나 멋있게 보이는 데 주력하는 사람들보다는 무언가에 대해 참을성이 더 많은 사람들, 즉 외과의사들, 화학자들, 컴퓨터 프로그래머들 그리고 치과 의사들에게 달려 있다. 적어도 우리 대부분은 사우스 비치의 그 아름다운 사람들이 미래를 대표한다고 생각하지는 않는다. 그것은 단지 하나의 하위문화에 불과한 것으로 아름다움을 가장 절박하고 최우선적인 것으로 여기는 사람들로 이루어진 특수한 니치일 뿐이다. 이런 사람들은 쇼월터의 시간 절약형 미용 알약을 기다리지 않는다.

 그러나 아름다움에 관한 기술들에 관해 우리가 가장 두려워하는 점은, 매우 위험하거나, 배타적이거나, 비용이 많이 들거나, 혹은 시간이 많이 들기 때문에 사우스 비치의 열정적인 사람들의 경우처럼 제한적으로 사용한다는 것이 아니라, 지나칠 정도로 안전하고, 널리 퍼져 있으며, 저렴하다는 사실이다. 그렇게 되면 모든 이들이 그것을 사용할 것이고, 따라서 우리 모두가 똑같아 보일까봐 두려운 것이다.

 외양과 느낌의 시대에는, 사람에 대해서건 장소나 물건에 대해서건 간에 유일한 미학적 기준에 대해 반대로 움직이는데, 그것은 미학적인 명령 자체가 다원주의에서, 그리고 행복과 의미에 대한 개인적인 추구에서 나왔기 때문이다. 대부분의 사람들은 깨끗한 피부를 선호하지만, 그 색조는 다양하기를 원한다. 게다가 일부 사람들은 문신을 원하기도 한다. 금발머리는 이미 저렴하고 쉬워졌기 때문에 당연히 너무 흔해졌지만, 그럼에도 세상에는 여전히 갈색머리와 붉은색 머리가 많이 있고, 가끔씩 초록이나 푸른색 머리를 가진 사람들도 눈에 띈다. 사라지고 있는 것은 다양성이 아니라, 늙음의 상징이자 전혀 사라질 것 같지 않아 보이던 흰머리 정도일 뿐이다.

 미학적인 선택이 개인에게 맡겨지면, 취향과 정체성의 차이로 인해 다양성으로 귀결된다. 특정한 혼합 자체는 시간이 흐름에 따라 변하는데, 새로운 것에 대한 욕구가 단일한 스타일의 영속을 막기 때문이다. 미용적인 유전자 요법이 들불처럼 번진다면, 그것은 아마도 되돌릴 수 있거나 바꿀 수 있는 형태일 것이라고 예측된다. 영구적인 미학적 변형이 일시적인 것만큼 인기 있는 것도 아닐 뿐만 아니라, 되돌릴 수 있다는 것 자체가 위험도도 낮추고 패션도 생각할 여지가 있기 때문이다.

모든 문화적인 변화와 경제적인 변화는 똑같이 근원적인 공포, 즉 과연 미지의 미래에 나 같은 사람을 위한 자리가 있을지, 혹은 내가 가치를 두는 것들이 여전히 가치 있을지 하는 두려움을 유발한다. 외양과 느낌의 부상도 마찬가지다. 사우스 비치가 세상을 뒤집어 버릴까봐 두려운 것이다. 즉, 아무도 창백한 피부나 갈색 눈을 가지지 않게 되고, 모든 이들이 예술에 대한 숙련된 기술을 가져야 하고, 사진들이 글을 대체할 것이고, 부지런하지만 단정치 못한 것이나 친절하지만 수수한 것에는 아무도 가치를 두지 않게 될까봐 우려한다는 말이다. 또한 감각으로 인해 명상을, 형식으로 인해 기능을 희생하게 되는 게 두려운 것이다.

"패셔니스타(fashionista, 디자이너, 프로모터 또는 최신 유행을 좇는 사람)들은 당신이 반박할 수 있는 책을 쓰지도 않고, 루소를 인용하지도 않는다."고 데이비드 브룩스(David Brooks)가 보수파 지식인 동료들에게 경고한다. "그러나 만약 세상이 그들의 것이 된다면, 주목받고 멋지게 보이기 위한 필사적인 경쟁으로 우리 모두는 곧 스카프와 외모와 개성을 6개월마다 바꿀 것이고, 결국 사소한 것이 영원한 것을 몰아낼 것이다." 우리는 그런 세상에 철학자, 정치가, 그리고 촌스러운 사람들을 위한 자리가 없을까봐 걱정이 된다. 모든 사람이 멋져야 할 것이고, 아무도 생각할 필요가 없게 될까봐 걱정하는 것이다.

1986년에 발표한 단편 소설인 "아름다운 것과 숭고한 것"에서 브루스 스털링(Bruce Sterling)은 가까운 미래를 상상하는데, 그곳에서는 인공지능이 아주 강력해지는 데다가 어디에서나 값싸게 구입할 수 있기 때문에 이성적인 사고 능력은 더 이상 인간의 고유한 기능으로 여겨지지 않는다. 사업, 과학, 공학의 시대는 가고, 예술, 정서, 웅장한 제스처의 시대가 온다. "감정, 즉 지각, 정서, 직관 및 취향 같은 것들은 인간성을 현대의 지적 환경이라는 얕은 논리로부터 분리시켜 주는 분명히 규정할 수 없는 요소들"이라는 것이다. 새로운 것들을 발명하기 위해 이성적인 분석의 적용을 고집하는 인습타파주의자들은, 보헤미안 예술가들이 한때 그랬던 것처럼 대항문화적이고 빈곤한데, 바로 그들만큼 좌절해 있는 것도 사실이다. "빌어먹을, 클레어와 나는 사물들을 만들고, 세상을 구체화하며, 진정한 이해를 위해 노력한다고! 서로 손톱이나 발라 주거나, 달빛 속에서 손만 잡는 게 아니라고!"

만약 외양과 느낌의 시대가 겨우 매니큐어를 칠하거나 달빛 속에서 산책하는 것만을 의미한다면 우리 대부분은 걱정할 필요가 없겠지만, 드러난 증거들은 정반대의 것을 암시한다. 미학적인 명령은 예술과 과학, 정서와 인지의 통합을 요구한다. 즉, 감정을 맞이하기 위해 이성을 차 버리지 않는다는 말이다. 수많은 정밀 화학공학과 재정적인 분석이 없었더라면 GE 플라스틱스가 3만 5,000가지의 색상을 제공할 수가 없었고, 칩 디자이너, 기계공학도 및 조립공들이 없으면 고객들이 그처럼 다채로운 플라스틱을 사용할 수도 없을 것이다. 활자체의 급증, 새로운 형태의 자동차들, 격조 있는 가구의 유통, 그리고 크리스마스 장식 전구들의 가격 하락 등은 취향과 정서만으로는 절대 만들어 낼 수 없는 소프트웨어와 제조공정관리에 의존한다. 외양과 느낌의 시대는 문화의 모든 측면에서 가시화된다. 다양한 사람들의 재능들과 기술들이 조화를 이룸으로써 우리 모두가 똑똑하면서도 멋진 세상을 즐길 수 있게 된다. 우리는 다른 사람들의 지식과 장점들 덕분에 혜택을 받는 것이다.

미학적인 시대가 영원히 지속되지는 않을 것이다. 오늘날 흥미롭거나, 혼란스럽거나 혹은 둘 다인 것처럼 보이는 혁신들이 결국은 우리 삶의 바탕이 될 것이기 때문이다. 그래서 그것들이 소멸되지 않는 한 느껴지지 않을 것이다. 편리함이나 위생, 즉각적인 의사소통이나 급격한 운송처럼, 외양과 느낌은 단순히 현대적이고 문명화된 삶의 일부가 될 것이다. 없었더라면 살지 못할 것처럼 여겨지는 실내 배관이나 녹음된 음악처럼, 우리는 그것들이 항상 그곳에 있을 거라고 생각할 것이다.

새로운 스타일들과 새로운 미학적인 기술들은 물론 계속해서 발전할 것이며, 낡은 것들은 진화하거나 개선될 것

예술과 과학의 통합을 의미하는 '모나-레오' 컴퓨터 그래픽

이다. 그러나 어떤 점에서 보면 미학은 더 이상 미개척 영역이 아니다. 다음번에 우리의 시간이나 돈, 혹은 창조적인 노력을 어떻게 쓸지를 결정해야 할 때는 아마도 다른 어떤 것이 우선순위의 꼭대기를 차지할지도 모른다. 그 다른 어떤 것이 친숙한 사업 방식과 문화를 혼란시킬 것이고, 그것은 또 '진짜' 가치라고 여겨온 전통적인 관념에 도전할 것이다. 그것은 또 근본적으로 새로운, 현재로서는 상상하기 어려운 기술들의 산물일지도 모른다. 물론 기존의 좋은 것, 즉 더 빠르고 더 깨끗한 형태의 운송, 순간적인 방식의 제조 등에서의 주요한 개선일 수도 있다. 그리고 그것은 아마도 이야기 서술이나 탐험 같은 고전적인 것일지도 모른다.

외양과 느낌의 시대는 결국 지나가겠지만, 그것의 산물들과 발견들은 지속될 것이다. 미학의 역설은 그것이 사소하면서도 동시에 영원하다는 점이다. 외양과 느낌은 인간의 시간의 틀, 그러니까 하루에서 천 년까지 사이에 존재한다. "만약 우리가 알아낸 것이 있다면, 영원한 것이 물질적인 것은 아니라는 점"이라고 9·11 이후 한 패션 편집자가 선언했다.

사물들과 소유물들은 아름답거나 정서적으로 중요할 수 있고, 시간이 흐름에 따라 그런 것들은 다시 한 번 경축할 어떤 것이 될 것이다. 그러나 나는 세계무역센터 근처에 사는 주민들에 관한 뉴스 기사들에서 큰 충격을 받았다. 공격을 당한 며칠 후에 그들은 중요한 것을 가져오도록 집으로 가도 좋다는 허락을 받았다. 일부 사람들은 동물을 가져오기도 했지만, 폐허를 지나갈 때 자신들이 이미 가장 중요한 것, 즉 살아야 할 생명을 가지고 있다는 것을 깨달은 많은 사람들은 아무것도 가져오지 않았던 것이다.

그녀가 옳다. 살아야 할 생명이 없는 외양과 느낌은 아무런 목적도 의미도 없다. 외양과 느낌은 그것에 대한 만족이라는 우리의 주관적인 경험을 차치하면 중요하지 않다. 외양과 느낌은 물질적인 것이지 초월적인 것이 아니다. 따라서 그것들의 가치는 우리에게 달려 있다.

그러나 그녀는 틀리기도 했다. 바로 같은 페이지에서 디자이너인 라쉬드는 물질적인 것이 지속하는 것이라고 주장한다.

진실로 지속하는 것은 한 시대나 장소, 문명에 관해 말해 주는 인공물, 우상들, 물건들이다. 사람들이 나에게 모든 것이 사소하거나 무의미한 것 같다고 말할 때, 나는 반대로 생각한다. 물건들은 우리를 넘어 살아남는다. 그리고 그것들이 우리의 문화와 역사의 상징들이다.

우리는 조상들의 그릇과 보석류 및 벽 장식재들을 가지고 있고, 그들의 이야기들의 일부를 가지고 있다. 우리는 그들의 가족들이 살면서 느낀 기쁨과 슬픔들에 대해서는 아무것도 알지 못하며, 그들의 정치적인 음모에 대해서는 거의 신경 쓰지 않는다. 그들의 신념들은 사라졌거나 완전히 변했고, 그들의 과학은 과도하게 인정받아 왔다. 그들에게 가장 중요했던 것들은 소멸했고, 남아 있는 것들은 피상적일 뿐이다. 이게 우리가 그들을 아는 방법이다. 그리고 우리 역시 먼지가 되었을 때, 우리의 후

손들은 라쉬드의 곡선미가 뛰어난 플라스틱 쓰레기통을 가질 것이다.

"사람들의 삶에서의 모든 물건은 의미나 즐거움 또는 기능을 강화시켜야 한다. 그렇지 않으면 그것은 필요 없다."고 라쉬드는 결론짓는다. 우리의 선택 방식은 현재와 미래에 대해 우리가 누구인지에 관해 말해 준다. 우리는 감각기관들을 통해 세상을 알며, 그렇지 않다는 많은 저항에도 불구하고 감각기관들을 통해 우리의 세상에 가치를 불어넣는다. 다른 가치들과 공존할 수 없다는 잘못된 신념으로 미학을 거부할 수 있고, 동일한 가정 하에서 우리가 스타일에 사로잡혀 있을 수도 있겠지만, 그렇지 않고 표면을 이용해서 삶의 실체에 즐거움과 의미를 덧붙임으로써 외양과 느낌의 시대를 즐길 수도 있을 것이다.